자바 데이터 사이언스
쿡북

자바 데이터 사이언스
쿡북

Weka, MLlib, DL4j로 즐기는
머신 러닝 & 딥러닝

루시디 샴스 지음

김우현 옮김

사랑하는 아내 마제렌과 사랑스러운 딸 루이다에게

이 책을 바친다.

| 지은이 소개 |

루시디 샴스^{Rushdi Shams}

캐나다 웨스턴대학교에서 머신 러닝으로 자연어 처리^{NLP} 분야의 박사 학위를 받았다. 머신 러닝과 NLP 전문가로 일하기 전에는 학부와 대학원에서 강의했다. 컴퓨터 기술을 학습할 수 있는 유튜브 채널〈Learn with Rushdi〉를 운영하고 있다.

이 책을 완성하는 데 필요한 능력과 지원과 지식을 주신 전능하신 알라께 감사드린다. 지속적인 지지와 격려, 그리고 건설적인 비판을 해준 가족, 친구, 동료들에게도 감사를 전한다. 또한 자발적으로 협력해준 팩트출판사의 아지즈와 세럴에게 고마움을 표하고 싶다.

프라샨트 버마 Prashant Verma

2011년 통신사 에릭슨Ericsson에서 자바 개발자로 IT 경력을 시작했다. 몇 년간 자바에 대한 경험을 쌓은 후 빅데이터 분야로 옮겨 하둡, 스파크, 카프카, 플럼, 몽고 DB, 카산드라 등과 같이 유명한 빅데이터 기술 분야에서 일했다. 스칼라와 파이썬 분야에도 몸담았었다. 현재 QA 인포텍에서 선임 데이터 엔지니어로 데이터 분석과 머신 러닝을 이용해 이러닝e-learning 분야의 문제를 해결하는 일을 하고 있다.

또한 팩트출판사에서 낸 『Apache Spark for Java Developers』(2017)도 감수했다.

이 책을 감수할 수 있도록 기회를 준 팩트출판사에 감사한다. 또한 이 책을 검토하느라 바빴던 나를 인내심을 갖고 참아준 사장님과 가족에게도 감사를 전하고 싶다.

| 옮긴이 소개 |

김우현(woosa7@daum.net)

대학생 시절 선배와 함께 창업한 후, 20년 가까이 소프트웨어 개발자로 살아오다 데이터 분석 분야에서 인생 후반기를 위한 새로운 길을 만들어 가고 있다. 국민대학교 경영대학원에서 빅데이터 MBA 과정을 졸업하고, 현재 숙명여자대학교 나노/바이오 전산화학 연구센터에서 머신 러닝 연구원으로 일하고 있다. 옮긴 책으로는 『R 데이터 구조와 알고리즘』(에이콘, 2017)이 있다.

| 옮긴이의 말 |

데이터 과학자들이 일상적으로 하는 업무들을 자바를 통해 수행할 수 있도록 가이드하는 책이다. 다양한 작업을 단계별로 따라가면서 배울 수 있도록 구성돼 있다.

먼저 데이터를 분석하기 전에 가장 많은 시간이 소요되는 데이터 수집과 전처리를 학습한다. 다음으로 아파치 루씬을 사용하여 데이터를 인덱싱하고 검색하는 방법을 다루며, 통계적인 관점에서 데이터를 분석할 수 있는 여러 가지 자바 도구를 소개하고 있다.

그리고 요즘 크게 주목받는 머신 러닝과 딥러닝의 다양한 기법을 학습한다. 또한 비정형 분석의 핵심이라고 할 수 있는 텍스트 분석도 빼놓지 않고 다루고 있다. 자바를 아파치 스파크와 연동하여 빅데이터를 처리하는 방법도 배울 수 있다.

마지막으로 분석한 데이터를 다양한 플롯을 통해 시각화하는 방법도 소개한다. 이 책은 자바로 할 수 있는 데이터 과학의 수많은 과정을 폭넓게 그리고 친절하게 설명하고 있다. 데이터 과학에 관심 있는 자바 사용자가 입문서로 활용하기 좋은 책이다.

차례

1장   데이터 수집과 정제   27

요즘 데이터 과학은 매우 인기가 많은 전문 분야이며 데이터 처리, 정보 검색, 머신 러닝, 자연어 처리, 빅데이터, 심층 신경망$^{deep\ neural\ networks}$, 데이터 시각화와 같이 인공 지능의 넓은 범위를 다루고 있다. 이 책은 현대적이고 스마트한 기술을 이해할 수 있도록 쉽게 따라 할 수 있는 70개 이상의 레시피를 제시한다.

양질의 데이터 과학자에 대한 높은 요구를 고려해, 코어^{core} 자바뿐만 아니라 자바로 작성된 고전적인 라이브러리와 함께 최신 데이터 과학용 라이브러리를 사용해 레시피를 작성했다. 우선 데이터 수집과 정제 프로세스부터 시작해 확보된 데이터에 인덱스를 설정하고 검색하는 방법을 알아본다. 그리고 기술 통계$^{descriptive\ statistics}$와 추론 통계$^{inferential\ statistics}$를 모두 다루면서 이를 데이터에 적용해볼 것이다. 그 후 두 장에 걸쳐 스마트 시스템 구축의 기반이 되는 머신 러닝을 다룬다. 현대적인 정보 처리와 자연어 처리 기법도 다룰 것이다. 떠오르는 분야인 빅데이터의 몇 가지 측면을 함께 다루며 심층 신경망을 이용한 딥러닝의 기초도 다룬다. 마지막으로 시각적 도구 또는 그래프를 사용해 데이터를 표현하고 데이터로부터 정보를 얻는 방법도 학습할 것이다.

이 책은 데이터 과학에 관심을 가진 모두를 대상으로 하며, 데이터를 더 잘 이해하기 위해 자바를 이용해 데이터 과학을 응용해보는 것을 목적으로 한다.

▌ 이 책의 구성

1장, 데이터 수집과 정제 데이터를 읽고 쓰는 다양한 방법과 함께 데이터에서 노이즈를 제거해 정제하는 법을 다룬다. 또한 PDF, ASCII, CSV, TSV, XML, JSON과 같은 다양한 파일 형식에서 데이터를 읽는 법도 배운다. 웹 데이터를 추출하는 방법도 소개할 것이다.

2장, 데이터 인덱싱과 검색 빠른 검색을 위해 데이터를 인덱싱하는 방법을 아파치 루씬 Apache Lucene을 사용해 학습한다. 여기서 설명하는 기술은 현대 검색 기술의 기초를 이루고 있는 것이다.

3장, 데이터의 통계적 분석 데이터에서 통계 정보를 수집하고 분석하기 위해 아파치 Math API를 사용한다. 또한 분석 결과를 벤치마크와 비교하는 표준 도구인 통계적 유의성 검정과 같은 개념도 다룰 것이다.

4장, 데이터로부터 학습하기-1부 웨카Weka 머신 러닝 워크벤치를 이용해 분류classification, 군집화clustering, 피쳐 선택feature selection 등을 연습해본다.

5장, 데이터로부터 학습하기-2부 자바 머신 러닝Java-ML이라는 또 다른 라이브러리를 사용해 데이터 가져오기 및 내보내기, 분류, 피쳐 선택 작업을 해본다. 스탠포드 분류기Stanford Classifier와 Massive Online AnalysisMOA를 이용한 기초적인 분류도 다룬다.

6장, 텍스트 데이터에서 정보 추출하기 텍스트 데이터로부터 정보를 추출하기 위해 응용되는 데이터 과학 도구들을 학습한다. 여기서는 코어 자바뿐만 아니라 정보 추출 및 검색 작업에 머신 러닝을 적용하는 OpenNLP, 스탠포드 CoreNLP, 맬릿Mallet, 웨카 등의 유명한 라이브러리도 다룬다.

7장, 빅데이터 다루기 아파치 머하웃Apache Mahout과 스파크Spark MLib 같은 머신 러닝을 위한 빅데이터 플랫폼을 살펴본다.

8장, 데이터를 깊이 있게 학습하기 자바를 위한 딥러닝 라이브러리인 DL4j를 사용해 딥러닝 기초를 학습할 것이다. word2vec 알고리즘, 딥 빌리프 네트워크deep belief networks, 오토 인코더autoencoder 등도 함께 다룬다.

9장, 데이터 시각화 데이터를 기반으로 정보를 시각적으로 표현하는 GRAL 패키지를 학습한다. 수많은 기능 중에 핵심적이고 기본적인 플롯plot 기능을 주로 다룰 것이다.

▌ 준비 사항

이 책은 실제적인 데이터 과학 문제를 해결하기 위해 자바를 사용한다. 자바로 문제를 해결하는 방법을 알고자 하는 사람들에게 효과적으로 책의 내용을 전달하기 위해 클래스, 객체, 메소드, 인수argument, 매개변수parameter, 예외exception, 자바 아카이브 파일JAR 등 자바에 대한 최소한의 지식이 필요하다. 코드에서도 독자가 이해하는 데 도움이 되는 정보와 팁을 제공하고 있다. 대부분의 경우, 이 책에서 해결한 문제들의 배경 이론은 깊이 있게 논의되지 않지만 관심 있는 독자를 위해 필요할 때마다 참조할 내용을 제공하고 있다.

▌ 이 책의 대상 독자

자바를 사용해 데이터 과학과 관련된 실제 문제를 해결하고자 하는 모든 사람들을 대상으로 한다. 또한 매우 포괄적인 내용을 다루고 있어 이미 데이터 과학 분야에서 일하고 있으며 프로젝트의 문제를 자바로 해결하고 싶은 실무자들에게도 유용할 것이다.

▌ 섹션 구성

이 책에 자주 등장하는 섹션Section 제목이 있다. 레시피recipe를 완성하는 방법에 대한 명확한 지침을 제공하기 위해 다음과 같은 섹션을 사용한다.

준비

레시피에서 기대할 수 있는 것을 알려주고 그 레시피를 위해 필요한 소프트웨어 또는 사전에 필요한 설정 방법을 설명한다.

실행 방법

레시피를 수행하는 데 필요한 단계가 포함돼 있다.

작동 방식

일반적으로 이전 섹션(실행 방법)에서 수행한 일을 자세히 설명한다.

더 보기

독자가 해당 레시피를 더 잘 이해할 수 있도록 레시피에 대한 추가 정보를 제공한다.

참조

레시피에 대한 다른 유용한 정보 링크를 제공한다.

▌ 편집 규약

이 책에서는 다양한 종류의 정보를 구별하는 여러 텍스트 스타일을 찾을 수 있다. 다음은 이러한 스타일의 예와 그 의미에 대한 설명이다.

문장 사이의 코드와 데이터베이스 테이블명, 파일명, 파일 확장자, 경로명, 가상 URL, 사용자 입력, 트위터 핸들은 다음과 같이 표현한다.

"그 안에서 lib이라는 폴더를 찾을 수 있을 것이다."

코드 영역은 다음과 같이 표기한다.

```
classVals = new ArrayList<String>();
for (int i = 0; i < 5; i++){
  classVals.add("class" + (i + 1));
}
```

명령행 입력이나 출력은 다음과 같이 표기한다.

```
@relation MyRelation

@attribute    age numeric
@attribute    name string
@attribute    dob date yyyy-MM-dd
@attribute    class {class1,class2,class3,class4,class5}

@data
35,'John Doe',1981-01-20,class3
30,'Harry Potter',1986-07-05,class1
```

새로운 용어와 **중요** 단어는 굵게 표시된다.

"Administration 패널에서 System info를 선택한다."

 경고 또는 중요한 노트는 이와 같이 나타낸다.

 팁과 요령은 이와 같이 나타낸다.

▌ 독자 의견

독자 의견은 언제나 환영한다. 좋은 점 또는 고쳐야 할 점에 대한 솔직한 의견을 말해주길 바란다. 독자 의견은 우리에게 매우 중요하다. 앞으로 더 좋은 책을 발행하는 데 큰 도움이 되기 때문이다.

일반적인 의견을 보내려면 전달하고자 하는 내용에 책 제목을 달아 feedback@packtpub.com으로 이메일을 보내면 된다.

여러분이 전문 지식을 가진 주제가 있고 책을 내거나 만드는 데 기여하고 싶다면 http://www.packtpub.com/authors에서 저자 가이드를 참조하길 바란다.

▌ 고객 지원

독자에게 최대의 혜택을 주기 위한 몇 가지 서비스를 제공받을 수 있다.

예제 코드 다운로드

이 책에서 사용된 예제 코드는 http://www.packtpub.com의 계정을 이용해 다운로드할 수 있다. 이 책을 다른 곳에서 구입했다면 http://www.packtpub.com/support를 방문해 등록하면 파일을 이메일로 직접 받을 수 있다.

다음 단계에 따라 코드 파일을 다운로드할 수 있다.

1. 이메일 주소와 암호를 사용해 웹사이트에 로그인하거나 등록한다.
2. 상단의 SUPPORT 탭에 마우스 포인터를 위치한다.
3. Code Downloads&Errata를 클릭한다.
4. **검색란**에 도서명을 입력한다.
5. 예제 코드 파일을 다운로드할 책을 선택한다.

6. 이 책을 구입한 드롭다운 메뉴에서 선택한다.

7. **코드 다운로드**를 클릭한다.

팩트출판사 웹사이트의 책 웹 페이지에서 **코드 파일** 버튼을 클릭해 코드 파일을 다운로드할 수도 있다. 해당 페이지는 도서명을 검색해 접근할 수 있다. 단, 팩트출판사 계정으로 반드시 로그인해야만 한다. 파일을 다운로드한 후 다음의 최신 버전의 파일 압축 응용프로그램을 사용해 폴더 또는 파일 압축을 해제한다.

- WinRAR/7-Zip for Windows
- Zipeg/iZip/UnRarX for Mac
- 7-Zip/PeaZip for Linux

이 책의 코드는 https://github.com/PacktPublishing/Java-Data-Science-Cookbook의 깃허브에서도 제공한다. https://github.com/PacktPublishing/에서 다양한 도서 및 비디오 카탈로그에 포함된 다른 예제 코드를 제공하고 있다. 한번 방문해 확인해보자!

에이콘출판사의 도서정보 페이지 http://acornpub.co.kr/book/java-data-science-cookbook에서도 예제 코드를 내려받을 수 있다.

컬러 이미지 다운로드

스크린샷과 다이어그램 등의 컬러 이미지를 담고 있는 PDF 파일도 제공하고 있다. 컬러 이미지는 출력 결과의 변화를 더 잘 이해하는 데 도움이 될 것이다. 다음 주소에서 다운로드할 수 있다. https://www.packtpub.com/sites/default/files/downloads/JavaDataScienceCookbook_ColorImages.pdf

또한 에이콘출판사 도서정보 페이지 http://acornpub.co.kr/book/java-data-science -cookbook에서도 컬러 이미지를 다운로드할 수 있다.

오탈자

오타 없이 정확하게 만들기 위한 모든 수단을 동원해서 책을 만들지만 실수가 있을 수 있다. 문장이나 코드에서 문제를 발견했다면 우리에게 알려주기 바란다. 다른 독자들의 혼란을 방지하고 차후 나올 개정판을 개선하는 데 도움이 되기 때문이다. 오류를 발견했다면 http://www.packtpub.com/submit-errata에서 책 제목을 선택하고 Errata Submission Form 링크를 클릭해 자세한 내용을 입력할 수 있다. 보내준 오류 내용이 확인되면 웹사이트에 그 내용이 올라가거나 해당 서적의 정오표 부분에 그 내용이 추가될 것이다.

기존 오류 수정 내용은 https://www.packtpub.com/books/content/support 검색창에 책 제목을 입력해보라. Errata 절 하단에 필요한 정보가 나타날 것이다.

한국어판은 에이콘출판사 도서정보 페이지 http://www.acornpub.co.kr/book/java-data-science-cookbook에서 찾아볼 수 있다.

저작권 침해

인터넷에서의 저작권 침해는 모든 매체에서 벌어지고 있는 심각한 문제다. 팩트출판사에선 저작권과 라이선스 보호를 매우 심각하게 인식하고 있다. 어떤 형태로든 팩트출판사 서적의 불법 복제물을 인터넷에서 발견했다면 적절한 조치를 취할 수 있도록 해당 주소나 사이트명을 알려주길 바란다.

의심되는 불법 복제물 링크를 copyright@packtpub.com으로 보내주길 바란다. 저자를 보호하고 가치 있는 내용을 계속 만들 수 있도록 도와주는 독자 여러분의 마음에 깊은 감사의 뜻을 전한다.

질문

이 책과 관련해서 어떠한 종류의 질문이라도 있다면 questions@packtpub.com으로 문의하길 바란다. 최선을 다해 질문에 답하겠다. 한국어판에 관한 질문은 이 책의 옮긴이나 에이콘출판사 편집 팀(editor@acornpub.co.kr)으로 문의해주길 바란다.

데이터 수집과 정제

1장에서는 다음과 같은 레시피를 다룬다.

- 자바를 사용해 하위 디렉터리의 모든 파일명 가져오기
- Apache Commons IO를 사용해 하위 디렉터리의 모든 파일명 가져오기
- 자바8을 사용해 텍스트 파일 내용 한 번에 읽기
- Apache Commons IO를 사용해 텍스트 파일 내용 한 번에 읽기
- Apache Tika로 PDF에서 텍스트 추출
- 정규 표현식으로 ASCII 텍스트 파일 정제
- Univocity를 사용해 CSV 파일 파싱
- Univocity를 사용해 TSV 파일 파싱
- JDOM으로 XML 파일 파싱

- JSON.simple을 사용해 JSON 파일 쓰기
- JSON.simple을 사용해 JSON 파일 읽기
- JSoup을 사용해 URL로부터 웹 데이터 추출
- 셀레늄 웹드라이버를 사용해 웹사이트에서 웹 데이터 추출
- MySQL 데이터베이스에서 테이블 데이터 읽기

▌ 서론

모든 데이터 과학자는 디스크에 저장된 ASCII 텍스트, PDF, XML, JSON과 같은 다양한 형태의 데이터를 처리해야 한다. 또한 데이터는 데이터베이스 테이블에도 저장돼 있다. 분석을 수행하기 전에 데이터 과학자가 가장 먼저 해야 하는 일은 이 다양한 형태의 데이터 소스로부터 데이터를 가져온 다음, 데이터 정제^{data-cleaning}를 통해 데이터 내에 존재하는 노이즈를 제거하는 것이다. 1장에서는 이렇게 중요한 작업을 수행하기 위한 레시피를 소개한다.

1장뿐만 아니라 이 책 전체에 걸쳐 자바 외부 라이브러리(자바 아카이브 파일 또는 JAR 파일)를 사용한다. 이 라이브러리는 모두의 삶에 편리함을 주고자 개발자 또는 조직에 의해 만들어진 것이다. 이 책은 윈도우 플랫폼에서 이클립스 통합 개발 환경^{Eclipse IDE}을 사용해 코드를 작성하고 실행한다. 다음에 외부 JAR 파일을 프로젝트에 포함시키는 방법을 설명하고 있으며, 이는 반드시 필요한 과정이므로 숙지하기 바란다.

이클립스에서 프로젝트명을 선택하고 마우스 오른쪽 버튼을 클릭한 후 나타나는 메뉴에서 Build Path > Configure Build Path 순으로 선택하면 프로젝트에 JAR 파일을 추가할 수 있다. Libraries 탭 아래 Add External JARs... 버튼을 클릭한 다음, 프로젝트에서 사용하려고 하는 외부 JAR 파일을 선택한다.

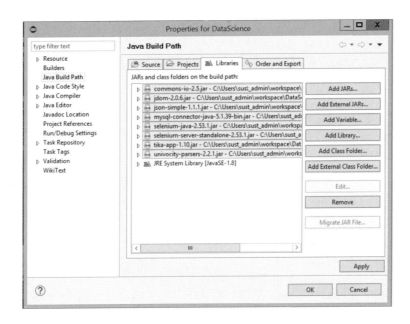

■ 자바를 사용해 하위 디렉터리의 모든 파일명 가져오기

이 레시피는 (그리고 다음 레시피도) 루트 디렉터리 안에 있는 수많은 디렉터리와 파일을 가진 복잡한 디렉터리 구조로부터 (추후의 분석을 위해) 파일 경로와 파일명을 검색하고 싶은 데이터 과학자를 위한 것이다.

준비

이 레시피를 실행하기 위해서는 다음과 같은 준비가 필요하다.

1. 한 디렉터리 내에 (원하는 만큼 많이 여러 계층으로) 디렉터리를 만든다.
2. 어떤 디렉터리 안에는 텍스트 파일을 만들고, 재미를 위해 어떤 디렉터리들은 비워 둔다.

실행 방법

1. 루트 디렉터리 또는 시작할 디렉터리를 가리키는 File을 인수로 받는 static 메소드를 생성한다. 이 메소드는 루트 디렉터리 내의 (그리고 그 모든 하위 디렉터리 내의) 모든 파일셋을 반환한다.

```
public static Set<File> listFiles(File rootDir) {
```

2. 우선 파일 정보를 포함하게 될 HashSet을 생성한다.

```
Set<File> fileSet = new HashSet<File>();
```

3. HashSet을 생성한 다음에, 루트 디렉터리 또는 그 내부의 디렉터리들이 null인지 확인할 필요가 있다. null인 경우 더 이상 진행할 필요가 없다.

```
if (rootDir == null || rootDir.listFiles() == null){
  return fileSet;
}
```

4. 루트 디렉터리에서 한 번에 하나의 디렉터리(또는 파일)를 선택해 그것이 파일인지 디렉터리인지 확인한다. 파일인 경우 HashSet에 추가한다. 디렉터리인 경우 디렉터리의 경로와 이름을 통해 이 메소드를 재귀적으로 호출한다.

```
for (File fileOrDir : rootDir.listFiles()) {
  if (fileOrDir.isFile()){
    fileSet.add(fileOrDir);
  } else {
    fileSet.addAll(listFiles(fileOrDir));
  }
}
```

5. 마지막으로 이 메소드의 호출자에게 HashSet을 반환한다.

```
return fileSet;
}
```

실행에 필요한 드라이버 메소드*driver method*와 클래스를 포함한 전체 코드는 다음과 같다.

```java
import java.io.File;
import java.util.HashSet;
import java.util.Set;

public class TestRecursiveDirectoryTraversal {
  public static void main(String[] args){
    System.out.println(listFiles(new File("루트 디렉터리 경로")));
  }
  public static Set<File> listFiles(File rootDir) {
    Set<File> fileSet = new HashSet<File>();
    if(rootDir == null || rootDir.listFiles()==null){
      return fileSet;
    }
    for (File fileOrDir : rootDir.listFiles()) {
      if (fileOrDir.isFile()){
        fileSet.add(fileOrDir);
      }
      else{
        fileSet.addAll(listFiles(fileOrDir));
      }
    }
    return fileSet;
  }
}
```

> ⓘ 파일 경로와 이름을 저장하기 위해 HashSet을 사용한다. 자바의 Set 데이터 구조는 중복된 항목을 포함하지 않기 때문에 이는 어떠한 중복도 발생하지 않음을 의미한다.

■ Apache Commons IO를 사용해 하위 디렉터리의 모든 파일명 가져오기

계층적인 디렉터리 내의 파일 목록은 앞의 레시피에서 설명한 것처럼 재귀적인 방법으로 가져올 수 있다. 하지만 Apache Commons IO 라이브러리를 사용하면 훨씬 쉽고 편한 방법으로 코딩을 줄일 수 있다.

준비

이 레시피를 실행하기 위해서는 다음과 같은 준비가 필요하다.

1. 이 레시피에서는 Apache Commons IO라는 자바 라이브러리를 사용한다. 책에서 사용하는 버전은 2.5이다. 다음 주소에서 Binaries 항목의 commons-io-2.5-bin.zip 파일을 다운로드한 다음 압축을 해제하면 JAR 파일이 보일 것이다. https://commons.apache.org/proper/commons-io/download_io.cgi

2. 이클립스 프로젝트에 외부 자바 라이브러리로 JAR 파일을 추가한다.

실행 방법

1. 디렉터리 구조에서 루트 디렉터리를 입력으로 받는 메소드를 생성한다.

```
public void listFiles(String rootDir){
```

2. 루트 디렉터리명을 갖는 File 객체를 생성한다.

```
File dir = new File(rootDir);
```

3. Apache Commons 라이브러리의 FileUtils 클래스는 listFiles( )라는 메소드를 가지고 있다. 모든 파일을 검색하기 위해 이 메소드를 사용하며, <File> 제네릭을 가진 리스트 변수에 검색한 파일명을 넣는다. TrueFileFilter.INSTANCE를 사용해 모든 하위 디렉터리를 처리하도록 한다.

```
List<File> files = (List<File>) FileUtils.listFiles(dir, TrueFileFilter.
INSTANCE, TrueFileFilter.INSTANCE);
```

4. 다음과 같이 하면 파일명을 콘솔에 출력할 수 있다. 리스트가 파일 목록을 가지고 있으므로, 추후에 이 리스트를 이용해 파일에 포함된 데이터를 처리할 수 있다.

```
for (File file : files) {
  System.out.println("file: " + file.getAbsolutePath( ));
}
```

5. 메소드를 닫는다.

```
}
```

클래스와 이를 실행하기 위한 드라이버 메소드를 포함한 이 레시피의 전체 코드는 다음과 같다.

```
import java.io.File;
import java.util.List;
import org.apache.commons.io.FileUtils;
import org.apache.commons.io.filefilter.TrueFileFilter;

public class FileListing {
  public static void main (String[] args){
    FileListing fileListing = new FileListing();
```

```
    fileListing.listFiles("루트 디렉터리 경로");
  }
  public void listFiles(String rootDir){
    File dir = new File(rootDir);
    List<File> files = (List<File>) FileUtils.listFiles(dir, TrueFileFilter.
    INSTANCE, TrueFileFilter.INSTANCE);
    for (File file : files) {
      System.out.println("file: " + file.getAbsolutePath());
    }
  }
}
```

특정 확장자를 가진 파일만 보고 싶다면 역시 Apache Commons 라이브러리의 listFiles 메소드를 사용하면 된다. 하지만 매개변수가 다르다. 이 메소드는 파일 디렉터리, String[ ] 확장자, 재귀호출 여부 등 3개의 매개변수를 요구한다. 이 라이브러리에서 흥미로운 또 하나의 메소드는 listFilesAndDirs(File directory, IOFileFilter fileFilter, IOFileFilter dirFilter) 이며, 파일뿐만 아니라 디렉터리명도 보여준다. 자세한 정보는 https://co mmons.apache. org/proper/commons-io/javadocs/에서 찾아볼 수 있다.

■ 자바8을 사용해 텍스트 파일 내용 한 번에 읽기

많은 경우 데이터 과학자들은 텍스트 형식으로 된 데이터를 다룬다. 텍스트 파일의 내용을 읽는 방법은 매우 다양하며, 각각 장단점이 있다. 어떤 방법은 시간과 메모리를 많이 사용하는 반면 어떤 방법은 빠르고 많은 메모리를 필요로 하지 않는다. 어떤 방법은 텍스트 내용을 한 번에 모두 읽지만 어떤 방법은 한 번에 한 줄씩 읽는다. 선택은 수행할 작업과 데이터 과학자의 접근 방식에 달려 있다.

이 레시피는 자바8을 사용해 텍스트 파일 내용을 한 번에 읽는 방법을 보여준다.

실행 방법

1. 우선 읽으려고 하는 텍스트 파일의 경로와 파일명을 갖는 String 객체를 생성한다.

```
String file = "C:/dummy.txt";
```

2. Paths 클래스의 get() 메소드를 사용해 읽으려고 하는 파일의 경로명을 가져온다. 이 메소드의 매개변수는 파일명과 경로를 지정해준 String 객체이다. 이메소드의 출력은 Files 클래스에 있는 lines()라는 다른 메소드로 전달된다. 이메소드는 파일로부터 모든 줄을 하나의 스트림stream으로 읽어들이므로, 결과적으로 이 메소드의 출력은 Stream 변수로 향하게 된다. dummy.txt 파일은 문자열 데이터를 가지고 있기 때문에 Stream 변수의 제네릭을 String으로 설정한다. 존재하지 않거나 손상된 파일을 읽으려고 할 경우 에러가 발생하기 때문에 텍스트를 읽는 전체 프로세스에 try...catch 블록이 필요하다.

그 다음 코드는 dummy.txt 파일의 내용을 콘솔에 출력하는 부분이다. stream 변수는 텍스트 파일의 모든 내용을 가지고 있기 때문에 변수의 forEach() 메소드를 통해 각 줄의 내용을 출력할 수 있다.

```
try (Stream<String> stream = Files.lines(Paths.get(file))) {
  stream.forEach(System.out::println);
} catch (IOException e) {
  System.out.println("Error reading " + file.getAbsolutePath());
}
```

▌ Apache Commons IO를 사용해 텍스트 파일 내용 한 번에 읽기

앞의 레시피에서 설명한 것과 똑같은 기능을 Apache Commons IO API를 통해서도 구현할 수 있다.

준비

이 레시피를 실행하기 위해서는 다음과 같은 준비가 필요하다.

1. 이 레시피에서는 Apache Commons IO라는 자바 라이브러리를 사용한다. 다음 주소에서 Binaries 항목의 commons-io-2.5-bin.zip 파일을 다운로드한 다음 압축을 해제하면 JAR 파일이 보일 것이다. https://commons.apache.org/proper/commons-io/download_io.cgi

2. 이클립스 프로젝트에 JAR 파일을 외부 라이브러리로 추가한다.

실행 방법

1. C 드라이브에 있는 dummy.txt 파일의 내용을 읽으려고 한다. 우선 다음과 같이 이 파일을 액세스하기 위해 File 객체를 생성한다.

```
File file = new File("C:/dummy.txt");
```

2. 파일 본문 내용을 보관하기 위한 String 객체를 생성한다. Apache Commons IO 라이브러리 중 여기서 사용할 메소드는 FileUtils 클래스의 멤버인 readFileToString 메소드이다. 이 메소드를 호출하는 방법은 다양하다. 하지만 지금은 이 메소드가 2개의 인수를 취한다는 것만 알면 된다. 첫 번째는 읽고자 하는 파일 객체이고, 두 번째는 "UTF-8"과 같은 파일의 인코딩이다.

```
String text = FileUtils.readFileToString(file, "UTF-8");
```

3. 앞의 코드 두 줄로 텍스트 파일 내용을 읽고 변수에 넣기에 충분하다. 하지만 당
   신은 단순한 데이터 과학자가 아니라 스마트한 데이터 과학자이다. 그러므로 존
   재하지 않거나 손상된 파일을 읽으려고 할 때 자바 메소드가 던지는 예외를 처
   리하기 위해 코드 앞뒤로 몇 줄을 더 추가해줄 필요가 있다. 앞의 코드는 다음과
   같이 try...catch 블록을 통해 완성도를 높일 수 있다.

```
File file = new File("C:/dummy.txt");
try {
  String text = FileUtils.readFileToString(file, "UTF-8");
}
catch (IOException e) {
  System.out.println("Error reading " + file.getAbsolutePath());
}
```

▌ Apache Tika로 PDF에서 텍스트 추출

데이터 파싱과 추출이 아주 어려운 파일 형식 가운데 하나가 바로 PDF이다. 어떤 PDF
는 비밀번호로 보호되기 때문에 파싱조차 할 수 없고, 어떤 PDF는 스캔된 텍스트와 이
미지를 포함하고 있다. 그래서 이 다이내믹한 파일 형식은 때때로 데이터 과학자에게 최
악의 악몽이 되기도 한다. 이 레시피는 암호화돼 있지 않고, 비밀번호로 보호되지 않았으
며, 스캔된 텍스트를 포함하고 있지 않은 PDF 파일에서 Apache Tika를 통해 텍스트를
추출하는 방법을 보여준다.

준비

이 레시피를 실행하기 위해서는 다음과 같은 준비가 필요하다.

1. Apache Tika 1.10 JAR 파일을 http://archive.apache.org/dist/tika/tika-app-1.10.jar에서 다운로드한 후, 이클립스 프로젝트에 외부 자바 라이브러리로 추가한다.
2. 잠겨 있지 않은 PDF 파일을 C: 드라이브에 testPDF.pdf로 저장한다.

실행 방법

1. convertPdf( )라는 이름으로 메소드를 생성한다. 이 메소드는 매개변수로 변환하고자 하는 PDF의 파일명을 요구한다.

```
public void convertPDF(String fileName){
```

2. PDF 데이터를 바이트 스트림^{stream of bytes}으로 가지고 있게 될 InputStream을 생성한다.

```
InputStream stream = null;
```

3. 다음과 같이 try 블록을 만든다.

```
try{
```

4. 파일을 방금 전에 생성한 stream에 할당한다.

```
stream = new FileInputStream(fileName);
```

5. Apache Tika 패키지는 다양한 파서^{parser}를 제공한다. 만약 사용하려고 하는 파서를 정확히 알지 못하거나, PDF뿐만 아니라 다른 유형의 문서도 변환하려고 한다면 다음과 같이 AutoDetectParser를 사용하는 것이 좋다.

```
AutoDetectParser parser = new AutoDetectParser();
```

6. 파일의 본문 내용을 처리할 핸들러^{handler}를 생성한다. −1을 생성자^{constructor}의 매개변수로 사용하는 것에 주의하라. 일반적으로 Apache Tika는 최대 100,000자까지만 처리할 수 있도록 제한돼 있다. −1 값은 핸들러가 이 제약 사항을 무시하게 해준다.

```
BodyContentHandler handler = new BodyContentHandler(-1);
```

7. Metadata 객체를 생성한다.

```
Metadata metadata = new Metadata();
```

8. 방금까지 생성한 모든 객체를 사용해 파서 객체의 parser() 메소드를 호출한다.

```
parser.parse(stream, handler, metadata, new ParseContext());
```

9. 파일에서 추출한 텍스트를 얻기 위해 핸들러 객체의 toString() 메소드를 사용한다.

```
System.out.println(handler.toString());
```

10. try 블록을 닫고, catch 블록을 보완한 후 마지막에 블록과 메소드를 모두 닫는다.

```
      } catch (Exception e) {
        e.printStackTrace();
      } finally {
        if (stream != null)
          try {
            stream.close();
          } catch (IOException e) {
            System.out.println("Error closing stream");
          }
    }
```

클래스 내의 드라이버 메소드를 포함한 전체 코드는 다음과 같다. 방금 작성한 이 메소드는 변환하고자 하는 PDF 파일명과 경로를 보내 호출할 수 있으며, 여기서는 C: 드라이브에 저장된 testPDF.pdf이다.

```java
import java.io.FileInputStream;
import java.io.IOException;
import java.io.InputStream;
import org.apache.tika.metadata.Metadata;
import org.apache.tika.parser.AutoDetectParser;
import org.apache.tika.parser.ParseContext;
import org.apache.tika.sax.BodyContentHandler;

public class TestTika {
  public static void main(String args[]) throws Exception {
    TestTika tika = new TestTika();
    tika.convertPdf("C:/testPDF.pdf");
  }
  public void convertPdf(String fileName){
    InputStream stream = null;
    try {
      stream = new FileInputStream(fileName);
      AutoDetectParser parser = new AutoDetectParser();
      BodyContentHandler handler = new BodyContentHandler(-1);
```

```
    Metadata metadata = new Metadata( );
    parser.parse(stream, handler, metadata, new ParseContext( ));
    System.out.println(handler.toString( ));
  } catch (Exception e) {
    e.printStackTrace( );
  } finally {
    if (stream != null)
      try {
        stream.close( );
      } catch (IOException e) {
        System.out.println("Error closing stream");
      }
  }
 }
}
```

정규 표현식으로 ASCII 텍스트 파일 정제

PDF-텍스트 변환이나 HTML-텍스트 변환 등의 변환 과정에서 ASCII 텍스트 파일에 불필요한 문자 단위가 포함될 수 있다. 이런 문자들은 데이터 처리 시의 주요 장애물 중 하나이기 때문에 노이즈로 취급된다. 이 레시피는 정규 표현식^{Regular Expressions}을 사용해 ASCII 텍스트에서 노이즈를 제거한다.

실행 방법

1. 정제하고 싶은 텍스트를 String 매개변수로 받는 cleanText(String) 메소드를 생성한다.

   ```
   public String cleanText(String text){
   ```

2. 이 메소드에 다음 코드들을 추가하고, 마지막에 정제된 텍스트를 반환한 다음
   메소드를 닫는다. 첫 번째 줄은 ASCII 문자가 아닌 문자를 제거한다. 그 다음 줄
   은 연속적인 공백을 하나의 공백으로 대치한다. 세 번째 줄은 모든 ASCII 제어
   문자들을 지운다. 네 번째 줄은 인쇄할 수 없는 ASCII 문자를 제거한다. 마지막
   줄은 유니코드로부터 출력할 수 없는 문자를 제거한다.

```
text = text.replaceAll("[^p{ASCII}]","");
text = text.replaceAll("s+", " ");
text = text.replaceAll("p{Cntrl}", "");
text = text.replaceAll("[^p{Print}]", "");
text = text.replaceAll("p{C}", "");
return text;
}
```

클래스 내의 드라이버 메소드를 포함한 전체 메소드는 다음과 같다.

```
public class CleaningData {
  public static void main(String[] args) throws Exception {
    CleaningData clean = new CleaningData();
    String text = "어떤 파일로부터 얻은 텍스트";
    String cleanedText = clean.cleanText(text);    // cleanText 수행
  }
  public String cleanText(String text){
    text = text.replaceAll("[^p{ASCII}]","");
    text = text.replaceAll("s+", " ");
    text = text.replaceAll("p{Cntrl}", "");
    text = text.replaceAll("[^p{Print}]", "");
    text = text.replaceAll("p{C}", "");
    return text;
  }
}
```

▌ Univocity를 사용해 CSV 파일 파싱

데이터 과학자가 처리하는 가장 일반적인 파일 형식은 쉼표로 값이 분리돼 있는 CSV Comma Separated Value 파일이다. CSV 파일은 엑셀 등 대부분의 스프레드시트 응용프로그램에서 읽을 수 있기 때문에 매우 인기가 많다.

이 레시피에서는 CSV 파일을 파싱하고, 여기서 받은 데이터를 처리하는 방법을 보여줄 것이다.

준비

이 레시피를 실행하기 위해서는 다음과 같은 준비가 필요하다.

1. http://oss.sonatype.org/content/repositories/releases/com/univocity/ univocity-parsers/2.2.1/univocity-parsers-2.2.1.jar에서 Univocity JAR 파일을 다운로드한다. 이 파일을 이클립스 프로젝트에 외부 자바 라이브러리로 포함시킨다.

2. 메모장을 사용해 다음 데이터로 CSV 파일을 생성한다. 이 파일을 C:/testCSV. csv로 저장한다.

```
Year,Make,Model,Description,Price
1997,Ford,E350,"ac, abs, moon",3000.00
1999,Chevy,"Venture ""Extended Edition""","",4900.00
1996,Jeep,Grand Cherokee,"MUST SELL! air, moon roof, loaded",4799.00
1999,Chevy,"Venture ""Extended Edition, Very Large""",,5000.00
,,"Venture ""Extended Edition""","",4900.00
```

실행 방법

1. 파일명을 문자열 인수로 받는 parseCsv(String) 메소드를 생성한다.

```
public void parseCsv(String fileName){
```

2. 그 다음에 파서 설정 객체를 생성한다. 이 객체는 다양한 설정 옵션을 제공한다.

```
CsvParserSettings parserSettings = new CsvParserSettings();
```

3. 파서가 입력에서 줄 구분자^{line separator}를 자동으로 인식하도록 설정한다.

```
parserSettings.setLineSeparatorDetectionEnabled(true);
```

4. 파싱된 각 행을 리스트에 저장하는 RowListProcessor를 생성한다.

```
RowListProcessor rowProcessor = new RowListProcessor();
```

5. 파서가 파싱된 각 행의 값을 처리할 때 RowProcessor를 사용하도록 설정한다. com.univocity.parsers.common.processor 패키지에서 더 많은 RowProcessor 를 찾을 수 있으며, 직접 만들 수도 있다.

```
parserSettings.setRowProcessor(rowProcessor);
```

6. 파싱하려는 CSV 파일이 헤더를 가지고 있다면, 파싱된 첫 번째 행을 각 열의 헤더로 사용하도록 설정할 수 있다.

```
parserSettings.setHeaderExtractionEnabled(true);
```

7. 이제 주어진 설정값을 가진 파서 인스턴스를 생성한다.

```
CsvParser parser = new CsvParser(parserSettings);
```

8. parse() 메소드는 파일을 파싱해 각 행의 데이터를 정의된 RowProcessor에 위임한다.

```
parser.parse(new File(fileName));
```

9. 헤더를 파싱한 경우, 헤더는 다음과 같이 얻을 수 있다.

```
String[] headers = rowProcessor.getHeaders();
```

10. 그러면 이 String 배열을 통해 헤더 값을 쉽게 처리할 수 있다.

11. 각 행의 값은 리스트를 통해 얻을 수 있다. 리스트는 다음과 같이 루프를 사용해 출력할 수 있다.

```
List<String[]> rows = rowProcessor.getRows();
for (int i = 0; i < rows.size(); i++){
  System.out.println(Arrays.asList(rows.get(i)));
}
```

12. 마지막으로 메소드를 닫는다.

전체 메소드는 다음과 같다.

```
import java.io.File;
import java.util.Arrays;
import java.util.List;
import com.univocity.parsers.common.processor.RowListProcessor;
```

```java
import com.univocity.parsers.csv.CsvParser;
import com.univocity.parsers.csv.CsvParserSettings;

public class TestUnivocity {
  public void parseCSV(String fileName){
    CsvParserSettings parserSettings = new CsvParserSettings();
    parserSettings.setLineSeparatorDetectionEnabled(true);
    RowListProcessor rowProcessor = new RowListProcessor();
    parserSettings.setRowProcessor(rowProcessor);
    parserSettings.setHeaderExtractionEnabled(true);
    CsvParser parser = new CsvParser(parserSettings);
    parser.parse(new File(fileName));

    String[] headers = rowProcessor.getHeaders();
    List<String[]> rows = rowProcessor.getRows();
    for (int i = 0; i < rows.size(); i++){
      System.out.println(Arrays.asList(rows.get(i)));
    }
  }

  public static void main(String[] args){
    TestUnivocity test = new TestUnivocity();
    test.parseCSV("C:/testCSV.csv");
  }
}
```

 자바로 만들어진 CSV 파서는 많이 있다. 하지만 비교에 의하면 Univocity가 다른 것들보다 빠르다. 자세한 비교 결과는 다음 링크를 참조하라. https://github.com/uniVocity/csv-parsers-comparison

▌ Univocity를 사용해 TSV 파일 파싱

CSV 파일과 달리 TSV^{Tab Separated Value} 파일은 탭으로 구분된 데이터를 가지고 있다. 이 레시피는 TSV 파일에서 데이터를 추출하는 방법을 보여준다.

준비

이 레시피를 실행하기 위해서는 다음과 같은 준비가 필요하다.

1. http://oss.sonatype.org/content/repositories/releases/com/univocity/univocity-parsers/2.2.1/univocity-parsers-2.2.1.jar에서 Univocity JAR 파일을 다운로드한다. 이 파일을 이클립스 프로젝트에 외부 자바 라이브러리로 추가한다.

2. 메모장을 사용해 다음 데이터로 TSV 파일을 생성한다. 이 파일을 C:/testTSV.tsv로 저장한다.

```
Year    Make    Model Description Price
1997    Ford    E350 ac, abs, moon 3000.00
1999    Chevy   Venture "Extended Edition" 4900.00
1996    Jeep    Grand Cherokee MUST SELL!nair, moon roof, loaded
                4799.00
1999    Chevy   Venture "Extended Edition, Very Large" 5000.00
        Venture "Extended Edition" 4900.00
```

실행 방법

1. 파일명을 문자열 인수로 받는 parseTsv(String) 메소드를 생성한다.

```
public void parseTsv(String fileName){
```

2. 이 레시피에서 TSV 파일에 대한 줄 구분자는 줄바꿈 문자[newline character] 또는 n 이다. 이 문자를 줄 구분자로 사용하도록 설정을 변경한다.

```
settings.getFormat().setLineSeparator("n");
```

3. 이 설정으로 TSV 파서를 생성한다.

```
TsvParser parser = new TsvParser(settings);
```

4. TSV 파일의 모든 행을 한 번에 파싱한다.

```
List<String[]> allRows = parser.parseAll(new File(fileName));
```

5. 다음과 같이 반복문을 통해 리스트 객체에서 각 행을 출력 또는 처리한다.

```
for (int i = 0; i < allRows.size(); i++){
    System.out.println(Arrays.asList(allRows.get(i)));
}
```

6. 마지막에 메소드를 닫는다.

```
}
```

클래스 내의 드라이버 메소드를 포함한 전체 메소드는 다음과 같다.

```
import java.io.File;
import java.util.Arrays;
import java.util.List;
import com.univocity.parsers.tsv.TsvParser;
import com.univocity.parsers.tsv.TsvParserSettings;
public class TestTsv {
```

```
public void parseTsv(String fileName){
  TsvParserSettings settings = new TsvParserSettings();
  settings.getFormat().setLineSeparator("n");
  TsvParser parser = new TsvParser(settings);
  List<String[]> allRows = parser.parseAll(new File(fileName));
  for (int i = 0; i < allRows.size(); i++){
    System.out.println(Arrays.asList(allRows.get(i)));
  }
 }
}
```

▌ JDOM으로 XML 파일 파싱

대부분이 비정형인 텍스트 데이터와는 달리 XML 파일은 구조화된 방법으로 데이터를 준비하고 전달하고 활용하기 위해 많이 사용하는 방식이다. XML 파일의 내용을 파싱하는 방법은 매우 다양하다. 이 책에서는 XML을 파싱하기 위해 JDOM이라는 외부 자바 라이브러리를 사용할 것이다.

준비

이 레시피를 실행하기 위해서는 다음과 같은 준비가 필요하다.

1. http://www.jdom.org/downloads/index.html에서 JDOM 2.06 버전의 JAR 파일을 다운로드한다.
2. 이클립스 프로젝트에 JAR 파일을 외부 자바 라이브러리로 포함시킨다.
3. 메모장을 열어 dummyxml.xml이라는 이름으로 새 파일을 생성한다. 이 파일의 내용은 다음을 복사해 사용한다.

```
<?xml version="1.0"?>
<book>
  <author>
    <firstname>Alice</firstname>
    <lastname>Peterson</lastname>
  </author>
  <author>
    <firstname>John</firstname>
    <lastname>Doe</lastname>
  </author>
</book>
```

실행 방법

1. builder라는 이름으로 SAXBuilder 객체를 생성한다.

   ```
   SAXBuilder builder = new SAXBuilder();
   ```

2. 파싱하고자 하는 XML 파일을 가리키는 File 객체를 생성한다. XML 파일을 C:/
   에 저장했다면 코드는 다음과 같다.

   ```
   File file = new File("c:/dummyxml.xml");
   ```

3. try 블록 안에서 XML 파일을 받는 Document 객체를 생성한다.

   ```
   try {
     Document document = (Document) builder.build(file);
   ```

4. 트리 구조를 가진 XML을 파싱하려면 파일에서 트리 순회를 시작할 (즉, 시스템
   적으로 파싱을 시작할) 루트 개체를 알아야 한다. 이 예제에서 루트 개체는 <book>

노드이므로, Element 타입의 rootNode 객체를 생성해 이 루트 개체를 할당
한다.

```
Element rootNode = document.getRootElement();
```

5. 그 다음에 루트 노드의 모든 자식 노드에서 author라는 이름을 가진 노드를 검
   색한다. 검색된 이름은 리스트로 저장되기 때문에 나중에 이 리스트 변수를 이
   용할 수 있다.

```
List list = rootNode.getChildren("author");
```

6. 다음으로 for 루프를 통해 반복적으로 이 리스트의 개체들을 가져온다. 각 개체
   는 Element 타입의 node 변수에 저장된다. 이 변수는 자신의 자식 노드 이름을
   매개변수로 받는 getChildText() 메소드를 가지고 있다. 이 메소드는 입력한 이
   름의 자식 노드가 갖고 있는 텍스트 내용을 반환하며, 그런 자식 노드가 없으면
   null을 반환한다. 이 메소드를 getChild().getText()로 호출하면 값이 없는 경
   우 NullPointerException을 발생하기 때문에 편리하다.

```
for (int i = 0; i < list.size(); i++) {
  Element node = (Element) list.get(i);
  System.out.println("First Name : " + node.getChildText("firstname"));
  System.out.println("Last Name : " + node.getChildText("lastname"));
}
```

7. 마지막으로 try 블록을 닫고, 그에 따라 예외를 처리하기 위한 catch 블록을 다
   음과 같이 작성한다.

```
} catch (IOException io) {
  System.out.println(io.getMessage());
} catch (JDOMException jdomex) {
```

```
      System.out.println(jdomex.getMessage());
    }
```

이 레시피의 전체 코드는 다음과 같다.

```
import java.io.File;
import java.io.IOException;
import java.util.List;
import org.jdom2.Document;
import org.jdom2.Element;
import org.jdom2.JDOMException;
import org.jdom2.input.SAXBuilder;

public class TestJdom {
  public static void main(String[] args){
    TestJdom test = new TestJdom();
    test.parseXml("C:/dummyxml.xml");
  }
  public void parseXml(String fileName){
    SAXBuilder builder = new SAXBuilder();
    File file = new File(fileName);
    try {
      Document document = (Document) builder.build(file);
      Element rootNode = document.getRootElement();
      List list = rootNode.getChildren("author");
      for (int i = 0; i < list.size(); i++) {
        Element node = (Element) list.get(i);
        System.out.println("First Name : " + node.getChildText("firstname"));
        System.out.println("Last Name : " + node.getChildText("lastname"));
      }
    } catch (IOException io) {
      System.out.println(io.getMessage());
    } catch (JDOMException jdomex) {
      System.out.println(jdomex.getMessage());
    }
```

```
    }
}
```

 XML 파서는 매우 다양하며 각각 나름의 장점을 가지고 있다.

- **DOM Parser:** 문서의 모든 내용을 메모리에 올린 후 메모리에서 트리의 전체 계층 구조를 생성한다.
- **SAX Parser:** 전체 문서를 메모리에 올리지 않고 이벤트 기반 트리거에 따라 문서를 파싱한다.
- **JDOM Parser:** DOM parser와 비슷한 방식으로 문서를 파싱하지만 사용하기 훨씬 편하다.
- **StAX Parser:** SAX parser와 비슷한 방식으로 문서를 처리하지만, 훨씬 효율적이다.
- **XPath Parser:** 표현식을 기반으로 문서를 파싱하며, XSLT와 함께 널리 사용된다.
- **DOM4J Parser:** 이것은 DOM, SAX, 그리고 JAXP를 지원하기 위해 제공되는 Java Collections Framework를 사용해 XML, XPath, XSLT를 파싱하는 자바 라이브러리이다.

▌ JSON.simple을 사용해 JSON 파일 쓰기

XML과 마찬가지로 JSON도 사람이 읽기 쉬운 가벼운 형태의 데이터 교환 형식^{Data Interchange Format}이다. JSON은 자바스크립트 객체 표기법^{JavaScript Object Notation}의 준말로서, 최근의 웹 애플리케이션에서 생성 및 파싱되는 주요 데이터 형태가 됐다. 이 레시피는 JSON 파일을 작성하는 방법을 보여준다.

준비

이 레시피를 실행하기 위해서는 다음과 같은 준비가 필요하다.

1. https://code.google.com/archive/p/json-simple/downloads 페이지에서
   json-simple-1.1.1.jar 파일을 다운로드한 후 이클립스 프로젝트에 외부 라이
   브러리로 JAR 파일을 추가한다.

실행 방법

1. 이 레시피에서 작성하려고 하는 JSON 파일명을 받는 writeJson(String out
   FileName) 메소드를 생성한다.

2. JSON 객체를 생성한 다음, 이 객체의 put( ) 메소드를 사용해 몇 개의 필드를 채
   워준다. 예를 들어 책 이름과 저자 이름으로 필드에 값을 넣는다. 다음 코드는
   JSON 객체를 생성하고 해리 포터 시리즈의 책 이름과 저자명을 넣은 것이다.

```
JSONObject obj = new JSONObject();
obj.put("book", "Harry Potter and the Philosopher's Stone");
obj.put("author", "J. K. Rowling");
```

3. 이 책에 대한 3명의 감상평을 가지고 있다. 이것을 JSONArray에 다음과 같이
   추가한다. 우선 배열 객체의 add( ) 메소드를 사용해 감상평을 추가한다. 모든 감
   상평이 배열에 추가되면 이전 단계에서 생성한 JSON 객체에 배열을 추가한다.

```
JSONArray list = new JSONArray();

list.add("There are characters in this book that will remind us of all
the people we have met. Everybody knows or knew a spoilt, overweight
boy like Dudley or a bossy and interfering (yet kind-hearted) girl like
Hermione");
list.add("Hogwarts is a truly magical place, not only in the most
obvious way but also in all the detail that the author has gone to
describe it so vibrantly.");
list.add("Parents need to know that this thrill-a-minute story, the
```

```
first in the Harry Potter series, respects kids' intelligence and
motivates them to tackle its greater length and complexity, play
imaginative games, and try to solve its logic puzzles. ");

obj.put("messages", list);
```

4. JSON 파일을 읽고 파싱하는 다음 레시피에서 이 파일을 사용할 것이기 때문에 JSON 객체에 넣은 정보를 파일로 출력할 것이다. 다음 try...catch 블록에서 정보를 JSON 파일에 기록하고 저장한다.

```
try {
    FileWriter file = new FileWriter("c:/test.json");
    file.write(obj.toJSONString());
    file.flush();
    file.close();
} catch (IOException e) {
    // 예외 발생시 메시지를 여기에 넣는다.
}
```

5. JSON 객체의 내용을 다음과 같이 화면에 출력할 수도 있다.

```
System.out.print(obj);
```

6. 마지막으로 메소드를 닫는다.

```
}
```

이 레시피에서 설명한 전체 클래스와 JSON 파일을 생성하기 위한 드라이버 메소드는 다음과 같다.

```java
import java.io.FileWriter;
import java.io.IOException;
import org.json.simple.JSONArray;
import org.json.simple.JSONObject;

public class JsonWriting {
    public static void main(String[] args) {
        JsonWriting jsonWriting = new JsonWriting();
        jsonWriting.writeJson("C:/test.json");
    }
    public void writeJson(String outFileName){
        JSONObject obj = new JSONObject();
        obj.put("book", "Harry Potter and the Philosopher's Stone");
        obj.put("author", "J. K. Rowling");

        JSONArray list = new JSONArray();
        list.add("There are characters in this book that will remind us of all the
        people we have met. Everybody knows or knew a spoilt, overweight boy like
        Dudley or a bossy and interfering (yet kind-hearted) girl like Hermione");
        list.add("Hogwarts is a truly magical place, not only in the most obvious
        way but also in all the detail that the author has gone to describe it so
        vibrantly.");
        list.add("Parents need to know that this thrill-a-minute story, the first
        in the Harry Potter series, respects kids' intelligence and motivates them
        to tackle its greater length and complexity, play imaginative games, and
        try to solve its logic puzzles. ");

        obj.put("messages", list);

        try {
            FileWriter file = new FileWriter(outFileName);
            file.write(obj.toJSONString());
            file.flush();
            file.close();
        } catch (IOException e) {
```

```
        e.printStackTrace();
    }
    System.out.print(obj);
  }
}
```

출력 파일에는 다음과 같은 데이터가 내용으로 포함돼 있다. 여기에 보이는 출력은 가독성을 높이기 위해 수정된 것이며, 실제 출력은 커다란 하나의 텍스트 뭉치이다.

```
{
"author":"J. K. Rowling",
"book":"Harry Potter and the Philosopher's Stone",
"messages":[
    "There are characters in this book that will remind us of all the people we
    have met. Everybody knows or knew a spoilt, overweight boy like Dudley or a
    bossy and interfering (yet kind-hearted) girl like Hermione",
    "Hogwarts is a truly magical place, not only in the most obvious way
    but also in all the detail that the author has gone to describe it so
    vibrantly.",
    "Parents need to know that this thrill-a-minute story, the first in the
    Harry Potter series, respects kids' intelligence and motivates them to
    tackle its greater length and complexity, play imaginative games, and try
    to solve its logic puzzles."
    ]
}
```

▌ JSON.simple을 사용해 JSON 파일 읽기

이번 레시피에서는 JSON 파일을 읽고 파싱하는 방법을 살펴본다. 입력 파일은 이전 레시피에서 생성한 JSON 파일을 사용할 것이다.

준비

이 레시피를 실행하기 위해서는 다음과 같은 준비가 필요하다.

1. 이전 레시피에서 생성한 책 이름, 저자, 감상평 정보를 가진 JSON 파일을 사용한다. 이 파일은 이번 레시피에서 입력 파일로 사용된다.

실행 방법

1. 1. JSON 파일을 읽고 생성하기 전에 우선 JSON 파서를 생성한다.

```
JSONParser parser = new JSONParser();
```

2. 그 다음 try 블록에서 book과 author 필드의 값을 검색한다. 하지만 이를 수행하기 전에 먼저 파서의 parse() 메소드를 사용해 입력 JSON 파일을 읽어야 한다. 그러므로 파일 내용을 보관할 Object 변수가 필요하다. 그 다음 추가적인 처리를 위해 이 객체를 JSON 객체에 할당한다. 이때 Object 객체의 데이터 타입 변환에 주의해야 한다.

```
try {
  Object obj = parser.parse(new FileReader("C:/test.json"));
  JSONObject jsonObject = (JSONObject) obj;
  String name = (String) jsonObject.get("book");
  System.out.println(name);
  String author = (String) jsonObject.get("author");
  System.out.println(author);
}
```

3. 입력 JSON 파일에서 다음으로 가져올 필드는 배열에 들어 있는 감상평이다. 이 필드는 다음과 같이 반복문을 통해 값을 출력할 수 있다.

```
JSONArray reviews = (JSONArray) jsonObject.get("messages");
Iterator<String> iterator = reviews.iterator();
while (iterator.hasNext()) {
  System.out.println(iterator.next());
}
```

4. 마지막으로 파싱하는 동안 발생할 수 있는 세 가지 유형의 예외를 처리하기 위한
   catch 블록을 작성하고, 메소드를 닫는다.

```
} catch (FileNotFoundException e) {
  // 여기서 예외 처리
} catch (IOException e) {
  // 여기서 예외 처리
} catch (ParseException e) {
  // 여기서 예외 처리
}
```

이 레시피에서 설명한 메소드와 이 메소드를 호출하기 위한 드라이버 메소드를 포함한
전체 클래스는 다음과 같다.

```
import java.io.FileNotFoundException;
import java.io.FileReader;
import java.io.IOException;
import java.util.Iterator;
import org.json.simple.JSONArray;
import org.json.simple.JSONObject;
import org.json.simple.parser.JSONParser;
import org.json.simple.parser.ParseException;

public class JsonReading {
  public static void main(String[] args){
    JsonReading jsonReading = new JsonReading();
```

```java
      jsonReading.readJson("C:/testJSON.json");
    }
    public void readJson(String inFileName) {
      JSONParser parser = new JSONParser();
      try {
        Object obj = parser.parse(new FileReader(inFileName));
        JSONObject jsonObject = (JSONObject) obj;

        String name = (String) jsonObject.get("book");
        System.out.println(name);

        String author = (String) jsonObject.get("author");
        System.out.println(author);

        JSONArray reviews = (JSONArray) jsonObject.get("messages");
        Iterator<String> iterator = reviews.iterator();
        while (iterator.hasNext()) {
          System.out.println(iterator.next());
        }
      } catch (FileNotFoundException e) {
        // 여기서 예외 처리
      } catch (IOException e) {
        // 여기서 예외 처리
      } catch (ParseException e) {
        // 여기서 예외 처리
      }
    }
}
```

코드가 성공적으로 실행되면 콘솔에서 입력 파일의 내용을 볼 수 있다.

▌ JSoup을 사용해 URL로부터 웹 데이터 추출

요즘은 웹에서 엄청난 양의 데이터를 발견할 수 있다. 이 데이터는 일반적으로 정형, 반정형, 또는 비정형 데이터이다. 그러므로 웹에서 데이터를 추출하기 위해서는 매우 다른 기술이 필요하다. 그 중에서 아주 쉽고 편리한 방법 가운데 하나는 JSoup 자바 라이브러리를 사용하는 것이다. 이 레시피에서는 웹 데이터를 추출하기 위해 JSoup에서 제공하는 몇 가지 기법을 사용한다.

준비

이 레시피를 실행하기 위해서는 다음과 같은 준비가 필요하다.

1. https://jsoup.org/download 페이지로 가서 jsoup-1.9.2.jar 파일을 다운로드한다. 이 JAR 파일을 이클립스 프로젝트에 외부 자바 라이브러리로 추가한다.
2. 만약 Maven 팬이라면 다운로드 페이지의 지침에 따라 이클립스 프로젝트에 JAR 파일을 포함시킨다.

실행 방법

1. `extractDataWithJsoup(String url)` 메소드를 생성한다. 매개변수는 메소드가 호출하고자 하는 웹 페이지의 URL이다. 이 URL로부터 웹 데이터를 추출할 것이다.

```
public void extractDataWithJsoup(String href){
```

2. 데이터를 추출하고자 하는 웹 페이지에 URL로 연결하는 `connect()` 메소드를 사용한다. 그 다음 이 메소드에 몇 가지 방법을 더해 연결해 나갈 것이다. 우선

밀리초^{milliseconds} 단위의 시간을 매개변수로 받는 timeout( ) 메소드를 연결한다.
그 다음 메소드에는 이 연결 동안에 유지할 유저 에이전트 이름을 정의하며, 그
다음 메소드에는 연결 오류를 무시할 것인지 여부를 설정한다. 이 두 메소드 다
음으로 연결되는 메소드는 Document 객체를 최종적으로 반환하는 get( ) 메소드
이다. 그러므로 Document 클래스인 doc은 반환된 이 객체를 가지고 있다.

```
doc = Jsoup.connect(href).timeout(10*1000).userAgent("Mozilla").
ignoreHttpErrors(true).get();
```

3. 이 코드에서 IOException 예외가 발생할 수 있기 때문에 다음과 같이 try...
    catch 블록을 사용한다.

```
Document doc = null;
try {
  doc = Jsoup.connect(href).timeout(10*1000).userAgent("Mozilla").
ignoreHttpErrors(true).get();
} catch (IOException e) {
  // 여기서 예외 처리
}
```

 우리는 시간을 밀리초 단위로 보는 데 익숙하지 않다. 그러므로 코드에서 10초를 표시할 경
우 10*1000으로 쓰는 것이 좋다. 이는 코드 가독성을 높여준다.

4. Document 객체에는 매우 많은 메소드가 있다. 만약 URL의 제목을 추출하고
    싶다면 다음과 같이 title 메소드를 사용하면 된다.

```
if(doc != null){
  String title = doc.title();
```

5. 웹 페이지에서 본문 영역만 추출하고 싶다면 다음과 같이 Document 객체의 body( ) 메소드와 text( ) 메소드를 같이 연결해 사용하면 된다.

```
String text = doc.body().text();
```

6. URL이 가리키는 웹 페이지에서 모든 하이퍼링크를 추출하고 싶다면 Document 객체의 select( ) 메소드를 a[href] 매개변수와 함께 사용하면 된다. 그러면 모든 링크를 한꺼번에 얻을 수 있다.

```
Elements links = doc.select("a[href]");
```

7. 웹 페이지에 담긴 각각의 링크를 하나씩 처리하고 싶을 수도 있다. 이것도 역시 매우 쉽다. 개별 링크를 얻기 위해서는 앞에서 얻은 links를 반복 처리하면 된다.

```
for (Element link : links) {
  String linkHref = link.attr("href");
  String linkText = link.text();
  String linkOuterHtml = link.outerHtml();
  String linkInnerHtml = link.html();
  System.out.println(linkHref + "t" + linkText + "t" + linkOuterHtml +
"t" + linkInnterHtml);
}
```

8. 마지막으로 if문의 괄호를 닫고, 메소드를 닫는다.

```
  }
}
```

전체 클래스와 메소드는 다음과 같다.

```java
import java.io.IOException;
import org.jsoup.Jsoup;
import org.jsoup.nodes.Document;
import org.jsoup.nodes.Element;
import org.jsoup.select.Elements;

public class JsoupTesting {
  public static void main(String[] args){
    JsoupTesting test = new JsoupTesting();
    test.extractDataWithJsoup("http://웹사이트 주소");
  }
  public void extractDataWithJsoup(String href){
    Document doc = null;
    try {
      doc = Jsoup.connect(href).timeout(10*1000).userAgent("Mozilla").
ignoreHttpErrors(true).get();
    } catch (IOException e) {
      // 여기서 예외 처리
    }
    if(doc != null){
      String title = doc.title();
      String text = doc.body().text();
      Elements links = doc.select("a[href]");
      for (Element link : links) {
        String linkHref = link.attr("href");
        String linkText = link.text();
        String linkOuterHtml = link.outerHtml();
        String linkInnerHtml = link.html();
        System.out.println(linkHref + "t" + linkText + "t" + linkOuterHtml +
        "t" + linkInnterHtml);
      }
    }
  }
}
```

■ 셀레늄 웹드라이버를 사용해 웹사이트에서 웹 데이터 추출

셀레늄^Selenium은 소프트웨어 테스트 또는 품질 보증 자동화를 위한 자바 기반 도구이다. 흥미롭게도 웹 데이터 추출 및 활용을 자동화하는 데 셀레늄을 사용할 수 있다. 어떻게 하면 되는지 레시피를 보자.

준비

이 레시피를 실행하기 위해서는 다음과 같은 준비가 필요하다.

1. http://selenium-release.storage.googleapis.com/index.html?path=2.53/ 페이지에서 selenium-server-standalone-2.53.1.jar 파일과 selenium-java-2.53.1.zip 파일을 다운로드한다. 두 번째 파일을 압축 해제하면 selenium-java-2.53.1.jar 파일이 나온다. 이 두 JAR 파일을 이클립스 프로젝트에 외부 자바 라이브러리로 추가한다.

2. https://ftp.mozilla.org/pub/firefox/releases/47.0.1/ 페이지에서 당신의 OS에 맞는 파이어폭스를 선택해 Firefox 47.0.1을 다운로드 및 설치한다.

 셀레늄과 파이어폭스 사이의 버전 충돌 때문에 특정 버전에서 코드를 한 번 실행한 후 파이어폭스에서 '자동 업데이트 다운로드 및 설치' 옵션을 해제해야 한다.

실행 방법

1. 데이터를 추출하려고 하는 웹 페이지의 URL을 String 매개변수로 받는 extractDataWithSelenium(String) 메소드를 생성한다. URL로부터 추출할 수 있는 데이터에는 제목과 헤더, 드롭다운 박스의 선택값 등과 같이 다양한 유형이 있다.

이 레시피는 웹 페이지의 본문 추출에만 초점을 둔다.

```
String extractDataWithSelenium(String url){
```

2. 다음과 같이 파이어폭스 웹 드라이버를 생성한다.

```
WebDriver driver = new FirefoxDriver();
```

3. WebDriver 객체의 get( ) 메소드에 URL을 전달한다.

```
driver.get("http://cogenglab.csd.uwo.ca/rushdi.htm");
```

4. 웹 페이지의 본문은 xpath를 사용해 id값이 'content'인 곳에서 찾을 수 있다.

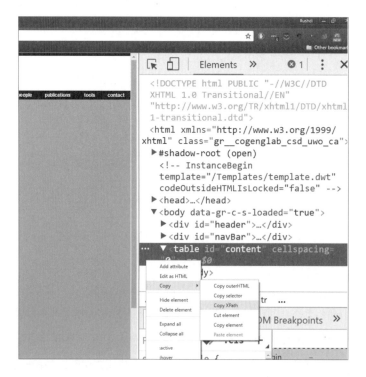

5. 이런 특정 개체는 findElement( ) 메소드를 통해 찾는다. 이 메소드는 WebEle
   ment 객체를 반환한다. 반환되는 값을 저장하기 위해 webElement라는 이름으로
   WebElement 객체를 생성한다.

```
WebElement webElement = driver.findElement(By.xpath("//*[@
id='content']"));
```

6. WebElement 객체는 getText( ) 메소드를 가지고 있다. 웹 페이지의 본문을 얻기
   위해 이 메소드를 호출하고, 이 본문을 다음과 같이 String 변수에 넣는다.

```
String text = (webElement.getText());
```

7. 마지막으로 String 변수를 반환하고 메소드를 닫는다.

```
}
```

드라이버 메소드인 main( )을 포함한 이 레시피의 전체 코드는 다음과 같다.

```
import org.openqa.selenium.By;
import org.openqa.selenium.WebDriver;
import org.openqa.selenium.WebElement;
```

```java
import org.openqa.selenium.firefox.FirefoxDriver;

public class TestSelenium {
  public String extractDataWithSelenium(String url) {
    WebDriver driver = new FirefoxDriver();
    driver.get("http://cogenglab.csd.uwo.ca/rushdi.htm");
    WebElement webElement = driver.findElement(By.xpath("//*[@id='content']"));
    System.out.println(webElement.getText());
    return url;
  }
  public static void main(String[] args){
    TestSelenium test = new TestSelenium();
    String webData = test.extractDataWithSelenium("http://cogenglab.csd.uwo.ca/
    rushdi.htm");
    // 웹 데이터 처리
  }
}
```

 셀레늄과 파이어폭스는 호환성 문제를 갖고 있다. 셀레늄의 어떤 버전은 특정 버전의 파이어폭스에서 동작하지 않는다. 위에서 언급한 버전에서 이 레시피는 잘 동작할 것이다. 하지만 다른 버전의 셀레늄 또는 파이어폭스에서도 잘 동작할지는 보증할 수 없다. 셀레늄과 파이어폭스 사이의 버전 충돌 이슈 때문에 특정 버전에서 코드를 실행하고 난 다음, 파이어폭스에서 '자동 업데이트 다운로드 및 설치' 옵션을 해제해야 한다.

▌ MySQL 데이터베이스에서 테이블 데이터 읽기

데이터는 또한 데이터베이스 테이블에도 저장돼 있다. 이 레시피는 MySQL 테이블에서 데이터를 읽는 방법을 보여준다.

준비

이 레시피를 실행하기 위해서는 다음과 같은 준비가 필요하다.

1. http://dev.mysql.com/downloads/mysql/ 페이지에서 MySQL community server를 다운로드해 설치한다. 이 레시피에서 사용한 버전은 5.7.15이다.

2. data_science라는 이름으로 데이터베이스를 생성한다. 이 데이터베이스에 books 테이블을 생성한 후 다음과 같이 데이터를 입력한다.

id	book_name	author_name	date_created
1	The Hunger Games	Suzanne Collins	2008-09-14 00:00:00
2	Harry Potter and the Sorcerer's Stone	J.K. Rowling	1997-07-30 00:00:00
3	Divergent	Veronica Roth	2011-04-25 00:00:00

이 레시피에서 필드 타입 선택은 중요하지 않지만, 필드명은 위에 보이는 것과 동일하게 할 필요가 있다.

3. http://dev.mysql.com/downloads/connector/j/ 페이지에서 Platform Independent (Architecture Independent) ZIP Archive를 다운로드해 압축을 해제한 다음, MySql JAR 파일을 이클립스 프로젝트에 외부 라이브러리로 추가한다. 이 레시피에서 사용하는 버전은 5.1.39 이상이다.

실행 방법

1. readTable(String user, String password, String server) 메소드를 생성한다. 이 메소드는 사용자명, 비밀번호, 그리고 MySQL의 서버명을 매개변수로 사용한다.

```
public void readTable(String user, String password, String server){
```

2. MysqlDataSource 객체를 생성한 후 사용자명, 비밀번호, 서버명을 설정한다.

```
MysqlDataSource dataSource = new MysqlDataSource();
dataSource.setUser(user);
dataSource.setPassword(password);
dataSource.setServerName(server);
```

3. try 블록 안에서 데이터베이스를 위한 연결connection을 생성한다. 이 연결을 사용해 테이블에서 데이터를 가져오는 SELECT 쿼리를 실행하기 위한 Statement 객체를 생성한다. 이 쿼리의 결과는 ResultSet에 저장된다.

```
try{
  Connection conn = dataSource.getConnection();
  Statement stmt = conn.createStatement();
  ResultSet rs = stmt.executeQuery("SELECT * FROM data_science.books");
```

4. 이제 ResultSet 객체를 반복 처리해 각 칼럼명에 해당하는 데이터를 가져온다. 사용하기 전에 필드 타입을 알아야 하는 데이터인 경우 메소드 사용에 주의해야 한다. 예를 들어 ID 필드는 정수이기 때문에 getInt() 메소드를 사용해야 한다.

```
while (rs.next()){
  int id = rs.getInt("id");
  String book = rs.getString("book_name");
  String author = rs.getString("author_name");
  Date dateCreated = rs.getDate("date_created");
  System.out.format("%s, %s, %s, %sn", id, book, author, dateCreated);
}
```

5. 반복 처리가 끝나면 ResultSet, Statement, Connection을 모두 닫아준다.

```
rs.close();
stmt.close();
```

```
      conn.close();
```

6. 테이블에서 데이터를 읽는 동안에 발생할 수 있는 예외 사항에 대해 catch 블록
   에서 처리하고, 메소드를 닫는다.

```
} catch (Exception e){
    // 여기서 예외 처리
}
```

클래스와 메소드 실행을 위한 드라이버 메소드를 포함한 전체 메소드는 다음과 같다.

```java
import java.sql.*;
import com.mysql.jdbc.jdbc2.optional.MysqlDataSource;

public class TestDB{
  public static void main(String[] args){
    TestDB test = new TestDB();
    test.readTable("사용자명", "비밀번호", "MySQL 서버명");
  }
  public void readTable(String user, String password, String server){
    MysqlDataSource dataSource = new MysqlDataSource();
    dataSource.setUser(user);
    dataSource.setPassword(password);
    dataSource.setServerName(server);
    try{
      Connection conn = dataSource.getConnection();
      Statement stmt = conn.createStatement();
      ResultSet rs = stmt.executeQuery("SELECT * FROM data_science.books");
      while (rs.next()){
        int id = rs.getInt("id");
        String book = rs.getString("book_name");
        String author = rs.getString("author_name");
        Date dateCreated = rs.getDate("date_created");
```

```
            System.out.format("%s, %s, %s, %sn", id, book, author, dateCreated);
        }
        rs.close();
        stmt.close();
        conn.close();
    } catch (Exception e){
        // 여기서 예외 처리
    }
  }
}
```

이 코드는 위에서 생성한 테이블에 포함돼 있는 데이터를 표시한다.

02

데이터 인덱싱과 검색

2장에서는 다음과 같은 레시피를 다룰 것이다.

- 아파치 루씬으로 데이터 인덱싱
- 아파치 루씬으로 인덱싱된 데이터 검색

▌ 서론

2장에서는 아주 중요한 두 가지 레시피를 배우게 된다. 첫 번째는 데이터를 인덱싱하는 방법을 알려주고, 첫 번째 레시피와 밀접한 연관이 있는 두 번째는 인덱싱된 데이터에서 검색하는 방법을 알려준다.

인덱싱과 검색, 두 가지 모두 아파치 루씬^{Apache Lucene}을 사용할 것이다. 아파치 루씬은 정보 검색에 주로 사용되는 무료 오픈소스 자바 소프트웨어 라이브러리이다. 아파치 소프트웨어 재단에 의해 지원되며 아파치 소프트웨어 라이선스 하에 배포할 수 있다.

아파치 솔^{Apache Solr} 또는 일래스틱서치^{ElasticSearch}와 같이 다양한 최신 검색 플랫폼이나 아파치 너치^{Apache Nutch} 같은 크롤링 플랫폼은 데이터 인덱싱과 검색을 위해 백엔드에서 아파치 루씬을 사용한다. 그렇기 때문에 위 검색 플랫폼을 배운 데이터 과학자는 2장의 두 가지 레시피에서 유익한 정보를 얻을 수 있을 것이다.

▌ 아파치 루씬으로 데이터 인덱싱

이 레시피에서는 아파치 루씬으로 대용량의 데이터를 인덱싱하는 방법을 보여줄 것이다. 인덱싱은 데이터를 빠르게 검색하기 위한 첫걸음이다. 루씬은 내부적으로 반전된 전체 텍스트 인덱스^{inverted full-text index}를 사용한다. 즉, 모든 문서를 단어 또는 토큰^{token}으로 나눈 다음 각 토큰에 대한 인덱스를 생성함으로써 용어를 검색할 때 정확히 어떤 문서를 먼저 검색하면 좋은지 알 수 있다.

준비

구현을 하기 위해서는 다음 단계에 따라 준비해야 한다.

1. 아파치 루씬을 다운로드하기 위해 http://lucene.apache.org/core/downloads.html로 이동, DOWNLOAD 버튼을 클릭한다. 이 책을 쓰는 시점에 루씬의 최신 버전은 6.4.1이었다. DOWNLOAD 버튼을 누르면 배포판이 있는 미러 웹사이트로 이동한다.

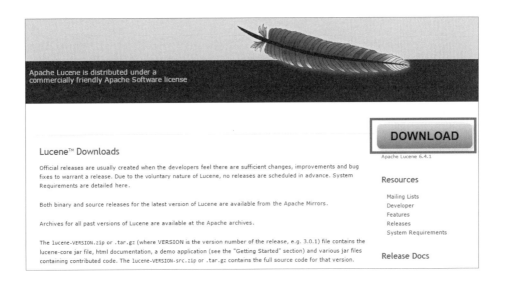

2. 다운로드하기 적당한 미러 웹사이트를 선택한다. 미러 웹사이트를 클릭하면 배
   포판이 있는 디렉터리 페이지로 이동한다. 시스템에 lucene−6.4.1.zip 파일을
   다운로드한다.

Index of /lucene/java/6.4.1

Name	Last modified	Size	Description
Parent Directory		-	Java-Apache (old)
changes/	04-Feb-2017 13:31	-	Java-Apache (old)
lucene-6.4.1-src.tgz	01-Feb-2017 11:59	31M	Java-Apache (old)
lucene-6.4.1.tgz	01-Feb-2017 11:59	65M	Java-Apache (old)
lucene-6.4.1.zip	01-Feb-2017 11:59	75M	Java-Apache (old)

3. 다운로드 후 파일 압축을 해제한다. 다음과 같이 잘 정리된 폴더를 볼 수 있을
   것이다.

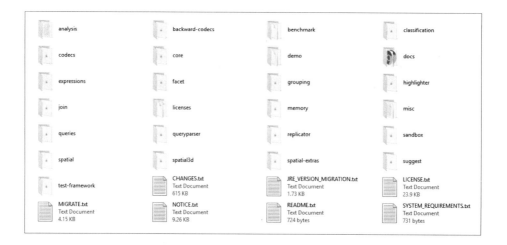

4. 이클립스를 열어서 LuceneTutorial이라는 이름으로 프로젝트를 생성한다. 이
   클립스에서 **File 메뉴 › New › Java Project**를 선택하면 된다. 그 다음에 프로젝트
   이름을 입력하고 Finish 버튼을 누른다.

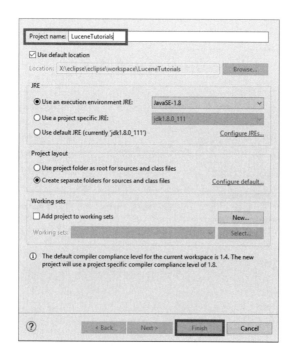

5. 이제 이 레시피에 필요한 JAR 파일을 프로젝트에 외부 라이브러리로 추가한다. Package Explorer 창에 보이는 프로젝트 이름 위에서 마우스 오른쪽 버튼을 클릭한다. Build Path ❯ Configure Build Path 순으로 선택한다. 그러면 프로젝트 설정 화면이 열릴 것이다.

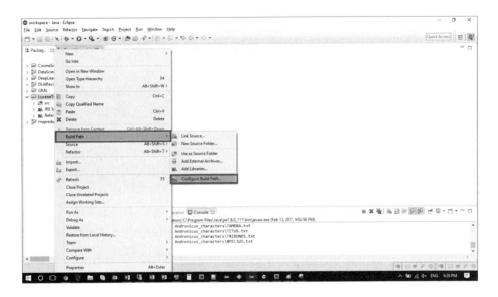

6. **Add External JARs...** 버튼을 클릭한 다음, 아래의 JAR 파일들을 Lucene 6.4.1 배포판에서 찾아 추가해준다.

- lucene-core-6.4.1.jar 파일은 lucene-6.4.1₩core 폴더에서 찾을 수 있다.
- lucene-queryparser-6.4.1.jar 파일은 lucene-6.4.1₩queryparser 폴더에서 찾을 수 있다.
- lucene-analyzers-common-6.4.1.jar 파일은 lucene-6.4.1₩analysis₩common 폴더에서 찾을 수 있다.

JAR 파일을 모두 추가한 다음 OK 버튼을 클릭한다.

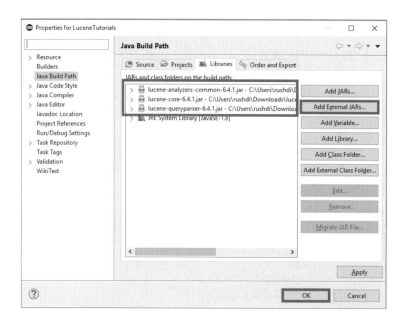

7. 텍스트 형식으로 된 윌리엄 셰익스피어의 작품을 인덱싱할 데이터로 사용할 것이다. 브라우저를 열고 http://norvig.com/ngrams/ 페이지로 이동한다. 그러면 "Natural Language Corpus Data: Beautiful Data"라는 제목을 가진 페이지가 열릴 것이다. Files for Download 아래에서 shakespeare.txt 항목을 발견할 수 있을 것이다. 이 파일을 시스템에 다운로드한다.

8. 다운로드한 파일에는 셰익스피어의 모든 작품이 포함돼 있다.

6.5 MB big.txt	File of running text used in my spell correction article.
1.0 MB smaller.txt	Excerpt of file of running text from my spell correction article. Smaller; faster
0.3 MB count_big.txt	A word count file (29,136 words) for big.txt.
1.5 MB count_1w100k.txt	A word count file with 100,000 most popular words, all uppercase.
.02 MB words4.txt	4360 words of length 4 (for word games)
.04 MB sgb-words.txt	5757 words of length 5 (for word games) from Knuth's Stanford GraphBase
.03 MB words.js	1000 most common words of English from xkcd Simple Writer (more than 1,0
4.3 MB shakespeare.txt	The complete works of Shakespeare, tokenized so that there is a space betwee
5.0 MB sowpods.txt	The SOWPODS word list (267,750 words) -- used by Scrabble players (excep
1.9 MB TWL06.txt	The Tournament Word List (178,690 words) -- used by North American Scrab
1.9 MB enable1.txt	The ENABLE word list (172,819 words) -- also used by word game players. Y
2.7 MB word.list	The YAWL (Yet Another Word List) word list (263,533 words) -- formed by c
	(See Internet Scrabble Club for more lists.)

9. 프로젝트 디렉터리에 한 개의 폴더를 생성한다. 이클립스의 프로젝트 이름 위에 서 마우스 오른쪽 버튼을 클릭하고, **New ▶ Folder**를 선택한다. 폴더명에 input이라고 입력하고 **Finish**를 클릭한다.

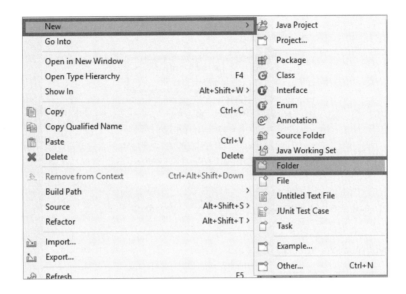

10. shakespeare.txt 파일을 방금 만든 input 폴더로 복사한다.

11. 9번과 같은 방법으로 index라는 이름의 폴더를 하나 더 생성한다. 이 단계에서 프로젝트 내의 폴더는 다음과 같을 것이다.

이제 코딩을 위한 준비가 끝났다.

실행 방법

1. 프로젝트에 `org.apache.lucene.demo`라는 이름으로 패키지를 생성하고, 패키지 안에 IndexFiles.java라는 이름으로 자바 파일을 생성한다.

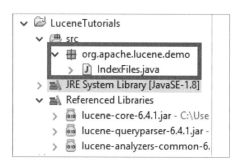

2. 이 자바 파일 안에 `IndexFiles` 클래스를 선언한다.

```
public class IndexFiles {
```

3. 첫 번째로 작성할 메소드는 `indexDocs`이다. 이 메소드는 설정된 인덱스 작성기를 사용해 주어진 파일의 인덱스를 생성한다. 만약 인수로 디렉터리가 주어지면 이 메소드는 해당 디렉터리의 하위에 있는 모든 디렉터리와 파일을 재귀적으로 호출해 반복 처리한다. 이 메소드는 입력 파일 하나당 하나의 문서^{document}로 인덱싱한다.

>
> 이 메소드는 다소 느리다. 그러므로 좀 더 좋은 성능을 원한다면 하나의 입력 파일에 여러 개의 문서를 넣어도 된다.
>
> ```
> static void indexDocs(final IndexWriter writer, Path path) throws
> IOException {
> ```
>
> • writer는 인덱스를 생성하는 인덱스 작성기이다.
> • path는 인덱스를 만들 파일 또는 그 파일들이 들어 있는 디렉터리의 경로이다.

4. 디렉터리가 입력으로 주어진 경우, 이 디렉터리는 재귀적으로 호출돼 하위 디렉터리를 순회한다.

```
if (Files.isDirectory(path)) {
  Files.walkFileTree(path, new SimpleFileVisitor<Path>() {
```

5. 그 다음에 주어진 경로와 기본 파일 속성에 따라 파일 또는 디렉터리를 방문하는 visitFile 메소드를 오버라이드^{override}한다.

```
@Override
public FileVisitResult visitFile(Path file, BasicFileAttributes attrs)
throws IOException {
```

6. 다음으로, 나중에 생성할 정적 메소드인 indexDoc 메소드를 호출한다. 파일을 인덱싱하지 못하는 경우 어떻게 처리할 것인지 당신이 결정할 수 있도록 catch 블록은 일부러 비워 두었다.

```
try {
  indexDoc(writer, file, attrs.lastModifiedTime().toMillis());
} catch (IOException ignore) {
}
```

7. visitFile 메소드의 결과를 반환한다.

```
  return FileVisitResult.CONTINUE;
}
```

8. 블록을 닫는다.

```
}
  );
}
```

9. else 블록에서 indexDoc 메소드를 호출한다. 이 else 블록에서는 디렉터리가 아닌 파일을 처리한다는 것에 주의하라.

```
else {
  indexDoc(writer, path, Files.getLastModifiedTime(path).toMillis());
}
```

10. indexDocs 메소드를 닫는다.

```
}
```

11. 이제 문서 하나를 인덱싱 처리하는 메소드를 생성해보자.

```
static void indexDoc(IndexWriter writer, Path file, long lastModified)
throws IOException {
```

12. 우선 새로운 빈 문서를 생성하는 try 블록을 만든다.

```
try (InputStream stream = Files.newInputStream(file)) {
  Document doc = new Document();
```

13. 그 다음 하나의 필드로서 파일의 경로를 추가한다. 필드명은 "path"라고 입력한다. 필드는 인덱스되거나 검색 가능하게 될 것이다. 하지만 주의할 점은 필드를 토큰화시키거나, 용어의 빈도나 위치 정보를 인덱싱하면 안 된다는 것이다.

```
Field pathField = new StringField("path", file.toString(), Field.Store.
YES);
doc.add(pathField);
```

14. 파일의 최종 수정일도 "modified"라는 필드로 추가한다.

```
doc.add(new LongPoint("modified", lastModified));
```

15. 파일의 내용을 "contents" 필드로 추가한다. 지정된 reader는 파일의 본문 내용
이 토큰화되고 인덱싱됐으나 저장이 안 됐는지 확인한다.

```
doc.add(new TextField("contents", new BufferedReader(new
InputStreamReader(stream, StandardCharsets.UTF_8))));
```

 만약 파일이 UTF-8 인코딩이 아니라면 특수 문자 검색을 할 수 없다.

16. 파일에 대한 인덱스를 생성한다.

```
if (writer.getConfig().getOpenMode() == OpenMode.CREATE) {
  System.out.println("adding " + file);
  writer.addDocument(doc);
}
```

17. 문서가 이미 인덱싱돼 있을 수도 있다. else 블록에서 이 상황을 처리한다. 만
약 그렇다면 이미 정확히 같은 경로에 있는 것을 대치하는 것보다는 update
Document를 사용하는 것이 좋다.

```
else {
  System.out.println("updating " + file);
  writer.updateDocument(new Term("path", file.toString()), doc);
}
```

18. try 블록과 메소드를 닫는다.

```
    }
}
```

19. 이제 클래스의 main 메소드를 만들어보자.

```
public static void main(String[] args) {
```

20. 이 프로그램을 실행시킬 때 세 가지 옵션을 줄 수 있다.

- 첫 번째 옵션인 index는 생성된 인덱스들을 저장할 폴더를 가리키는 매개변수이다.
- 두 번째 옵션인 docs는 텍스트 파일이 있는 폴더를 가리키는 매개변수이다.
- 마지막 옵션은 업데이트 여부이며, 새 인덱스를 생성할 것인지 또는 이전 인덱스를 업데이트할 것인지를 의미하는 매개변수이다.

세 개의 매개변숫값을 유지하기 위해 세 개의 변수를 선언하고 초기화한다.

```
String indexPath = "index";
String docsPath = null;
boolean create = true;
```

21. 세 개의 옵션값을 설정한다.

```
for(int i=0;i<args.length;i++) {
  if ("-index".equals(args[i])) {
    indexPath = args[i+1];
    i++;
  } else if ("-docs".equals(args[i])) {
    docsPath = args[i+1];
    i++;
  } else if ("-update".equals(args[i])) {
```

```
      create = false;
    }
}
```

22. 문서가 있는 디렉터리 경로를 설정한다.

```
final Path docDir = Paths.get(docsPath);
```

23. 이제 이 디렉터리에 있는 파일의 인덱싱을 시작할 수 있다. 우선 인덱싱에 걸리는 시간을 측정하기 위해 타이머를 설정한다.

```
Date start = new Date();
```

24. 인덱싱을 하기 위한 디렉터리 객체와 분석기^analyzer를 생성한다(이 경우 기본적인 표준 분석기와 인덱스 작성기 설정을 사용한다).

```
try {
  Directory dir = FSDirectory.open(Paths.get(indexPath));
  Analyzer analyzer = new StandardAnalyzer();
  IndexWriterConfig iwc = new IndexWriterConfig(analyzer);
```

25. 인덱스 작성기의 설정값 중 인덱싱 작업을 위한 OpenMode 옵션을 인덱스 생성 또는 갱신과 관련된 기준으로 설정한다. 만약 새 인덱스를 생성하기로 결정했다면 OpenMode를 CREATE로 설정한다. 그렇지 않다면 CREATE_OR_APPEND로 설정한다.

```
if (create) {
  iwc.setOpenMode(OpenMode.CREATE);
} else {
  iwc.setOpenMode(OpenMode.CREATE_OR_APPEND);
}
```

26. 인덱스 작성기를 생성하고, 문서를 인덱싱한다.

```
IndexWriter writer = new IndexWriter(dir, iwc);
indexDocs(writer, docDir);
```

27. 인덱스 작성기를 닫는다.

```
writer.close();
```

28. 이 시점까지 코딩은 거의 다 끝났다. 인덱싱하는 데 걸린 시간만 추적하면 된다.

```
Date end = new Date();
System.out.println(end.getTime() - start.getTime() + " total
milliseconds");
```

29. try 블록을 닫는다. 인덱싱을 하는 동안 발생하는 예외는 당신이 처리할 수 있도록 catch 블록은 일부러 비워 두었다.

```
} catch (IOException e) {
}
```

30. main 메소드를 닫고, 클래스를 닫는다.

```
  }
}
```

31. 이클립스에서 프로젝트 이름을 선택하고 마우스 오른쪽 버튼을 클릭한 다음, **Run As ▶ Run Configurations...**를 차례로 선택한다.

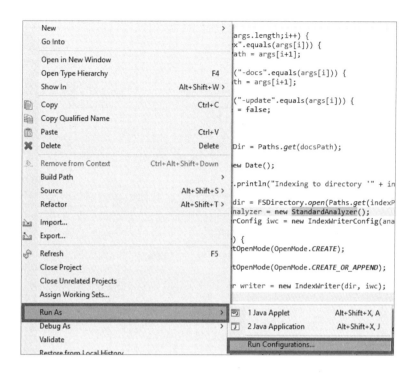

32. Run Configurations 창에서 **Arguments** 탭을 선택한다. Program arguments 옵션 입력창에 `-docs input\ -index index\`라고 입력한 다음 **Run** 버튼을 클릭한다.

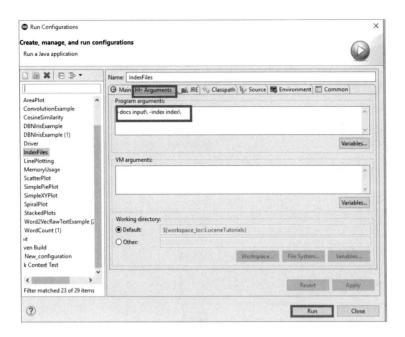

33. 코드의 출력은 다음과 같다.

작동 방식

이 레시피의 전체 코드는 다음과 같다.

```java
package org.apache.lucene.demo;

import org.apache.lucene.analysis.Analyzer;
import org.apache.lucene.analysis.standard.StandardAnalyzer;
import org.apache.lucene.document.Document;
import org.apache.lucene.document.Field;
import org.apache.lucene.document.LongPoint;
import org.apache.lucene.document.StringField;
import org.apache.lucene.document.TextField;
import org.apache.lucene.index.IndexWriter;
import org.apache.lucene.index.IndexWriterConfig.OpenMode;
import org.apache.lucene.index.IndexWriterConfig;
import org.apache.lucene.index.Term;
import org.apache.lucene.store.Directory;
import org.apache.lucene.store.FSDirectory;
import java.io.BufferedReader;
import java.io.IOException;
import java.io.InputStream;
import java.io.InputStreamReader;
import java.nio.charset.StandardCharsets;
import java.nio.file.FileVisitResult;
import java.nio.file.Files;
import java.nio.file.Path;
import java.nio.file.Paths;
import java.nio.file.SimpleFileVisitor;
import java.nio.file.attribute.BasicFileAttributes;
import java.util.Date;

public class IndexFiles {
  static void indexDocs(final IndexWriter writer, Path path) throws IOException {
    if (Files.isDirectory(path)) {
      Files.walkFileTree(path, new SimpleFileVisitor<Path>() {
```

```
      @Override
      public FileVisitResult visitFile(Path file, BasicFileAttributes attrs)
        throws IOException {
          try {
            indexDoc(writer, file, attrs.lastModifiedTime().toMillis());
          } catch (IOException ignore) {
          }
          return FileVisitResult.CONTINUE;
        }
      }
    );
  } else {
    indexDoc(writer, path, Files.getLastModifiedTime(path).toMillis());
  }
}

static void indexDoc(IndexWriter writer, Path file, long lastModified) throws
IOException {
    try (InputStream stream = Files.newInputStream(file)) {
      Document doc = new Document();
      Field pathField = new StringField("path", file.toString(), Field.Store.
      YES);
      doc.add(pathField);
      doc.add(new LongPoint("modified", lastModified));
      doc.add(new TextField("contents", new BufferedReader(new
      InputStreamReader(stream, StandardCharsets.UTF_8))));
      if (writer.getConfig().getOpenMode() == OpenMode.CREATE) {
        System.out.println("adding " + file);
        writer.addDocument(doc);
      } else {
        System.out.println("updating " + file);
        writer.updateDocument(new Term("path", file.toString()), doc);
      }
    }
}

  public static void main(String[] args) {
```

```java
String indexPath = "index";
String docsPath = null;
boolean create = true;
for(int i=0;i<args.length;i++) {
  if ("-index".equals(args[i])) {
    indexPath = args[i+1];
    i++;
  } else if ("-docs".equals(args[i])) {
    docsPath = args[i+1];
    i++;
  } else if ("-update".equals(args[i])) {
    create = false;
  }
}

final Path docDir = Paths.get(docsPath);
Date start = new Date();
try {
  System.out.println("Indexing to directory '" + indexPath + "'...");
  Directory dir = FSDirectory.open(Paths.get(indexPath));
  Analyzer analyzer = new StandardAnalyzer();
  IndexWriterConfig iwc = new IndexWriterConfig(analyzer);

  if (create) {
    iwc.setOpenMode(OpenMode.CREATE);
  } else {
    iwc.setOpenMode(OpenMode.CREATE_OR_APPEND);
  }
  IndexWriter writer = new IndexWriter(dir, iwc);
  indexDocs(writer, docDir);
  writer.close();

  Date end = new Date();
  System.out.println(end.getTime() - start.getTime() + " total
  milliseconds");
} catch (IOException e) {
```

```
        }
    }
}
```

■ 아파치 루씬으로 인덱싱된 데이터 검색

이제 인덱싱된 데이터를 가지고 있다. 그래서 이번 레시피에서는 아파치 루씬을 사용해 인덱싱된 데이터에서 검색을 해보자. 검색을 위한 이 레시피의 코드는 이전 레시피에서 생성된 인덱스가 있어야 하기 때문에 이전 레시피의 지침을 따른 경우에만 성공적으로 실행할 수 있다.

준비

1. 이전 레시피를 완료한다. 프로젝트의 index 디렉터리를 열어보자. 그림과 같은 인덱싱 파일들이 있다면 이전 레시피를 완료한 것이다.

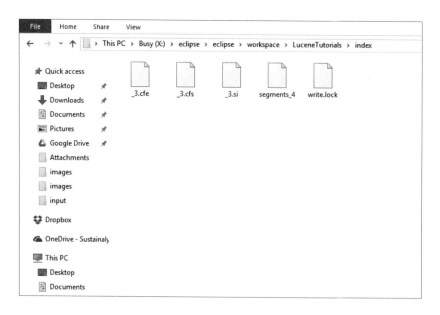

2. 앞의 레시피에서 만들었던 org.apache.lucene.demo 패키지 안에 SearchFiles 라는 이름으로 자바 파일을 생성한다.

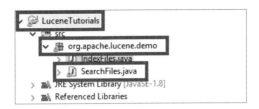

3. 이제 SearchFiles.java 파일에 코드를 넣을 준비가 됐다.

실행 방법

1. 이클립스 편집창에서 SearchFiles.java를 열고 다음과 같이 클래스를 생성한다.

2. 두 개의 String 변수를 상수로 지정한다. 첫 번째 변수는 앞의 레시피에서 생성한 index 디렉터리의 경로를 가리킨다. 두 번째 변수는 검색하려고 하는 필드를 가리킨다. 이 경우에는 index 디렉터리에 있는 인덱스 파일의 contents 필드에서 검색을 한다.

```
public static final String INDEX_DIRECTORY = "index";
public static final String FIELD_CONTENTS = "contents";
```

3. main 메소드 생성으로 시작한다.

```
public static void main(String[] args) throws Exception {
```

4. index 디렉터리에 있는 인덱스 파일들을 열어보는 indexreader를 생성한다.

```
IndexReader reader = DirectoryReader.open(FSDirectory.open (Paths.
get(INDEX_DIRECTORY)));
```

5. 다음 단계로 인덱스를 검색할 검색기^{searcher}를 만든다.

```
IndexSearcher indexSearcher = new IndexSearcher(reader);
```

6. 분석기로 사용할 표준 분석기를 생성한다.

```
Analyzer analyzer = new StandardAnalyzer();
```

7. QueryParser 생성자에 두 개의 인수를 제공함으로써 쿼리 파서를 생성한다. 제공하는 인수는 검색할 필드와 방금 생성한 분석기이다.

```
QueryParser queryParser = new QueryParser(FIELD_CONTENTS, analyzer);
```

8. 이 레시피에서는 미리 정의된 검색어를 사용할 것이다. 이번에는 "over-full"과 "persuasion"이라는 두 단어가 모두 포함된 문서를 찾는다.

```
String searchString = "over-full AND persuasion";
```

9. 검색어를 사용해 쿼리를 생성한다.

```
Query query = queryParser.parse(searchString);
```

10. 검색기는 인덱스에서 검색어를 찾을 수 있는지 확인한다. 검색 결과를 최대 몇 개까지 보여줄 것인지 정할 수 있으며, 여기서는 5로 설정한다.

```
TopDocs results = indexSearcher.search(query, 5);
```

11. 검색 결과를 담아 둘 배열을 생성한다.

```
ScoreDoc[] hits = results.scoreDocs;
```

12. 인덱싱을 할 때 shakespeare.txt 단 하나의 문서만 사용했음을 기억할 것이다. 그러므로 이 경우에 배열의 길이는 최대 1이 된다.

13. 또한 검색에서 찾은 문서의 수를 알고 싶다면 다음과 같이 하면 된다.

```
int numTotalHits = results.totalHits;
System.out.println(numTotalHits + " total matching documents");
```

14. 마지막으로 검색 결과를 가지고 있는 hits를 반복 처리해 검색어가 발견된 문서의 ID를 얻을 수 있다. 문서 ID를 알면 해당 문서의 Document 객체를 생성해 문서의 경로와 사용한 검색어에 대해 루씬이 계산한 문서의 점수를 출력할 수 있다.

```
for(int i=0;i<hits.length;++i) {
  int docId = hits[i].doc;
  Document d = indexSearcher.doc(docId);
  System.out.println((i + 1) + ". " + d.get("path") + " score=" +
hits[i].score);
}
```

15. 메소드와 클래스를 닫는다.

```
  }
}
```

16. 코드를 실행하면 다음과 같은 출력을 볼 수 있다.

```
  J IndexFiles.java      J SearchFiles.java  ⋈

28  import org.apache.lucene.queryparser.classic.QueryParser;
29  import org.apache.lucene.search.IndexSearcher;
30  import org.apache.lucene.search.Query;
31  import org.apache.lucene.search.ScoreDoc;
32  import org.apache.lucene.search.TopDocs;
33  import org.apache.lucene.store.FSDirectory;
34
35  public class SearchFiles {
36      public static final String INDEX_DIRECTORY = "index";
37      public static final String FIELD_CONTENTS = "contents";
38
39⊖     public static void main(String[] args) throws Exception {
40          IndexReader reader = DirectoryReader.open(FSDirectory.open(Path
41          IndexSearcher indexSearcher = new IndexSearcher(reader);
42
43          Analyzer analyzer = new StandardAnalyzer();
44          QueryParser queryParser = new QueryParser(FIELD_CONTENTS, analy
45          String searchString = "over-full AND persuasion";
46          Query query = queryParser.parse(searchString);
47
48          TopDocs results = indexSearcher.search(query, 5);
49          ScoreDoc[] hits = results.scoreDocs;
50
51          int numTotalHits = results.totalHits;
52          System.out.println(numTotalHits + " total matching documents");
53
54          for(int i=0;i<hits.length;++i) {
55              int docId = hits[i].doc;
        <

 Problems  @ Javadoc  Declaration  Console ⋈
<terminated> SearchFiles [Java Application] C:\Program Files\Java\jre1.8.0_111\bin\javaw.exe (Feb 16,
1 total matching documents
1. input\shakespeare.txt score=1.8491187
```

17. 프로젝트 폴더의 input 폴더 안에 있는 shakespeare.txt 파일을 연다. 수동으로 검색하면 "over-full"과 "persuasion"을 문서에서 발견할 수 있을 것이다.

18. 8단계에서 설정한 searchString을 다음과 같이 바꿔보자.

```
String searchString = "shakespeare";
```

19. 나머지 코드는 그대로 둔 채 코드를 실행하면 다음과 같은 출력을 볼 수 있다.

```
28  import org.apache.lucene.queryparser.classic.QueryParser;
29  import org.apache.lucene.search.IndexSearcher;
30  import org.apache.lucene.search.Query;
31  import org.apache.lucene.search.ScoreDoc;
32  import org.apache.lucene.search.TopDocs;
33  import org.apache.lucene.store.FSDirectory;
34
35  public class SearchFiles {
36      public static final String INDEX_DIRECTORY = "index";
37      public static final String FIELD_CONTENTS = "contents";
38
39      public static void main(String[] args) throws Exception {
40          IndexReader reader = DirectoryReader.open(FSDirectory.open(Paths
41          IndexSearcher indexSearcher = new IndexSearcher(reader);
42
43          Analyzer analyzer = new StandardAnalyzer();
44          QueryParser queryParser = new QueryParser(FIELD_CONTENTS, analyz
45          String searchString = "shakespeare";
46          Query query = queryParser.parse(searchString);
47
48          TopDocs results = indexSearcher.search(query, 5);
49          ScoreDoc[] hits = results.scoreDocs;
50
51          int numTotalHits = results.totalHits;
52          System.out.println(numTotalHits + " total matching documents");
53
54          for(int i=0;i<hits.length;++i) {
55              int docId = hits[i].doc;
```

Problems @ Javadoc Declaration Console ☒

<terminated> SearchFiles [Java Application] C:\Program Files\Java\jre1.8.0_111\bin\javaw.exe (Feb 16, 2
0 total matching documents

20. shakespeare.txt 파일을 열어서 "shakespeare"라는 단어가 있는지 확인해보
    자. 아마도 발견할 수 없을 것이다.

이 레시피의 전체 코드는 다음과 같다.

```
package org.apache.lucene.demo;
import java.nio.file.Paths;
import org.apache.lucene.analysis.Analyzer;
import org.apache.lucene.analysis.standard.StandardAnalyzer;
import org.apache.lucene.document.Document;
import org.apache.lucene.index.DirectoryReader;
import org.apache.lucene.index.IndexReader;
import org.apache.lucene.queryparser.classic.QueryParser;
```

```
import org.apache.lucene.search.IndexSearcher;
import org.apache.lucene.search.Query;
import org.apache.lucene.search.ScoreDoc;
import org.apache.lucene.search.TopDocs;
import org.apache.lucene.store.FSDirectory;

public class SearchFiles {
  public static final String INDEX_DIRECTORY = "index";
  public static final String FIELD_CONTENTS = "contents";

  public static void main(String[] args) throws Exception {
    IndexReader reader = DirectoryReader.open(FSDirectory.open (Paths.
    get(INDEX_DIRECTORY)));
    IndexSearcher indexSearcher = new IndexSearcher(reader);
    Analyzer analyzer = new StandardAnalyzer();
    QueryParser queryParser = new QueryParser(FIELD_CONTENTS, analyzer);
    String searchString = "shakespeare";
    Query query = queryParser.parse(searchString);
    TopDocs results = indexSearcher.search(query, 5);
    ScoreDoc[] hits = results.scoreDocs;
    int numTotalHits = results.totalHits;
    System.out.println(numTotalHits + " total matching documents");
    for(int i=0;i<hits.length;++i) {
      int docId = hits[i].doc;
      Document d = indexSearcher.doc(docId);
      System.out.println((i + 1) + ". " + d.get("path") + " score=" + hits[i].
      score);
    }
  }
}
```

아파치 루씬에서 지원되는 쿼리 문법에 대해서는 다음 페이지를 통해 자세한 정보를 얻을 수
있다. https://lucene.apache.org/core/2_9_4/queryparsersyntax.html

03

데이터의 통계적 분석

3장에서는 다음과 같은 레시피를 다룬다.

- 기술 통계량 생성
- 요약 통계량 생성
- 여러 개의 분포로부터 요약 통계량 생성
- 빈도 분포 계산
- 문자열에서 단어 빈도 계산
- 자바8을 사용해 문자열의 단어 빈도 계산
- 단순 회귀
- 최소 자승 회귀
- 일반화 최소 자승 회귀

- 두 데이터셋의 공분산 계산
- 두 데이터셋의 피어슨 상관계수 계산
- 쌍체 표본 t-테스트
- 카이 제곱 테스트
- 일원 분산 분석
- 콜모고로프-스미르노프 테스트

█ 서론

통계 분석은 데이터 과학자의 일상적인 활동 중 하나이다. 통계 분석에는 기술 통계 descriptive statistics, 빈도 분포, 단순 회귀regression 분석, 다중 회귀 분석, 상관계수와 공분산, 그리고 데이터 분포에 대한 통계적 유의성 검정 등이 포함되지만 여기에 국한되지 않는다. 다행스럽게도 자바는 단지 몇 줄의 코딩만으로 강력한 통계 분석을 가능하게 해주는 수많은 라이브러리를 가지고 있다. 3장에서는 데이터 과학자가 자바로 통계 분석을 할 수 있는 15가지 레시피를 소개한다.

자바 언어로 선형 대수, 수치 해석, 특성 함수, 복소수, 기하학, 커브 피팅curve fitting, 미분 방정식 등을 다룰 수 있지만 3장에서는 기초 통계 분석에만 집중할 것이다.

3장의 레시피들을 실행하려면 아래 과정이 반드시 필요하다.

1. Apache Commons Math 3.6.1 라이브러리가 필요하기 때문에 http://commons.apache.org/proper/commons-math/download_math.cgi에서 JAR 파일을 다운로드한다.

2. 혹시라도 그 이전 버전이 필요하다면 아래 이미지와 같이 http://archive.apache.org/dist/commons/math/binaries/에서 다운로드할 수 있다.

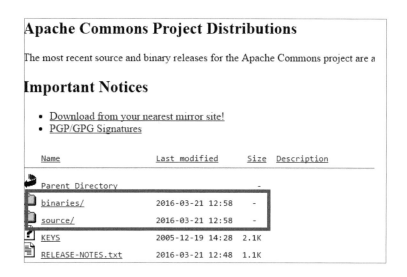

3. 다운로드한 파일을 이클립스 프로젝트에 외부 JAR 파일로 추가한다.

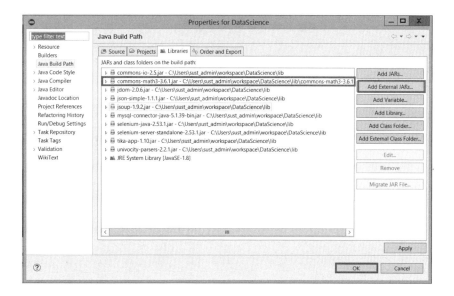

Apache Commons Math 3.6.1 라이브러리의 stat 패키지는 매우 풍부하고
최적화된 기능을 담고 있다. 이 패키지로 다음과 같은 기술 통계량을 생성할 수
있다.

- 산술 평균과 기하 평균
- 분산과 표준 편차
- 합계, 곱, 로그 합, 제곱 합
- 최솟값, 최댓값, 중앙값, 백분위수
- 왜도와 첨도
- 1차, 2차, 3차, 4차 모멘트moments

또한 이 라이브러리의 웹사이트인 http://commons.apache.org/proper/commons-math/userguide/stat.html에 따르면 이 라이브러리의 메소드들은 최적화돼 가능한 적은 메모리를 사용한다.

"백분위수와 중앙값을 제외한 모든 통계는 입력 데이터 전체를 메모리에 유지하지 않은 채 계산될 수 있다."

▌ 기술 통계량 생성

기술 통계는 주로 표본sample을 요약할 때 사용되며, 일반적으로 확률 이론에 기반해 도출되지 않는다. 반면 추론 통계inferential statistics는 표본으로부터 모집단에 대한 추정을 도출하는 데 주로 사용된다. 이 레시피는 자바를 사용해 작은 표본으로부터 기술 통계량을 도출하는 방법을 보여줄 것이다.

이 레시피의 범위를 너무 넓히지 말고 기술 통계의 기초에 집중하도록 하자.

실행 방법

1. 인수로서 double 데이터 타입의 배열을 취하는 메소드를 생성한다. 이 배열은 기술 통계를 생성하고자 하는 값들을 갖게 된다.

```
public void getDescStats(double[] values){
```

2. DescriptiveStatistics 타입의 객체를 생성한다.

```
DescriptiveStatistics stats = new DescriptiveStatistics();
```

3. double 타입 배열을 루프로 돌려 모든 값을 DescriptiveStatistics 객체에 추가한다.

```
for( int i = 0; i < values.length; i++) {
    stats.addValue(values[i]);
}
```

4. Apache Commons Math 라이브러리의 DescriptiveStatistics 클래스에는 평균, 표준 편차, 중앙값을 계산해주는 메소드가 있다. 이 메소드들을 호출해 values에 들어 있는 데이터에 대한 기술 통계량을 얻는다. 마지막으로 메소드를 닫는다.

```
double mean = stats.getMean();
double std = stats.getStandardDeviation();
double median = stats.getPercentile(50);
System.out.println(mean + "\t" + std + "\t" + median);
}
```

드라이버 메소드를 포함한 전체 코드는 다음과 같다.

```
import org.apache.commons.math3.stat.descriptive.DescriptiveStatistics;

public class DescriptiveStats {
  public static void main(String[] args){
```

```
    double[] values = {32, 39, 14, 98, 45, 44, 45, 34, 89, 67, 0, 15, 0, 56, 88};
    DescriptiveStats descStatTest = new DescriptiveStats();
    descStatTest.getDescStats(values);
  }
  public void getDescStats(double[] values){
    DescriptiveStatistics stats = new DescriptiveStatistics();
    for( int i = 0; i < values.length; i++) {
      stats.addValue(values[i]);
    }
    double mean = stats.getMean();
    double std = stats.getStandardDeviation();
    double median = stats.getPercentile(50);
    System.out.println(mean + "\t" + std + "\t" + median);
  }
}
```

 멀티 스레드 환경에서 통계량을 계산하려면 다음과 같이 SynchronizedDescriptiveStatis
tics 인스턴스를 생성해야 한다.

```
DescriptiveStatistics stats = new SynchronizedDescriptiveStatisti
cs();
```

▌ 요약 통계량 생성

SummaryStatistics 클래스를 사용해 데이터에 대한 요약 통계를 생성할 수 있다. 이
클래스는 DescriptiveStatistics 클래스와 레시피가 비슷하지만, 주요 차이점은
SummaryStatistics 클래스는 데이터를 메모리에 저장하지 않는다는 것이다.

실행 방법

1. 이전 레시피와 똑같이 double 데이터 타입의 배열을 인수로 취하는 메소드를 생성한다.

```
public void getSummaryStats(double[] values){
```

2. SummaryStatistics 클래스의 객체를 생성한다.

```
SummaryStatistics stats = new SummaryStatistics();
```

3. SummaryStatistics 클래스 객체에 모든 값을 추가한다.

```
for(int i = 0; i < values.length; i++) {
    stats.addValue(values[i]);
}
```

4. 끝으로 SummaryStatistics 클래스에 있는 메소드를 사용해 values에 대한 요약 통계를 생성한다. 마지막에 메소드를 닫아 준다.

```
double mean = stats.getMean();
double std = stats.getStandardDeviation();
System.out.println(mean + "\t" + std);
}
```

드라이버 메소드를 포함한 전체 코드는 다음과 같다.

```
import org.apache.commons.math3.stat.descriptive.SummaryStatistics;

public class SummaryStats {
  public static void main(String[] args){
```

```java
    double[] values = {32, 39, 14, 98, 45, 44, 45, 34, 89, 67, 0, 15, 0, 56, 88};
    SummaryStats summaryStatTest = new SummaryStats();
    summaryStatTest.getSummaryStats(values);
  }
  public void getSummaryStats(double[] values){
    SummaryStatistics stats = new SummaryStatistics();
    for( int i = 0; i < values.length; i++) {
      stats.addValue(values[i]);
    }
    double mean = stats.getMean();
    double std = stats.getStandardDeviation();
    System.out.println(mean + "\t" + std);
  }
}
```

▌ 여러 개의 분포로부터 요약 통계량 생성하기

이 레시피에서는 여러 개의 데이터셋에서 전체적인 통계량을 모으기 위해 Aggregate SummaryStatistics 인스턴스를 생성하고, 각 표본 데이터에 대해서는 SummaryStatis tics를 사용한다.

실행 방법

1. 두 개의 double 타입 배열을 인수로 취하는 메소드를 생성한다. 각 배열은 서로 다른 두 개의 데이터셋을 의미한다.

   ```java
   public void getAggregateStats(double[] values1, double[] values2){
   ```

2. AggregateSummaryStatistics 클래스의 객체를 생성한다.

```
AggregateSummaryStatistics aggregate = new AggregateSummaryStatistics();
```

3. 두 개의 서로 다른 분포로부터 요약 통계를 생성하기 위해 두 개의 Summary Statistics 클래스를 생성한다.

```
SummaryStatistics firstSet = aggregate.createContributingStatistics();
SummaryStatistics secondSet = aggregate.createContributingStatistics();
```

4. 앞에서 생성한 두 객체에 두 분포의 값을 넣어 준다.

```
for(int i = 0; i < values1.length; i++) {
  firstSet.addValue(values1[i]);
}
for(int i = 0; i < values2.length; i++) {
  secondSet.addValue(values2[i]);
}
```

5. AggregateSummaryStatistics 클래스의 메소드를 사용해 두 분포로부터 집계된 통계량을 생성한다. 끝으로, 생성된 통계를 출력한 후에 메소드를 닫는다.

```
double sampleSum = aggregate.getSum();
double sampleMean = aggregate.getMean();
double sampleStd= aggregate.getStandardDeviation();
System.out.println(sampleSum + "\t" + sampleMean + "\t" + sampleStd);
}
```

이 레시피의 전체 코드는 다음과 같다.

```
import org.apache.commons.math3.stat.descriptive.AggregateSummaryStatistics;
import org.apache.commons.math3.stat.descriptive.SummaryStatistics;

public class AggregateStats {
```

```
public static void main(String[] args){
   double[] values1 = {32, 39, 14, 98, 45, 44, 45};
   double[] values2 = {34, 89, 67, 0, 15, 0, 56, 88};
   AggregateStats aggStatTest = new AggregateStats();
   aggStatTest.getAggregateStats(values1, values2);
}
public void getAggregateStats(double[] values1, double[] values2){
   AggregateSummaryStatistics aggregate = new AggregateSummaryStatistics();
   SummaryStatistics firstSet = aggregate.createContributingStatistics();
   SummaryStatistics secondSet = aggregate.createContributingStatistics();
   for(int i = 0; i < values1.length; i++) {
      firstSet.addValue(values1[i]);
   }
   for(int i = 0; i < values2.length; i++) {
      secondSet.addValue(values2[i]);
   }
   double sampleSum = aggregate.getSum();
   double sampleMean = aggregate.getMean();
   double sampleStd= aggregate.getStandardDeviation();
   System.out.println(sampleSum + "\t" + sampleMean + "\t" + sampleStd);
  }
}
```

더 보기

이 레시피의 접근 방법은 몇 가지 단점을 갖고 있다.

- addValue() 메소드를 호출할 때마다 이 호출은 집계 결과를 유지하기 위해 SummaryStatistics 인스턴스와 동기화한다.
- 값이 추가될 때 표본뿐만 아니라 집계 결과도 함께 업데이트된다.

이런 단점을 극복하기 위해서 클래스에서 static aggregate 메소드를 사용할 수 있다.

▌ 빈도 분포 계산

Frequency 클래스는 한 묶음의 데이터에서 데이터 인스턴스의 수를 세거나, 데이터 인스턴스의 고유한 수를 세는 메소드를 가지고 있다. Frequency 클래스의 인터페이스는 매우 단순하고, 대부분의 경우 원하는 계산 결과를 얻기 위해 몇 줄의 코드만으로 충분하다.

데이터 타입은 string, integer, long, char 모두 지원된다.

 자연적인 순서(Natural ordering)가 누적 빈도의 기본적인 정렬 순서이지만 생성자에 Comparator를 적용해 오버라이드할 수 있다.

실행 방법

1. double 타입의 배열을 인수로 취하는 메소드를 생성한다. 이 배열에 들어 있는 값들에 대해 빈도 분포를 계산할 것이다.

```
public void getFreqStats(double[] values){
```

2. Frequency 클래스의 객체를 생성한다.

```
Frequency freq = new Frequency();
```

3. double 타입 배열에 들어 있는 값들을 이 객체에 추가한다.

```
for( int i = 0; i < values.length; i++) {
  freq.addValue(values[i]);
}
```

4. 배열에 있는 값들에 대한 빈도를 생성한다.

```
for(int i = 0; i < values.length; i++) {
  System.out.println(freq.getCount(values[i]));
}
```

5. 끝으로 메소드를 닫는다.

```
}
```

이 레시피의 전체 코드는 다음과 같다.

```
import org.apache.commons.math3.stat.Frequency;

public class FrequencyStats {
  public static void main(String[] args){
    double[] values = {32, 39, 14, 98, 45, 44, 45, 34, 89, 67, 0, 15, 0, 56, 88};
    FrequencyStats freqTest = new FrequencyStats();
    freqTest.getFreqStats(values);
  }
  public void getFreqStats(double[] values){
    Frequency freq = new Frequency();
    for( int i = 0; i < values.length; i++) {
      freq.addValue(values[i]);
    }
    for(int i = 0; i < values.length; i++) {
      System.out.println(freq.getCount(values[i]));
    }
  }
}
```

■ 문자열에서 단어 빈도 계산

이 레시피는 3장의 다른 레시피들과는 다르게 문자열을 다루고 문자열 내의 단어 빈도를 계산한다. 이 작업을 위해서 Apache Commons Math와 자바8을 사용할 수 있다. 이번 레시피에서는 외부 라이브러리를 이용하고 다음 레시피에서는 동일한 목적을 위해 자바 8을 사용한다.

실행 방법

1. String 배열을 인수로 취하는 메소드를 생성한다. 이 배열은 하나의 문자열에 있는 모든 단어를 포함한다.

```
public void getFreqStats(String[] words){
```

2. Frequency 클래스 객체를 생성한다.

```
Frequency freq = new Frequency();
```

3. Frequency 객체에 모든 단어를 추가한다.

```
for( int i = 0; i < words.length; i++) {
  freq.addValue(words[i].trim());
}
```

4. 각 단어에 대해 Frequency 클래스의 getCount() 메소드를 사용해 빈도를 계산한다. 빈도 계산이 끝나면 메소드를 닫는다.

```
for( int i = 0; i < words.length; i++) {
  System.out.println(words[i] + "=" + freq.getCount(words[i]));
}
```

이 레시피의 전체 코드는 다음과 같다.

```java
import org.apache.commons.math3.stat.Frequency;

public class WordFrequencyStatsApache {
  public static void main(String[] args){
    String str = "Horatio says 'tis but our fantasy, "
              + "And will not let belief take hold of him "
              + "Touching this dreaded sight, twice seen of us. "
              + "Therefore I have entreated him along, 35"
              + "With us to watch the minutes of this night, "
              + "That, if again this apparition come, "
              + "He may approve our eyes and speak to it.";
    String[] words = str.toLowerCase().split("\\W+");
    WordFrequencyStatsApache freqTest = new WordFrequencyStatsApache();
    freqTest.getFreqStats(words);
  }
  public void getFreqStats(String[] words){
    Frequency freq = new Frequency();
    for( int i = 0; i < words.length; i++) {
      freq.addValue(words[i].trim());
    }
    for( int i = 0; i < words.length; i++) {
      System.out.println(words[i] + "=" + freq.getCount(words[i]));
    }
  }
}
```

작동 방식

이 레시피는 문자열 내의 각 단어와 그 빈도를 출력하기 때문에 중복된 단어가 나타날 수
있다. 그러므로 마지막 for 루프에서 빈도 출력을 처리할 때 중복된 값은 출력되지 않도
록 프로그래밍할 필요가 있다.

다음 레시피에서는 단어의 중복을 피하기 위해 Map 데이터 구조를 사용한다. 단어의 순서가 중요하지 않은 경우에는 HashMap을 사용할 수 있으며, 단어의 순서가 중요하다면 TreeMap 데이터 구조를 사용할 필요가 있다.

▌ 자바8을 사용해 문자열의 단어 빈도 계산

이 레시피는 주어진 문자열 내의 단어 빈도를 계산하기 위해 Apache Commons Math 라이브러리를 사용하지 않는다. 대신에 기본적으로 제공되는 자바8 라이브러리와 메커니즘을 사용한다.

> 단어 빈도를 계산하는 예제를 구현하는 방법은 다양하기 때문에, 버전 8 이전의 자바에서 이 레시피를 구현하는 다른 방법들을 찾아보는 것도 좋을 것이다.

실행 방법

1. 문자열 인수를 취하는 메소드를 생성한다. 이 문자열에 포함된 단어들의 빈도를 계산할 것이다.

```
public void getFreqStats(String str){
```

2. 주어진 문자열로부터 Stream을 생성한다. 이 경우에는 문자열을 모두 소문자로 바꾸고 정규 표현식 \W+(white space, 즉 공란을 의미)를 기준으로 단어를 식별한다. 문자열을 스트림으로 변환하는 프로세스는 병렬로 처리할 수 있다.

```
Stream<String> stream = Stream.of(str.toLowerCase().split("\\W+")).
parallel();
```

3. Stream 클래스의 collect() 메소드를 사용해 단어와 그 단어의 빈도를 수집한다. 수집한 값은 String과 Long 타입의 변수를 제네릭으로 갖는 Map 객체로 보내진다. String은 단어를 포함하고 Long은 해당 단어의 빈도를 갖는다.

```java
Map<String, Long> wordFreq =
stream.collect(Collectors.groupingBy(String::toString, Collectors.
counting()));
```

4. 끝으로 forEach를 사용해 Map에 담긴 내용을 출력한 다음 메소드를 닫는다.

```java
wordFreq.forEach((k,v)->System.out.println(k + "=" + v));
    }
```

이 레시피의 전체 코드는 다음과 같다.

```java
import java.util.Map;
import java.util.stream.Collectors;
import java.util.stream.Stream;

public class WordFrequencyStatsJava {
  public static void main(String[] args){
    String str = "Horatio says 'tis but our fantasy, "
                + "And will not let belief take hold of him "
                + "Touching this dreaded sight, twice seen of us. "
                + "Therefore I have entreated him along, 35"
                + "With us to watch the minutes of this night, "
                + "That, if again this apparition come, "
                + "He may approve our eyes and speak to it.";
    WordFrequencyStatsJava freqTest = new WordFrequencyStatsJava();
    freqTest.getFreqStats(str);
  }
  public void getFreqStats(String str){
    Stream<String> stream = Stream.of(str.toLowerCase().split("\\W+"));
```

```
    parallel();
    Map<String, Long> wordFreq = stream.collect(Collectors.groupingBy(String::t
    oString,Collectors.counting()));
    wordFreq.forEach((k,v)->System.out.println(k + "=" + v));
  }
}
```

▌ 단순 회귀

SimpleRegression 클래스는 하나의 독립 변수 x를 갖는 최소 자승 회귀[OLS, ordinary least squares regression]를 지원한다. y = intercept + slope * x, 여기서 slope는 회귀선의 기울기이며, 선택적 계수인 intercept는 y축의 절편이다. 이 클래스는 절편에 대한 표준 오차[standard error]도 제공한다. 관측치의 (x, y)쌍은 한 번에 하나씩 모델에 추가되거나 또는 2차원 배열로 제공될 수 있다. 이 레시피에서는 데이터 포인트를 한 번에 하나씩 추가한다.

 관측치는 메모리에 저장되지 않기 때문에 모델에 추가할 수 있는 관측치 수는 제한이 없다.

실행 방법

1. 단순 회귀를 계산하기 위해 double 데이터 타입의 2차원 배열을 인수로 취하는 메소드를 생성한다. 배열은 (x, y)쌍의 값을 나타낸다.

```
public void calculateRegression(double[][] data){
```

2. SimpleRegression 객체를 생성한 후에 데이터를 추가한다.

```
SimpleRegression regression = new SimpleRegression();
regression.addData(data);
```

 절편이 없거나 계산에서 절편을 제거하길 원한다면 다음과 같이 다른 생성자를 사용해 Simple Regression 객체를 생성해야 한다.

```
SimpleRegression regression = new SimpleRegression(false);
```

3. 절편, 기울기, 절편의 표준 오차를 계산한다. 마지막으로 메소드를 닫는다.

```
System.out.println(regression.getIntercept());
System.out.println(regression.getSlope());
System.out.println(regression.getSlopeStdErr());
}
```

이 레시피의 전체 코드는 다음과 같다.

```
import org.apache.commons.math3.stat.regression.SimpleRegression;

public class RegressionTest {
  public static void main(String[] args){
    double[][] data = {{1, 3}, {2, 5}, {3, 7}, {4, 14}, {5, 11}};
    RegressionTest test = new RegressionTest();
    test.calculateRegression(data);
  }
  public void calculateRegression(double[][] data){
    SimpleRegression regression = new SimpleRegression();
    regression.addData(data);
    System.out.println(regression.getIntercept());
```

```
    System.out.println(regression.getSlope());
    System.out.println(regression.getSlopeStdErr());
  }
}
```

 모델에서 관측치 수가 2보다 적은 경우, 또는 모든 x값이 동일한 경우에는 모든 통계량이
NaN을 반환한다.

통계량을 얻은 후에 getter 메소드를 사용해 데이터를 더 추가하면 새로운 인스턴스를 만들
지 않아도 통계량을 업데이트시킬 수 있다.

▌ 최소 자승 회귀

OLSMultipleLinearRegression 클래스는 선형 모델 $Y = X * b + u$에 따르는 최소 자승
회귀를 제공한다. 여기서 Y는 n-벡터의 종속변수이며, X는 독립변수라 불리는 k개의 칼
럼을 가진 [n,k] 차원의 매트릭스이다. b는 k-벡터의 회귀 계수, u는 n-벡터의 오차항 또
는 잔차residual이다.

실행 방법

1. double 데이터 타입의 2차원 배열 하나와 1차원 배열 하나를 인수로 취하는 메
   소드를 생성한다.

   ```
   public void calculateOlsRegression(double[][] x, double[] y){
   ```

2. OLSMultipleLinearRegression 객체를 생성하고 데이터 포인트 x와 y를 추가
   한다.

```
OLSMultipleLinearRegression regression = new
OLSMultipleLinearRegression();
regression.newSampleData(y, x);
```

3. OLSMultipleLinearRegression 클래스의 다양한 메소드를 사용해 회귀 계수와
   여러 가지 진단값을 계산한다. 이 정보들의 사용 여부는 사용자의 작업 목적에
   따라 다르다. 마지막으로 메소드를 닫는다.

```
double[] beta = regression.estimateRegressionParameters();
double[] residuals = regression.estimateResiduals();
double[][] parametersVariance = regression.estimateRegressionParameters
Variance();
double regressandVariance = regression.estimateRegressandVariance();
double rSquared = regression.calculateRSquared();
double sigma = regression.estimateRegressionStandardError();
}
```

4. x와 y 데이터 포인터는 다음과 같이 생성할 수 있다. 이 예제에서는 고정된 데이
   터를 사용하였기 때문에 배열 인덱스 초기화가 자동으로 수행되지 않는다. x 배
   열을 만들기 위해 루프를 사용할 수도 있다.

```
double[] y    = new double[]{11.0, 12.0, 13.0, 14.0, 15.0, 16.0};
double[][]    x = new double[6][];
x[0] = new    double[]{0, 0, 0, 0, 0};
x[1] = new    double[]{2.0, 0, 0, 0, 0};
x[2] = new    double[]{0, 3.0, 0, 0, 0};
x[3] = new    double[]{0, 0, 4.0, 0, 0};
x[4] = new    double[]{0, 0, 0, 5.0, 0};
x[5] = new    double[]{0, 0, 0, 0, 6.0};
```

이 레시피의 전체 코드는 다음과 같다.

```java
import org.apache.commons.math3.stat.regression.OLSMultipleLinearRegression;

public class OLSRegressionTest {
  public static void main(String[] args){
    double[] y = new double[]{11.0, 12.0, 13.0, 14.0, 15.0, 16.0};
    double[][] x = new double[6][];
    x[0] = new double[]{0, 0, 0, 0, 0};
    x[1] = new double[]{2.0, 0, 0, 0, 0};
    x[2] = new double[]{0, 3.0, 0, 0, 0};
    x[3] = new double[]{0, 0, 4.0, 0, 0};
    x[4] = new double[]{0, 0, 0, 5.0, 0};
    x[5] = new double[]{0, 0, 0, 0, 6.0};
    OLSRegressionTest test = new OLSRegressionTest();
    test.calculateOlsRegression(x, y);
  }
  public void calculateOlsRegression(double[][] x, double[] y){
    OLSMultipleLinearRegression regression = new OLSMultipleLinearRegression();
    regression.newSampleData(y, x);
    double[] beta = regression.estimateRegressionParameters();
    double[] residuals = regression.estimateResiduals();
    double[][] parametersVariance = regression.estimateRegressionParametersVariance();
    double regressandVariance = regression.estimateRegressandVariance();
    double rSquared = regression.calculateRSquared();
    double sigma = regression.estimateRegressionStandardError();
    // 여기서 값을 출력한다.
  }
}
```

 입력 데이터 배열의 차원이 맞지 않거나 모델이 추정을 수행할 수 있을 만큼 충분한 입력 데이터가 없다면 두 가지 이벤트에서 IllegalArgumentException이 발생할 수 있다.

▌ 일반화 최소 자승 회귀

이번 레시피에서는 일반화 최소 자승 회귀^{GLS, generalized least squares regression}라고 불리는 최소 자승 회귀의 다른 형태를 살펴본다. GLSMultipleLinearRegression 클래스는 선형 모델 $Y = X * b + u$를 따른다.

실행 방법

1. x와 y값을 담을 2차원 배열과 1차원 배열, 그리고 회귀의 오메가^{omega} 계수를 위한 2차원 배열을 인수로 취하는 메소드를 생성한다.

```
public void calculateGlsRegression(double[][] x, double[] y, double[][] omega){
```

2. GLSMultipleLinearRegression 객체를 생성하고 데이터 포인트와 오메가 계수를 추가한다.

```
GLSMultipleLinearRegression regression = new
GLSMultipleLinearRegression();
regression.newSampleData(y, x, omega);
```

3. GLSMultipleLinearRegression 클래스의 메소드들을 사용해 회귀 분석의 여러 통계량을 계산하고, 마지막에 메소드를 닫는다.

```
double[] beta = regression.estimateRegressionParameters();
double[] residuals = regression.estimateResiduals();
double[][] parametersVariance = regression.estimateRegressionParameters
Variance();
double regressandVariance = regression.estimateRegressandVariance();
double sigma = regression.estimateRegressionStandardError();
}
```

4. 두 배열 x와 y를 채우는 방법은 이전 레시피를 참조하라. 이 레시피에서는 x와 y 데이터 포인트 외에 오메가 값이 더 필요하다. 오메가 값은 다음과 같이 2차원 배열로 구성된다.

```java
double[][] omega = new double[6][];
omega[0] = new double[]{1.1, 0, 0, 0, 0, 0};
omega[1] = new double[]{0, 2.2, 0, 0, 0, 0};
omega[2] = new double[]{0, 0, 3.3, 0, 0, 0};
omega[3] = new double[]{0, 0, 0, 4.4, 0, 0};
omega[4] = new double[]{0, 0, 0, 0, 5.5, 0};
omega[5] = new double[]{0, 0, 0, 0, 0, 6.6};
```

드라이버 메소드를 포함한 이 레시피의 전체 클래스는 다음과 같다.

```java
import org.apache.commons.math3.stat.regression.GLSMultipleLinearRegression;
public class GLSRegressionTest {
  public static void main(String[] args){
    double[] y = new double[]{11.0, 12.0, 13.0, 14.0, 15.0, 16.0};
    double[][] x = new double[6][];
    x[0] = new double[]{0, 0, 0, 0, 0};
    x[1] = new double[]{2.0, 0, 0, 0, 0};
    x[2] = new double[]{0, 3.0, 0, 0, 0};
    x[3] = new double[]{0, 0, 4.0, 0, 0};
    x[4] = new double[]{0, 0, 0, 5.0, 0};
    x[5] = new double[]{0, 0, 0, 0, 6.0};
    double[][] omega = new double[6][];
    omega[0] = new double[]{1.1, 0, 0, 0, 0, 0};
    omega[1] = new double[]{0, 2.2, 0, 0, 0, 0};
    omega[2] = new double[]{0, 0, 3.3, 0, 0, 0};
    omega[3] = new double[]{0, 0, 0, 4.4, 0, 0};
    omega[4] = new double[]{0, 0, 0, 0, 5.5, 0};
    omega[5] = new double[]{0, 0, 0, 0, 0, 6.6};
    GLSRegressionTest test = new GLSRegressionTest();
    test.calculateGlsRegression(x, y, omega);
```

```
  }
  public void calculateGlsRegression(double[][] x, double[] y, double[][] omega){
    GLSMultipleLinearRegression regression = new GLSMultipleLinearRegression();
    regression.newSampleData(y, x, omega);
    double[] beta = regression.estimateRegressionParameters();
    double[] residuals = regression.estimateResiduals();
    double[][] parametersVariance = regression.estimateRegressionParametersVari
    ance();
    double regressandVariance = regression.estimateRegressandVariance();
    double sigma = regression.estimateRegressionStandardError();
    // 여기서 값을 출력한다.
  }
}
```

■ 두 데이터셋의 공분산 계산

공분산covariance은 다음 식으로 표현된다. cov(X, Y) = sum [(xi - E(X))(yi - E(Y))] / (n - 1). 여기서 E(X)는 X의 평균이고, E(Y)는 Y의 평균이다. 편향bias을 보정하지 않은 추정량estimates은 n - 1 대신 n을 사용한다. 공분산이 편향 보정된 것인지 아닌지 결정하기 위해 추가적으로 biasCorrected라는 선택적 매개변수를 설정해야 한다. 이 매개변수의 기본값은 true이다.

실행 방법

1. 두 개의 1차원 double 배열을 인수로 취하는 메소드를 생성한다. 각 배열은 하나의 데이터셋을 나타낸다.

```
public void calculateCov(double[] x, double[] y){
```

2. 다음과 같이 두 데이터셋 간의 공분산을 계산한다.

```
double covariance = new Covariance().covariance(x, y, false);
```

> ⓘ 이 레시피에서는 편향을 보정하지 않은 공분산을 구하기 때문에 covariance() 메소드에 세 개의 매개변수를 사용했다. 두 개의 double 배열에 대해 편향을 보정한 공분산을 계산할 때 는 세 번째 매개변수를 제거하면 된다.
>
> ```
> double covariance = new Covariance().covariance(x, y);
> ```

3. 필요에 따라 공분산 값을 사용한 후 메소드를 닫는다.

```
System.out.println(covariance);
}
```

이 레시피의 전체 코드는 다음과 같다.

```
import org.apache.commons.math3.stat.correlation.Covariance;

public class CovarianceTest {
  public static void main(String[] args){
    double[] x = {43, 21, 25, 42, 57, 59};
    double[] y = {99, 65, 79, 75, 87, 81};
    CovarianceTest test = new CovarianceTest();
    test.calculateCov(x, y);
  }
  public void calculateCov(double[] x, double[] y){
    // false를 없애면 편향을 제거한 공분산을 얻을 수 있다.
    double covariance = new Covariance().covariance(x, y, false);
    System.out.println(covariance);
  }
}
```

▌ 두 데이터셋의 피어슨 상관계수 계산

PearsonsCorrelation 클래스는 다음 공식으로 정의된 상관계수를 계산한다. cor(X, Y) = sum[(xi - E(X))(yi - E(Y))] / [(n - 1)s(X)s(Y)]. 여기서 E(X)와 E(Y)는 각각 X 와 Y의 평균이며, s(X)와 s(Y)는 각각의 표준 편차이다.

실행 방법

1. 두 데이터셋을 나타내는 두 개의 double 배열을 인수로 취하는 메소드를 생성한다.

   ```
   public void calculatePearson(double[] x, double[] y){
   ```

2. PearsonsCorrelation 객체를 생성한다.

   ```
   PearsonsCorrelation pCorrelation = new PearsonsCorrelation();
   ```

3. 두 데이터셋 사이의 상관계수를 계산한다.

   ```
   double cor = pCorrelation.correlation(x, y);
   ```

4. 필요에 따라 상관계수를 사용하고, 메소드를 닫는다.

   ```
   System.out.println(cor);
   }
   ```

이 레시피의 전체 코드는 다음과 같다.

```
import org.apache.commons.math3.stat.correlation.PearsonsCorrelation;

public class PearsonTest {
  public static void main(String[] args){
    double[] x = {43, 21, 25, 42, 57, 59};
    double[] y = {99, 65, 79, 75, 87, 81};
    PearsonTest test = new PearsonTest();
    test.calculatePearson(x, y);
  }
  public void calculatePearson(double[] x, double[] y){
    PearsonsCorrelation pCorrelation = new PearsonsCorrelation();
    double cor = pCorrelation.correlation(x, y);
    System.out.println(cor);
  }
}
```

▌ 쌍체 표본 t-테스트

Apache Commons Math가 제공하는 여러 가지 표준적인 통계적 유의성 테스트 라이브러리 중 여기서는 쌍체 표본 t-테스트paired t-test와 카이 제곱 테스트Chi-square test, 일원 분산 분석one-way ANOVA, 콜모고로프-스미르노프 테스트Kolmogorov-Smirnov test 등 몇 가지만을 다룰 것이다. TestUtils 클래스 내의 정적 메소드들을 사용해 테스트를 수행하므로 이를 이용하면 독자들도 그 외의 다른 유의성 테스트를 수행해볼 수 있을 것이다.

Apache Commons Math는 단일 표본one-sample t-테스트와 두 표본two-sample t-테스트를 지원한다. 게다가 두 표본 테스트에서 표본들은 서로 쌍일 수도 있고 아닐 수도 있다. 쌍이 아닌 두 표본 테스트는 부분 모집단의 공분산이 같다는 가정 하에서 또는 그런 가정 없이 수행될 수 있다.

실행 방법

1. 두 개의 double 데이터 타입 배열을 인수로 취하는 메소드를 생성한다. 여기서는 두 데이터셋 사이의 통계적 유의성을 찾기 위해 쌍체 표본 t-테스트를 수행할 것이다.

```
public void getTtest(double[] sample1, double[] sample2){
```

2. 두 분포의 t-통계량은 pairedT( ) 메소드를 사용해 확인할 수 있다.

```
System.out.println(TestUtils.pairedT(sample1, sample2));
```

3. 쌍체 표본 t-테스트의 p-값은 pairedTTest 메소드를 사용해 확인한다.

```
System.out.println(TestUtils.pairedTTest(sample1, sample2));
```

4. 마지막으로, 주어진 신뢰 구간 또는 알파값을 기준으로 두 분포의 차이에 대한 유의성은 다음과 같이 확인할 수 있다.

```
System.out.println(TestUtils.pairedTTest(sample1, sample2, 0.05));
```

이 예제에서는 세 번째 매개변수를 0.05로 설정했다. 이것은 두 분포의 차이가 알파값 0.05 또는 95% 신뢰 구간에서 유의한지 알고 싶다는 의미이다.

5. 끝으로 메소드를 닫는다.

```
}
```

이 레시피의 전체 코드는 다음과 같다.

```java
import org.apache.commons.math3.stat.inference.TestUtils;

public class TTest {
  public static void main(String[] args){
    double[] sample1 = {43, 21, 25, 42, 57, 59};
    double[] sample2 = {99, 65, 79, 75, 87, 81};
    Test test = new TTest();
    test.getTtest(sample1, sample2);
  }
  public void getTtest(double[] sample1, double[] sample2){
    System.out.println(TestUtils.pairedT(sample1, sample2)); //t-통계량
    System.out.println(TestUtils.pairedTTest(sample1, sample2)); //p-value
    System.out.println(TestUtils.pairedTTest(sample1, sample2, 0.05));
  }
}
```

■ 카이 제곱 테스트

두 데이터셋의 분포에 대해 카이 제곱 테스트를 수행할 때 하나의 분포를 관측 분포 observed distribution라 하고, 다른 분포를 기대 분포 expected distribution라 부른다.

실행 방법

1. 두 개의 분포를 인수로 취하는 메소드를 생성한다. 관측 분포는 long 데이터 타입의 배열이고, 기대 분포는 double 데이터 타입의 배열인 것에 주의하라.

```java
public void getChiSquare(long[] observed, double[] expected){
```

2. 다음과 같이 카이 제곱 테스트의 t-통계량을 얻는다.

```
System.out.println(TestUtils.chiSquare(expected, observed));
```

3. 비슷한 방식으로 다른 메소드를 사용해 p-값을 확인할 수 있다.

```
System.out.println(TestUtils.chiSquareTest(expected, observed));
```

4. 예상 분포와 관측 분포 사이의 차이점이 주어진 신뢰 구간에서 유의한지 여부는 다음과 같이 알 수 있다.

```
System.out.println(TestUtils.chiSquareTest(expected, observed, 0.05));
```

이 예제에서는 신뢰 구간을 95%로 설정했다. 그러므로 chiSquareTest() 메소드의 세 번째 매개변수인 알파값으로 0.05를 설정한다.

5. 끝으로 메소드를 닫는다.

```
}
```

이 레시피의 전체 코드는 다음과 같다.

```
import org.apache.commons.math3.stat.inference.TestUtils;

public class ChiSquareTest {
  public static void main(String[] args){
    long[] observed = {43, 21, 25, 42, 57, 59};
    double[] expected = {99, 65, 79, 75, 87, 81};
    ChiSquareTest test = new ChiSquareTest();
    test.getChiSquare(observed, expected);
  }
  public void getChiSquare(long[] observed, double[] expected){
```

```
System.out.println(TestUtils.chiSquare(expected, observed)); //t 통계량
System.out.println(TestUtils.chiSquareTest(expected, observed)); //p-value
System.out.println(TestUtils.chiSquareTest(expected, observed, 0.05));
    }
}
```

▌ 일원 분산 분석

ANOVA는 Analysis of Variance^{분산 분석}의 약자이다. 이 레시피에서는 세 개 이상의 독립적이고 서로 관련이 없는 데이터셋의 평균이 유의미하게 다른지 판단하기 위해 자바를 사용해 일원 분산 분석을 수행한다.

실행 방법

1. 여러 개의 데이터 분포를 인수로 취하는 메소드를 생성한다. 이 예제에서는 칼로리, 지방, 탄수화물, 대조군에 대해 ANOVA를 수행한다.

   ```
   public void calculateAnova(double[] calorie, double[] fat, double[]
   carb, double[] control){
   ```

2. ArrayList를 생성한다. 이 ArrayList는 모든 데이터를 포함한다. 메소드가 인수로 취하는 각 데이터셋을 클래스로 볼 수도 있다. 그러므로 이 예제에서는 이들을 classes라고 이름지었다.

   ```
   List<double[]> classes = new ArrayList<double[]>();
   ```

3. 네 개의 데이터셋을 ArrayList에 클래스로 추가한다.

```
classes.add(calorie);
classes.add(fat);
classes.add(carb);
classes.add(control);
```

4. 일원 분산 분석의 F-값은 다음과 같이 얻을 수 있다.

```
System.out.println(TestUtils.oneWayAnovaFValue(classes));
```

5. 일원 분산 분석의 p-값은 다음과 같이 얻는다.

```
System.out.println(TestUtils.oneWayAnovaPValue(classes));
```

6. 마지막으로, 주어진 네 개의 클래스 데이터셋 사이의 평균이 서로 유의미하게 다른지 아닌지는 다음과 같은 코드로 확인할 수 있다.

```
System.out.println(TestUtils.oneWayAnovaTest(classes, 0.05));
```

7. 메소드를 닫아 준다.

```
}
```

일원 분산 분석을 위한 이 레시피의 전체 코드는 다음과 같다.

```
import java.util.ArrayList;
import java.util.List;
import org.apache.commons.math3.stat.inference.TestUtils;
public class AnovaTest {
  public static void main(String[] args){
    double[] calorie = {8, 9, 6, 7, 3};
```

```
    double[] fat = {2, 4, 3, 5, 1};
    double[] carb = {3, 5, 4, 2, 3};
    double[] control = {2, 2, -1, 0, 3};
    AnovaTest test = new AnovaTest();
    test.calculateAnova(calorie, fat, carb, control);
  }
  public void calculateAnova(double[] calorie, double[] fat, double[] carb,
  double[] control){
    List<double[]> classes = new ArrayList<double[]>();
    classes.add(calorie);
    classes.add(fat);
    classes.add(carb);
    classes.add(control);
    System.out.println(TestUtils.oneWayAnovaFValue(classes));
    System.out.println(TestUtils.oneWayAnovaPValue(classes));
    System.out.println(TestUtils.oneWayAnovaTest(classes, 0.05));
  }
}
```

> ℹ️ t-테스트, 카이 제곱 테스트, 그리고 ANOVA에서 얻은 p-값은 distribution 패키지에 있는
> t-분포, 카이 제곱 분포, 그리고 F-분포를 기반으로 한 근사값이기 때문에 정확하다고 할 수
> 있다.

▮ 콜모고로프-스미르노프 테스트

콜모고로프-스미르노프 테스트(KS 테스트)는 연속적인 1차원 확률 분포에 대해 두 모집
단이 동일한 분포를 갖는지에 대한 테스트이다. 이것은 두 데이터셋이 유의미하게 다른
지 확인할 때 사용하는 인기 있는 방법 가운데 하나이다.

실행 방법

1. 두 개의 서로 다른 데이터 분포를 인수로 취하는 메소드를 생성한다. 여기서는 콜모고로프-스미르노프 테스트를 통해 두 데이터 분포가 서로 유의미하게 다른지 확인해볼 것이다.

```
public void calculateKs(double[] x, double[] y){
```

2. 이 테스트의 핵심 통계량 중 하나는 d-통계량이다. 이것은 테스트에서 p-값을 계산하기 위해 필요한 값으로 double 데이터 타입을 갖는다.

```
double d = TestUtils.kolmogorovSmirnovStatistic(x, y);
```

3. 정규 분포로부터 도출한 값으로 귀무가설을 평가하기 위해서 다음과 같은 코드를 사용한다.

```
System.out.println(TestUtils.kolmogorovSmirnovTest(x, y, false));
```

4. 마지막으로 유의성 검정을 위한 p-값은 다음과 같이 확인할 수 있다.

```
System.out.println(TestUtils.exactP(d, x.length, y.length, false));
```

이 레시피의 전체 코드는 다음과 같다.

```
import org.apache.commons.math3.stat.inference.TestUtils;

public class KSTest {
  public static void main(String[] args){
    double[] x = {43, 21, 25, 42, 57, 59};
    double[] y = {99, 65, 79, 75, 87, 81};
    KSTest test = new KSTest();
```

```
    test.calculateKs(x, y);
  }
  public void calculateKs(double[] x, double[] y){
    double d = TestUtils.kolmogorovSmirnovStatistic(x, y);
    System.out.println(TestUtils.kolmogorovSmirnovTest(x, y, false));
    System.out.println(TestUtils.exactP(d, x.length, y.length, false));
  }
}
```

여기까지 3장의 레시피가 끝났다. Apache Commons Math 라이브러리로 할 수 있는 통계 분석은 매우 다양하다. 더 자세한 라이브러리 사용법은 아래의 링크를 통해 3장에서 사용한 버전의 Javadoc을 참조하라.

http://commons.apache.org/proper/commons-math/javadocs/api-3.6.1/index.html

04

데이터로부터 학습하기 – 1부

4장에서는 다음과 같은 레시피를 다룰 것이다.

- ARFF 파일 생성 및 저장
- 머신 러닝 모델의 교차 검증
- 테스트 데이터 분류
- 필터링된 속성으로 테스트 데이터 분류
- 선형 회귀 모델
- 로지스틱 회귀 모델
- KMeans 알고리즘으로 데이터 군집화
- 클래스를 가진 데이터 군집화
- 데이터로부터 연관 규칙 학습
- 저수준 방법, 필터링 방법, 메타 분류기를 이용한 피쳐/속성 선택

서론

4장과 그 다음 장인 5장에서는 머신 러닝을 사용해 데이터의 패턴을 학습하는 레시피들을 다룰 것이다. 이 패턴은 분류^{classification}, 회귀, 군집화^{clustering}라는 세 가지 주요 머신 러닝 작업으로 대표된다. 분류는 여러 개의 클래스 중 데이터가 어디에 속하는지 예측하는 작업이다. 분류와 달리 회귀 모델은 연속적인 수에서 한 값을 예측한다. 마지막으로 군집화는 데이터 간의 근접성을 기초로 데이터를 그룹화하는 기법이다.

앞에서 언급한 머신 러닝 분야의 연구와 개발을 위해 사용할 수 있는 자바 기반의 도구, 워크벤치, 라이브러리, API 등이 아주 많다. 가장 많이 사용되는 도구 중 하나는 Waikato Environment of Knowledge Analysis^{Weka, 웨카}로 GNU 라이선스에 따라 사용할 수 있는 무료 소프트웨어이다. 웨카는 자바로 작성되었으며 데이터 준비, 필터링, 매개변수의 사용자 설정이 가능한 머신 러닝 알고리즘과 강력한 시각화 옵션을 제공하고 있다. 또한 사용하기 쉬운 자바 라이브러리뿐만 아니라 자바 사용자가 아닌 사람들을 위해 매우 편리한 그래픽 유저 인터페이스^{GUI}도 지원한다.

4장에서는 웨카를 사용해 분석 도구를 위한 데이터 준비, 다양한 머신 러닝 작업에 대한 모델 생성, 모델의 성능 측정 등과 같은 일상적인 데이터 과학 업무를 수행하는 방법을 보여주는 데 집중할 것이다.

 4장의 레시피에 있는 코드는 예외 처리를 구현하지 않을 것이며, 따라서 catch 블록은 일부러 비워 둔다. 예외 처리는 전적으로 사용자의 필요에 따라 다르기 때문이다.

ARFF 파일 생성 및 저장

웨카의 기본 파일 형식은 속성-관계 파일 형식^{ARFF, Attribute-Relation File Format}이라고 불린다.

ARFF 파일은 두 부분의 논리 형식을 가지고 있다. 첫 번째 부분을 '헤더', 두 번째 부분을 '데이터'라고 부른다. 헤더는 ARFF 파일에 반드시 있어야 하는 세 가지 물리적 요소인 관계명, 속성 또는 피쳐feature, 데이터 타입과 범위를 가지고 있다. 데이터 부분은 하나의 물리적 요소를 가지며 머신 러닝 모델을 생성하기 위해 반드시 있어야 한다. ARFF 파일의 헤더 부분은 다음과 같이 생겼다.

```
% 1. Title: Iris Plants Database
%
% 2. Sources:
%      (a) Creator: R.A. Fisher
%      (b) Donor: Michael Marshall (MARSHALL%PLU@io.arc.nasa.gov)
%      (c) Date: July, 1988
%
@RELATION iris
@ATTRIBUTE    sepallength    NUMERIC
@ATTRIBUTE    sepalwidth     NUMERIC
@ATTRIBUTE    petallength    NUMERIC
@ATTRIBUTE    petalwidth     NUMERIC
@ATTRIBUTE    class {Iris-setosa, Iris-versicolor, Iris-virginica}
```

여기서 % 기호로 시작하는 줄은 주석을 의미한다. 관계명은 @RELATION 키워드로 표시된다. 그 다음에 @ATTRIBUTE 키워드로 시작하는 몇 줄은 피쳐 또는 속성을 나타낸다. 이 예제에서 관계명은 iris이며, 데이터셋은 5개의 속성을 가지고 있다. 처음 4개의 속성은 숫자 형식이고, 마지막 속성은 명목형 속성으로서 데이터 포인트가 분류되는 3개의 클래스 값 중 하나를 나타낸다.

ARFF 파일의 데이터 부분은 다음과 같이 생겼다.

```
@DATA
5.1,3.5,1.4,0.2,Iris-setosa
4.9,3.0,1.4,0.2,Iris-setosa
```

```
4.7,3.2,1.3,0.2,Iris-setosa
4.6,3.1,1.5,0.2,Iris-setosa
5.0,3.6,1.4,0.2,Iris-setosa
5.4,3.9,1.7,0.4,Iris-setosa
4.6,3.4,1.4,0.3,Iris-setosa
```

예제를 통해 데이터 부분이 @DATA 키워드로 시작하는 것을 알 수 있으며, 속성값은 쉼표로 구분돼 있다. 쉼표로 구분된 값의 순서는 파일의 @ATTRIBUTE 부분에서 속성들이 나열된 순서이다.

 @RELATION, @ATTRIBUTE, @DATA 선언은 대소문자를 상관하지 않는다.

ARFF 파일 형식, 웨카에서 지원되는 속성의 타입, 그리고 희소^{sparse} ARFF 파일 등에 대한 자세한 정보는 다음 링크에서 확인하라. http://www.cs.waikato.ac.nz/ml/weka/arff.html

4장의 레시피를 실행하기 위해 다음과 같은 과정이 필요하다.

코드를 개발하기 위해 이클립스 IDE를 사용하며, 4장의 모든 코드를 성공적으로 실행하기 위해서는 웨카 JAR 파일을 프로젝트에 추가해야 한다. 그 과정은 다음과 같다.

1. 웨카를 다운로드하기 위해 http://www.cs.waikato.ac.nz/ml/weka/downloading.html 페이지로 이동하면 윈도우, 맥, 또는 리눅스와 같이 운영시스템에 따른 다운로드 옵션을 볼 수 있다. 해당 옵션들을 주의 깊게 확인하고 적절한 버전을 다운로드해야 한다.

 이 책을 쓰는 시점에는 3.9.0이 최종 개발자 버전이었고, 저자는 이미 64비트 윈도우 머신에 JVM 1.8 버전이 설치돼 있었기 때문에 다음 그림과 같이 "Java VM이 포함되지 않은 64비트 윈도우용 자동 압축 해제 및 설치 파일 다운로드"를 선택했다.

2. 다운로드가 끝나면 실행 파일을 더블클릭해 화면에 나오는 지시에 따라 설치한다. 웨카의 'Full version'을 설치하도록 선택돼 있는지 주의해야 한다.

3. 설치가 끝난 후 소프트웨어를 실행하지 않는다. 대신에 설치된 디렉터리로 이동해 웨카의 JAR 파일(weka.jar)을 찾는다. 이 파일을 이클립스 프로젝트에 외부 라이브러리로 추가한다.

changelogs	10/27/2016 7:14 PM	File folder	
data	10/27/2016 7:14 PM	File folder	
doc	10/27/2016 7:14 PM	File folder	
COPYING	4/14/2016 3:04 AM	File	35 KB
documentation	4/14/2016 3:04 AM	CSS File	1 KB
documentation	4/14/2016 3:04 AM	Chrome HTML Do...	2 KB
README	4/14/2016 3:04 AM	File	16 KB
remoteExperimentServer	4/14/2016 3:04 AM	Executable Jar File	42 KB
RunWeka	4/14/2016 3:04 AM	Windows Batch File	1 KB
RunWeka.class	4/14/2016 3:04 AM	CLASS File	5 KB
RunWeka	4/14/2016 3:04 AM	Configuration sett...	3 KB
uninstall	10/27/2016 7:14 PM	Application	56 KB
Weka 3.9 (with console)	10/27/2016 7:14 PM	Shortcut	2 KB
Weka 3.9	10/27/2016 7:14 PM	Shortcut	2 KB
weka	4/14/2016 3:04 AM	GIF image	30 KB
weka	4/14/2016 3:04 AM	ICO File	351 KB
weka	4/14/2016 3:04 AM	Executable Jar File	10,740 KB
wekaexamples	4/14/2016 3:04 AM	WinRAR ZIP archive	14,245 KB
WekaManual	4/14/2016 3:04 AM	Adobe Acrobat D...	6,467 KB
weka-src	4/14/2016 3:04 AM	Executable Jar File	10,514 KB

어떤 이유로 이전 버전의 웨카를 다운로드해야 한다면 https://sourceforge.net/projects/
weka/files/에서 발견할 수 있을 것이다. 하지만 옛날 버전의 많은 메소드들이 현재는 없어
지거나 더 이상 지원되지 않을 수 있기 때문에 주의해야 한다.

실행 방법

1. 여기서는 메소드를 생성하지 않고 모든 코드를 main( ) 메소드에 넣을 것이다.
   그러므로 main 메소드를 생성한다.

```
public class WekaArffTest {
  public static void main(String[] args) throws Exception {
```

main 메소드에는 웨카 라이브러리와 관련된 코드와 그에 따라 발생하는 예외도
포함될 것이다.

2. 두 개의 `ArrayList`를 만든다. 첫 번째 `ArrayList`는 속성을 포함하며, 두 번째 `ArrayList`는 클래스 값을 갖는다. 그러므로 첫 번째 `ArrayList`의 제네릭은 Attribute 타입(이것은 모델 속성에 대한 웨카 클래스이다)이고, 두 번째 `ArrayList`의 제네릭은 클래스 레이블[label]을 표시하는 문자열이다.

```
ArrayList<Attribute>        attributes;
ArrayList<String>          classVals;
```

3. 다음으로 Instances 객체를 생성한다. 이 객체는 ARFF 파일의 @DATA 부분에 있는 데이터 인스턴스를 모델링한다. @DATA 부분의 각 라인은 하나의 인스턴스이다.

```
Instances            data;
```

4. double 데이터 타입 배열을 생성한다. 이 배열은 속성의 값들을 포함한다.

```
double[]            values;
```

5. 이제 속성들을 설정할 시간이다. 여기부터 ARFF 파일의 @ATTRIBUTE 부분을 생성할 것이다. 먼저 앞에서 선언한 attributes를 인스턴스화한다.

```
attributes = new ArrayList<Attribute>();
```

6. 그 다음, age라는 이름의 숫자형 속성을 생성하고 이를 ArrayList인 attributes에 추가한다.

```
attributes.add(new Attribute("age"));
```

7. name이라는 문자열 속성을 생성한 다음, 이것도 역시 attributes에 추가한다. 하지만 그 이전에 String 타입의 빈 ArrayList 하나를 생성하고 여기에 NULL을 할당한다. 이 빈 ArrayList는 클래스 속성처럼 명목형이 아닌 문자열 타입의 속성인 name을 가리키기 위해 Attribute 클래스의 생성자로 사용된다.

```
ArrayList<String> empty = null;
attributes.add(new Attribute("name", empty));
```

8. 웨카는 날짜 타입의 속성도 또한 지원한다. 다음으로 생년월일을 표시하는 dob 속성을 생성한다.

```
attributes.add(new Attribute("dob", "yyyy-MM-dd"));
```

9. 데이터 포인트가 속하는 클래스의 목록을 담을 ArrayList를 인스턴스화한 다음에 class1, class2, class3, class4, class5와 같은 5개의 클래스 값을 생성한다.

```
classVals = new ArrayList<String>();
for (int i = 0; i < 5; i++){
  classVals.add("class" + (i + 1));
}
```

10. 이 클래스 값들로 하나의 Attribute 객체를 만들어 attributes에 추가한다.

```
Attribute classVal = new Attribute("class", classVals);
attributes.add(classVal);
```

11. 여기까지 ARFF 파일의 @ATTRIBUTE 부분을 만드는 작업이 끝났다. 다음으로 @DATA 부분을 만들어보자.

12. 우선 MyRelation이라는 이름(ARFF 파일 @RELATION 부분의 매개변수)과 함께 attributes로 Instances 객체를 생성한다.

```
data = new Instances("MyRelation", attributes, 0);
```

13. 4개의 속성에 대해 각각 값을 지정하기 위해 이전에 만들어 놓은 double 타입 배열을 사용한다. 각 속성에 대해 나이, 이름, 생년월일, 그리고 클래스 값(중요하지 않으므로 이 예제에서는 임의적으로 선택했다)을 할당한다.

```
values = new double[data.numAttributes()];
values[0] = 35;
values[1] = data.attribute(1).addStringValue("John Doe");
values[2] = data.attribute(2).parseDate("1981-01-20");
values[3] = classVals.indexOf("class3");
```

14. 데이터에 이 값을 추가한다.

```
data.add(new DenseInstance(1.0, values));
```

15. 동일한 방법으로 데이터의 두 번째 인스턴스를 다음과 같이 생성한다.

```
values = new double[data.numAttributes()];
values[0] = 30;
values[1] = data.attribute(1).addStringValue("Harry Potter");
values[2] = data.attribute(2).parseDate("1986-07-05");
values[3] = classVals.indexOf("class1");
data.add(new DenseInstance(1.0, values));
```

16. ARFF 파일로 저장하기 위해 다음 코드를 사용한다.

```
BufferedWriter writer = new BufferedWriter(new FileWriter("c:/training.
arff"));
```

```
        writer.write(data.toString( ));
        writer.close( );
```

17. 방금 만든 ARFF 파일의 전체 내용을 콘솔에 출력해보자.

```
        System.out.println(data);
```

18. 메소드와 클래스를 닫아준다.

```
        }
    }
```

이 레시피의 전체 코드는 다음과 같다.

```java
import java.io.BufferedWriter;
import java.io.FileWriter;
import java.util.ArrayList;
import weka.core.Attribute;
import weka.core.DenseInstance;
import weka.core.Instances;

public class WekaArffTest {
    public static void main(String[] args) throws Exception {
        ArrayList<Attribute> attributes;
        ArrayList<String> classVals;
        Instances data;
        double[] values;

        // 속성을 담을 ArrayList 선언
        attributes = new ArrayList<Attribute>( );
        // 숫자 속성
        attributes.add(new Attribute("age"));
        // 문자열 속성
```

```
ArrayList<String> empty = null;
attributes.add(new Attribute("name", empty));
// 날짜 속성
attributes.add(new Attribute("dob", "yyyy-MM-dd"));
classVals = new ArrayList<String>();
for (int i = 0; i < 5; i++){
  classVals.add("class" + (i + 1));
}
Attribute classVal = new Attribute("class", classVals);
attributes.add(classVal);

// Instances 객체 생성
data = new Instances("MyRelation", attributes, 0);
// 데이터 채우기
// 첫 번째 인스턴스
values = new double[data.numAttributes()];
values[0] = 35;
values[1] = data.attribute(1).addStringValue("John Doe");
values[2] = ata.attribute(2).parseDate("1981-01-20");
values[3] = classVals.indexOf("class3");
// 추가
data.add(new DenseInstance(1.0, values));

// 두 번째 인스턴스
values = new double[data.numAttributes()];
values[0] = 30;
values[1] = data.attribute(1).addStringValue("Harry Potter");
values[2] = data.attribute(2).parseDate("1986-07-05");
values[3] = classVals.indexOf("class1");
// 추가
data.add(new DenseInstance(1.0, values));

// 디스크에 arff 파일 저장하기
BufferedWriter writer = new BufferedWriter(new FileWriter("c:/training.
arff"));
writer.write(data.toString());
```

```
        writer.close();
        // 데이터 출력
        System.out.println(data);
    }
}
```

이 코드의 출력은 다음과 같다.

```
@relation MyRelation

@attribute    age numeric
@attribute    name string
@attribute    dob date yyyy-MM-dd
@attribute    class {class1,class2,class3,class4,class5}

@data
35,'John Doe',1981-01-20,class3
30,'Harry Potter',1986-07-05,class1
```

▌ 머신 러닝 모델의 교차 검증

이 레시피에서는 4가지 서로 다른 작업을 수행하는 4개의 메소드를 생성할 것이다. 첫 번째 메소드는 ARFF 파일을 로드한다(이미 생성된 ARFF가 어딘가에 있다고 가정한다). 두 번째 메소드는 ARFF 파일로부터 데이터를 읽고 머신 러닝 모델을 생성한다. 예제에서는 저자 마음대로 나이브 베이즈$^{Naive\ Bayes}$ 모델을 선택했다. 세 번째 메소드는 직렬화^{serialization}를 통해 모델을 저장한다. 마지막 메소드는 10등분 교차 검증$^{10\text{-fold cross-validation}}$ 방법으로 ARFF 파일에 대한 모델을 평가한다.

실행 방법

1. 두 개의 인스턴스 변수를 생성한다. 첫 번째 변수는 iris 데이터셋의 모든 인스턴스를 포함하게 된다. iris ARFF 데이터셋은 웨카 설치 디렉터리의 data 폴더에서 찾을 수 있다. 두 번째 변수는 NaiveBayes 분류기^{classifier}이다.

```
Instances iris = null;
NaiveBayes nb;
```

2. 첫 번째 메소드는 DataSource 클래스를 사용해 iris ARFF 파일을 로딩하고, 클래스의 getDataSet() 메소드로 파일 내용을 읽은 다음, 데이터셋의 속성 중에서 클래스 속성의 위치를 설정한다. iris.arff 파일을 메모장 등으로 열어보면 마지막 속성이 클래스 속성임을 알 수 있다. 이것은 관례일 뿐 강제 규정은 아니다. 그러므로 iris.setClassIndex(iris.numAttributes() - 1); 명령을 사용해 마지막 속성을 클래스 속성으로 할당할 수 있다. 이 부분은 웨카에서 분류 작업을 위해 매우 중요하다.

```
public void loadArff(String arffInput){
  DataSource source = null;
  try {
    source = new DataSource(arffInput);
    iris = source.getDataSet();
    if (iris.classIndex() == -1)
      iris.setClassIndex(iris.numAttributes() - 1);
  } catch (Exception e1) {
  }
}
```

3. 다음 메소드는 NaiveBayes 클래스의 buildClassifier(dataset) 메소드를 사용해 iris 데이터셋을 학습하는 NaiveBayes 분류기를 생성하는 것이다.

```
public void generateModel(){
  nb = new NaiveBayes();
  try {
    nb.buildClassifier(iris);
  } catch (Exception e) {
  }
}
```

4. 웨카를 사용해 생성된 모든 모델은 저장할 수 있다. 저장된 모델은 아직 본 적이 없고 레이블이 돼 있지 않은 테스트 데이터를 분류하기 위해 나중에 사용될 수 있다. 웨카의 SerializationHelper 클래스는 모델을 저장할 경로와 모델을 매개변수로 취하는 write라는 메소드를 가지고 있다.

```
public void saveModel(String modelPath){
  try {
    weka.core.SerializationHelper.write(modelPath, nb);
  } catch (Exception e) {
  }
}
```

5. 이 레시피를 위한 마지막 메소드는 교차 검증을 통해 iris 데이터셋에 대한 모델의 성능을 평가한다. 이를 위해 이 예제에서는 10등분 교차 검증법을 사용할 것이다. 모델 성능 평가를 위한 이 기법은 데이터의 양이 적은 경우에 매우 유용하다. 하지만 역시 어느 정도는 제약이 있다. 이 기법의 장점과 단점을 논하는 것은 이 책의 범위를 벗어나는 것이므로, 더 자세한 사항은 https://en.wikipedia.org/wiki/Cross-validation_(statistics) 페이지를 참조하기 바란다.

```
public void crossValidate(){
  Evaluation eval = null;
  try {
    eval = new Evaluation(iris);
```

```
      eval.crossValidateModel(nb, iris, 10, new Random(1));
      System.out.println(eval.toSummaryString());
    } catch (Exception e1) {
    }
  }
```

eval.crossValidateModel(nb, iris, 10, new Random(1)); 라인에서 처음 두
매개변수는 모델과 데이터셋이다. 세 번째 매개변수가 바로 교차 검증의 수를
가리킨다. 마지막 매개변수는 교차 검증 프로세스에 무작위성을 주기 위한 것이
며, 대부분의 경우 데이터셋 내의 데이터 인스턴스들은 무작위적으로 분포하지
않기 때문에 이는 매우 중요하다.

이 레시피를 위한 전체 코드는 다음과 같다.

```
import java.util.Random;
import weka.classifiers.Evaluation;
import weka.classifiers.bayes.NaiveBayes;
import weka.core.Instances;
import weka.core.converters.ConverterUtils.DataSource;

public class WekaCVTest {
  Instances iris = null;
  NaiveBayes nb;

  public void loadArff(String arffInput){
    DataSource source = null;
    try {
      source = new DataSource(arffInput);
      iris = source.getDataSet();
      if (iris.classIndex() == -1)
        iris.setClassIndex(iris.numAttributes() - 1);
    } catch (Exception e1) {
    }
```

```java
    }

    public void generateModel(){
      nb = new NaiveBayes();
      try {
        nb.buildClassifier(iris);
      } catch (Exception e) {
      }
    }

    public void saveModel(String modelPath){
      try {
        weka.core.SerializationHelper.write(modelPath, nb);
      } catch (Exception e) {
      }
    }

    public void crossValidate(){
      Evaluation eval = null;
      try {
        eval = new Evaluation(iris);
        eval.crossValidateModel(nb, iris, 10, new Random(1));
        System.out.println(eval.toSummaryString());
      } catch (Exception e1) {
      }
    }

    public static void main(String[] args) {
      WekaCVTest test = new WekaCVTest();
      test.loadArff("웨카의 data 폴더에 있는 iris.arff 파일 경로");
      test.generateModel();
      test.saveModel("c:/nb.model");
      test.crossValidate();
    }
}
```

이 코드의 출력은 다음과 같다.

```
Correctly Classified Instances        144              96   %
Incorrectly Classified Instances      6               4    %
Kappa statistic                       0.94
Mean absolute error                   0.0342
Root mean squared error               0.155
Relative absolute error               7.6997 %
Root relative squared error           32.8794 %
Total Number of Instances             150
```

 이 레시피에서 우리는 머신 러닝 모델을 저장했다. 그런데 나중에 모델을 다시 불러오기 위해서는 생성할 때 사용한 학습 알고리즘(예를 들어 이 예제에서는 NaiveBayes)이 무엇이었는지 알아야 적절한 학습 알고리즘 객체를 호출할 수 있다. 저장된 모델은 다음과 같은 방법으로 다시 로드할 수 있다.

```java
public void loadModel(String modelPath){
  try {
    nb = (NaiveBayes)
    weka.core.SerializationHelper.read(modelPath);
  } catch (Exception e) {
  }
}
```

▌ 테스트 데이터 분류

일반적인 지도 학습 머신 러닝 분류는 이미 분류된 트레이닝 데이터 인스턴스들로 훈련시킨 다음 테스트 데이터 인스턴스에 분류기를 적용한다. 이때 기억해야 할 중요한 점은 테스트셋의 속성 수와 데이터 타입, 속성명, 그리고 (일반적인 명목 속성 또는 클래스 속성인 경우) 값의 범위가 트레이닝 데이터셋의 것과 정확히 같아야 한다는 것이다.

준비

웨카에서는 트레이닝 데이터셋과 테스트 데이터셋 사이에 중요한 차이점이 있을 수 있다. 테스트셋에서 ARFF 파일의 @DATA 부분은 비슷하지만 조금 다르다. ARFF 파일의 @DATA 부분은 다음과 같이 속성값과 클래스 레이블을 갖고 있다.

```
@DATA
5.1,3.5,1.4,0.2,Iris-setosa
4.9,3.0,1.4,0.2,Iris-setosa
4.7,3.2,1.3,0.2,Iris-setosa
```

이처럼 레이블된 테스트 데이터에 분류기를 적용하면 분류기는 데이터 인스턴스의 클래스를 예측할 때 이 클래스 레이블을 무시한다. 그리고 테스트 데이터의 이 레이블은 분류기가 예측한 클래스 레이블과 비교하는 데 사용된다. 이것은 분류기의 성능 평가 지표를 제공해준다. 그렇지만 대부분의 경우에 테스트 데이터는 클래스 정보를 갖고 있지 않으며, 트레이닝 데이터로부터 학습한 것을 기반으로 테스트 데이터의 클래스 레이블을 예측해 할당한다. 이런 테스트 데이터셋의 @DATA 부분은 클래스 레이블을 알 수 없기 때문에 물음표(?)로 표시돼 다음과 같이 보인다.

```
@DATA
5.1,3.5,1.4,0.2,?
4.9,3.0,1.4,0.2,?
4.7,3.2,1.3,0.2,?
```

웨카의 data 디렉터리에는 이런 테스트 파일이 없다. 그래서 여기서 iris.arff 파일과 비슷한 테스트 파일을 생성해보자. 다음 내용을 복사해 메모장을 열고 붙여넣기한 후 텍스트 파일 형식으로 iris−test.arff라는 이름으로 시스템(예를 들어 C:/ 드라이브)에 저장한다.

```
@RELATION iris-test
@ATTRIBUTE sepallength  REAL
@ATTRIBUTE sepalwidth   REAL
@ATTRIBUTE petallength  REAL
@ATTRIBUTE petalwidth   REAL
@ATTRIBUTE class {Iris-setosa,Iris-versicolor,Iris-virginica}
@DATA
3.1,1.2,1.2,0.5,?
2.3,2.3,2.3,0.3,?
4.2,4.4,2.1,0.2,?
3.1,2.5,1.0,0.2,?
2.8,1.6,2.0,0.2,?
3.0,2.6,3.3,0.3,?
4.5,2.0,3.4,0.1,?
5.3,2.0,3.1,0.2,?
3.2,1.3,2.1,0.3,?
2.1,6.4,1.2,0.1,?
```

실행 방법

1. 다음과 같이 인스턴스 변수들을 선언한다.

```
NaiveBayes nb;
Instances train, test, labeled;
```

좋은 학습 경험뿐만 아니라 이 레시피를 조금 도전적으로 만들기 위해 앞에서 만들고 저장했던 모델을 불러와 NaiveBayes 분류기에 할당한다. 이 분류기를 레이블이 돼 있지 않은 테스트 인스턴스에 적용할 것이다. 여기서 테스트 인스턴스는 labeled 인스턴스로 분류기에 복사된다. 테스트 인스턴스를 변경하지 않기 위해, 분류기에 의해 예측된 클래스 레이블은 복사된 labeled 인스턴스의 클래스 레이블로 할당된다.

2. 우선 이전에 만들고 저장한 모델을 호출하는 메소드를 생성한다. "머신 러닝 모델의 교차 검증"이라고 이름 붙인 이전 레시피에서 저장한 분류기를 로드한다.

```
public void loadModel(String modelPath){
  try {
    nb = (NaiveBayes)
    weka.core.SerializationHelper.read(modelPath);
  } catch (Exception e) {
  }
}
```

3. 다음으로 트레이닝 데이터셋과 테스트 데이터셋을 로드한다. 트레이닝 데이터셋으로 여기서는 웨카의 data 디렉터리에 있는 iris.arff 파일을 사용한다. 테스트 파일은 앞의 레시피에서 작성한 iris-test.arff 파일을 사용한다.

```
public void loadDatasets(String training, String testing){
```

4. 트레이닝 데이터셋을 읽기 위해 이전에는 웨카의 DataSource 클래스를 사용했다. 이 클래스의 주요 장점은 웨카에서 지원하는 모든 형식의 파일을 처리할 수 있다는 것이다. 하지만 데이터셋의 내용을 읽기 위해서 자바의 Buffered Reader 클래스를 사용할 수도 있다. 이번 레시피에서는 데이터셋을 읽는 새로운 방법을 소개하기 위해 DataSource 클래스 대신 BufferedReader 클래스를 사용한다.

ARFF 파일을 일반적인 파일처럼 처리할 수 있으므로 BufferedReader를 사용해 트레이닝 데이터셋을 가리키는 reader를 선언한다. reader는 웨카의 Instances 클래스의 생성자로 사용돼 트레이닝 인스턴스를 생성하는 데 사용된다. 끝으로 데이터셋의 마지막 속성을 클래스 속성으로 설정한다.

```
BufferedReader reader = null;
try {
  reader = new BufferedReader(new FileReader(training));
  train = new Instances(reader);
  train.setClassIndex(train.numAttributes() -1);
} catch (IOException e) {
}
```

5. 동일한 방법으로 테스트 데이터셋을 읽는다.

```
try {
  reader = new BufferedReader(new FileReader(testing));
  test = new Instances (reader);
  test.setClassIndex(train.numAttributes() -1);
} catch (IOException e) {
}
```

여기서는 새로운 BufferedReader 객체를 생성할 필요가 없다는 것에 주의해야
한다.

6. 마지막으로 열려 있는 BufferedReader 객체를 닫고 메소드를 닫아 준다.

```
try {
  reader.close();
} catch (IOException e) {
}
```

7. 다음 메소드는 트레이닝 데이터로 NaiveBayes 분류기를 학습시키고, 테스트 데
   이터셋에 분류기를 적용하기 위한 것이다. 이 메소드는 NaiveBayes 분류기에 의
   해 예측된 클래스 값의 확률도 함께 표시한다.

```
public void classify(){
  try {
    nb.buildClassifier(train);
  } catch (Exception e) {
  }
}
```

8. 테스트 인스턴스의 복사본인 labeled 인스턴스를 생성한다. 분류기에 의해 예측된 레이블은 이 인스턴스에 할당되며, 테스트 인스턴스는 변경하지 않는다.

```
labeled = new Instances(test);
```

9. 이제 테스트 데이터셋의 각 인스턴스에 대해 예측된 클래스 레이블을 생성할 것이며, 이것은 double 타입 변수이다. NaiveBayes는 테스트 인스턴스를 매개변수로 취하면서 classifyInstance( ) 메소드를 적용한다. 그렇게 예측된 클래스 레이블은 clsLabel 변수에 할당되고, 이 값은 해당 labeled 인스턴스의 클래스 레이블로 할당된다. 다시 말해서, 테스트 인스턴스를 복사한 labeled 인스턴스에서 ?값이 NaiveBayes에 의해 예측된 값으로 대치된다.

```
for (int i = 0; i < test.numInstances(); i++) {
  double clsLabel;
  try {
    clsLabel = nb.classifyInstance(test.instance(i));
    labeled.instance(i).setClassValue(clsLabel);
    double[] predictionOutput = nb.distributionForInstance(test.
instance(i));
    double predictionProbability = predictionOutput[1];
    System.out.println(predictionProbability);
  } catch (Exception e) {
  }
}
```

10. 마지막으로 레이블된 테스트 데이터셋(즉, labeled 인스턴스들의 데이터셋)을 파일 시스템에 저장한다.

```
public void writeArff(String outArff){
  BufferedWriter writer;
  try {
    writer = new BufferedWriter(new FileWriter(outArff));
    writer.write(labeled.toString()); writer.close();
  } catch (IOException e) {
  }
}
```

이 레시피의 전체 실행 코드는 다음과 같다.

```
import java.io.BufferedReader;
import java.io.BufferedWriter;
import java.io.FileReader;
import java.io.FileWriter;
import java.io.IOException;
import weka.classifiers.bayes.NaiveBayes;
import weka.core.Instances;

public class WekaTrainTest {
  NaiveBayes nb;
  Instances train, test, labeled;

  public void loadModel(String modelPath){
    try {
      nb = (NaiveBayes)
      weka.core.SerializationHelper.read(modelPath);
    } catch (Exception e) {
    }
  }

  public void loadDatasets(String training, String testing){
```

```
    BufferedReader reader = null;
    try {
      reader = new BufferedReader(new FileReader(training));
      train = new Instances (reader);
      train.setClassIndex(train.numAttributes() -1);
    } catch (IOException e) {
    }
    try {
      reader = new BufferedReader(new FileReader(testing));
      test = new Instances (reader);
      test.setClassIndex(train.numAttributes() -1);
    } catch (IOException e) {
    }
    try {
      reader.close();
    } catch (IOException e) {
    }
  }

  public void classify(){
    try {
      nb.buildClassifier(train);
    } catch (Exception e) {
    }
    labeled = new Instances(test);
    for (int i = 0; i < test.numInstances(); i++) {
      double clsLabel;
      try {
        clsLabel = nb.classifyInstance(test.instance(i));
        labeled.instance(i).setClassValue(clsLabel);
        double[] predictionOutput = nb.distributionForInstance(test.
        instance(i));
        double predictionProbability = predictionOutput[1];
        System.out.println(predictionProbability);
      } catch (Exception e) {
      }
```

```
    }
  }

  public void writeArff(String outArff){
    BufferedWriter writer;
    try {
      writer = new BufferedWriter(new FileWriter(outArff));
      writer.write(labeled.toString());
      writer.close();
    } catch (IOException e) {
    }
  }

  public static void main(String[] args) throws Exception{
    WekaTrainTest test = new WekaTrainTest();
    test.loadModel("저장된 NaiveBayes 모델의 경로");
    test.loadDatasets("iris.arff 파일 경로", "iris-test.arff 파일 경로");
    test.classify();
    test.writeArff("출력 ARFF 파일 경로");
  }
}
```

모델이 예측한 클래스 값의 확률이 콘솔에 출력된 것을 볼 수 있다.

```
5.032582653870928E-13
2.10500528536721135E-4
5.171104804026096E-16
1.2459904922893976E-16
3.1771015903129274E-10
0.9999993509430146
0.999999944638627
0.9999999844862647
3.449759371835354E-8
4.0178483420981394E-77
```

코드에 의해 생성된 출력 ARFF 파일을 열어보면 다음과 같이 이전에 레이블을 알 수 없었던 인스턴스의 클래스 값이 할당된 것을 볼 수 있다.

```
@relation iris-test
@attribute    sepallength numeric
@attribute    sepalwidth numeric
@attribute    petallength numeric
@attribute    petalwidth numeric
@attribute    class {Iris-setosa,Iris-versicolor,Iris-virginica}

@data
3.1,1.2,1.2,0.5,Iris-setosa
2.3,2.3,2.3,0.3,Iris-setosa
4.2,4.4,2.1,0.2,Iris-setosa
3.1,2.5,1,0.2,Iris-setosa
2.8,1.6,2,0.2,Iris-setosa
3,2.6,3.3,0.3,Iris-versicolor
4.5,2,3.4,0.1,Iris-versicolor
5.3,2,3.1,0.2,Iris-versicolor
3.2,1.3,2.1,0.3,Iris-setosa
2.1,6.4,1.2,0.1,Iris-setosa
```

▌ 필터링된 속성으로 테스트 데이터 분류

분류기 모델을 생성하기 전에 필터를 사용하는 경우가 많다. 필터는 속성을 제거 또는 추가하거나, 변환하거나, 연속형 데이터를 불연속형으로 바꾸거나, 잘못 분류된 인스턴스를 제거하거나, 인스턴스들을 무작위화 또는 정규화하기 위해 사용된다. 이것을 수행하는 일반적인 방법은 웨카의 Filter 클래스에 있는 여러 메소드를 사용하는 것이다. 더 나아가 웨카는 FilteredClassifier라는 클래스를 가지고 있는데, 이것은 임의의 필터를 통과한 데이터에 대해 임의의 분류기를 적용하는 클래스이다.

160

이 레시피에서는 테스트 데이터를 분류하기 위해 필터와 분류기를 동시에 사용하는 방법을 보여줄 것이다.

실행 방법

1. 이번에는 랜덤 포레스트^{Random Forest} 분류기를 사용한다. 데이터셋으로는 파일 시스템에 설치된 웨카 폴더의 data 디렉터리에 있는 weather.nominal.arff 파일을 사용한다.
   다음과 같이 인스턴스 변수들을 선언한다.

```
Instances weather = null;
RandomForest rf;
```

2. 다음 코드를 보면 데이터셋을 로드하는 메소드가 있다. 이 메소드에 드라이버 메소드에서 전달받은 weather.nominal.arff 파일의 경로를 넣어준다. 웨카의 DataSource 클래스를 사용해 weather.nominal.arff 파일을 읽은 후 데이터셋의 마지막 속성을 클래스 속성으로 설정한다.

```
public void loadArff(String arffInput){
  DataSource source = null;
  try {
    source = new DataSource(arffInput);
    weather = source.getDataSet();
    weather.setClassIndex(weather.numAttributes() - 1);
  } catch (Exception e1) {
  }
}
```

3. 다음으로 이 레시피의 핵심이 되는 메소드를 생성한다.

```
public void buildFilteredClassifier(){
```

4. 이 메소드를 구현하기 위해 먼저 RandomForest 분류기를 생성한다.

```
rf = new RandomForest();
```

5. weather.nominal.arff 파일에서 특정 속성을 제거하는 필터를 생성한다. 이를 위해 웨카의 Remove 클래스를 사용한다. 다음 코드는 데이터셋의 첫 번째 속성을 제거하는 필터를 설정하는 것이다.

```
Remove rm = new Remove();
rm.setAttributeIndices("1");
```

6. 그 다음 코드에서 FilteredClassifier를 생성하고, 앞에서 생성한 필터를 추가한 다음, RandomForest 분류기를 추가한다.

```
FilteredClassifier fc = new FilteredClassifier();
fc.setFilter(rm);
fc.setClassifier(rf);
```

7. FilteredClassifier를 사용해 날씨 데이터셋으로부터 RandomForest 분류기를 학습시킬 수 있다. 그 다음, 날씨 데이터셋의 각 인스턴스에 대해 분류기가 클래스 값을 예측한다. Try 블록에서 인스턴스의 실제 값과 예측한 값을 출력한다.

```
try{
  fc.buildClassifier(weather);
  for (int i = 0; i < weather.numInstances(); i++){
    double pred = fc.classifyInstance(weather.instance(i));
    System.out.print("given value: " + weather.classAttribute().
    value((int) weather.instance(i).classValue()));
    System.out.println("---predicted value: " + weather.
```

```
        classAttribute().value((int) pred));
      }
    } catch (Exception e) {
    }
```

이 레시피의 전체 코드는 다음과 같다.

```
import weka.classifiers.meta.FilteredClassifier;
import weka.classifiers.trees.RandomForest;
import weka.core.Instances;
import weka.core.converters.ConverterUtils.DataSource;
import weka.filters.unsupervised.attribute.Remove;

public class WekaFilteredClassifierTest {
  Instances weather = null;
  RandomForest rf;

  public void loadArff(String arffInput){
    DataSource source = null;
    try {
      source = new DataSource(arffInput);
      weather = source.getDataSet();
      weather.setClassIndex(weather.numAttributes() - 1);
    } catch (Exception e1) {
    }
  }

  public void buildFilteredClassifier(){
    rf = new RandomForest();
    Remove rm = new Remove();
    rm.setAttributeIndices("1");
    FilteredClassifier fc = new FilteredClassifier();
    fc.setFilter(rm);
    fc.setClassifier(rf);
    try{
```

```
    fc.buildClassifier(weather);
    for (int i = 0; i < weather.numInstances(); i++){
      double pred = fc.classifyInstance(weather.instance(i));
      System.out.print("given value: " + weather.classAttribute().value((int)
      weather.instance(i).classValue()));
      System.out.println("---predicted value: " + weather.classAttribute().
      value((int) pred));
    }
  } catch (Exception e) {
  }
}

public static void main(String[] args){
  WekaFilteredClassifierTest test = new WekaFilteredClassifierTest();
  test.loadArff("weather.nominal.arff 파일 경로");
  test.buildFilteredClassifier();
}
}
```

이 코드의 출력은 아래와 같다.

```
given value: no---predicted value: yes
given value: no---predicted value: no
given value: yes---predicted value: yes
given value: yes---predicted value: yes
given value: yes---predicted value: yes
given value: no---predicted value: yes
given value: yes---predicted value: yes
given value: no---predicted value: yes
given value: yes---predicted value: yes
given value: yes---predicted value: yes
given value: yes---predicted value: yes
given value: yes---predicted value: yes
given value: yes---predicted value: yes
given value: no---predicted value: yes
```

▎ 선형 회귀 모델

대부분의 선형 회귀 모델링은 일반적인 패턴을 따른다. 하나의 결과, 즉 종속 변수를 집합적으로 산출해내는 많은 독립 변수가 있다. 예를 들어 주택의 면적, 침실 수, 화장실 수, 지리적인 이점 등 대부분이 숫자형 실수값인 주택의 여러 속성/피쳐를 기반으로 주택 가격을 예측하는 회귀 모델을 만들 수 있다.

이 레시피에서는 웨카의 LinearRegression을 사용해 회귀 모델을 만들 것이다.

실행 방법

1. 이 레시피에서는 웨카 설치 디렉터리의 data 디렉터리에 있는 cpu.arff 데이터 셋을 기반으로 선형 회귀 모델을 만들 것이다.

   이 코드에는 두 개의 인스턴스 변수가 있다. 첫 번째 변수는 cpu.arff 파일의 데이터 인스턴스들을 포함하게 되며, 두 번째 변수는 선형 회귀 모델이다.

```
Instances cpu = null;
LinearRegression lReg ;
```

2. 다음으로 ARFF 파일을 로드하기 위한 메소드를 생성하고, 마지막 속성을 클래스 속성으로 설정한다.

```
public void loadArff(String arffInput){
  DataSource source = null;
  try {
    source = new DataSource(arffInput);
    cpu = source.getDataSet();
    cpu.setClassIndex(cpu.numAttributes() - 1);
  } catch (Exception e1) {
  }
}
```

3. 이제 선형 회귀 모델을 만드는 메소드를 생성한다. 이것은 단순히 LinearRe gression 변수의 buildClassifier() 메소드를 호출하기만 하면 된다. 이 모델 은 System.out.println()에 직접 매개변수로 보낼 수 있다.

```java
public void buildRegression(){
  lReg = new LinearRegression();
  try {
    lReg.buildClassifier(cpu);
  } catch (Exception e) {
  }
  System.out.println(lReg);
}
```

이 레시피를 위한 전체 코드는 다음과 같다.

```java
import weka.classifiers.functions.LinearRegression;
import weka.core.Instances;
import weka.core.converters.ConverterUtils.DataSource;

public class WekaLinearRegressionTest {
  Instances cpu = null;
  LinearRegression lReg ;

  public void loadArff(String arffInput){
    DataSource source = null;
    try {
      source = new DataSource(arffInput);
      cpu = source.getDataSet();
      cpu.setClassIndex(cpu.numAttributes() - 1);
    } catch (Exception e1) {
    }
  }

  public void buildRegression(){
```

```
    lReg = new LinearRegression();
    try {
      lReg.buildClassifier(cpu);
    } catch (Exception e) {
    }
    System.out.println(lReg);
  }

  public static void main(String[] args) throws Exception{
    WekaLinearRegressionTest test = new WekaLinearRegressionTest();
    test.loadArff("cpu.arff 파일 경로");
    test.buildRegression();
  }
}
```

이 코드의 출력은 다음과 같다.

```
Linear Regression Model
class =
0.0491   *   MYCT +
0.0152   *   MMIN +
0.0056   *   MMAX +
0.6298   *   CACH +
1.4599   *   CHMAX +
-56.075
```

▌ 로지스틱 회귀 모델

웨카는 Logistic이라는 클래스를 가지고 있어서 가중치를 처리하는 리지 추정$^{ridge\ estimator}$ 과 함께 다중 분류 로지스틱 회귀 모델을 만들 때 사용할 수 있다. 원래 로지스틱 회귀는 인스턴스의 가중치를 다루지 않지만 웨카의 알고리즘은 인스턴스 가중치를 처리하도록 수정됐다.

이 레시피에서는 iris 데이터셋을 기반으로 로지스틱 회귀 모델을 만든다.

실행 방법

1. 웨카 설치 폴더의 data 디렉터리에 있는 iris 데이터셋으로부터 로지스틱 회귀 모델을 만들 것이다.

   이 코드는 두 개의 인스턴스 변수를 갖는다. 첫 번째는 iris 데이터셋의 데이터 인스턴스들을 갖게 될 변수이며, 다른 하나는 로지스틱 회귀 모델이다.

   ```
   Instances iris = null;
   Logistic logReg ;
   ```

2. 데이터셋을 로드해 읽은 다음, iris.arff 파일의 마지막 속성을 클래스 속성으로 설정한다.

   ```
   public void loadArff(String arffInput){
     DataSource source = null;
     try {
       source = new DataSource(arffInput);
       iris = source.getDataSet();
       iris.setClassIndex(iris.numAttributes() - 1);
     } catch (Exception e1) {
     }
   }
   ```

3. 다음으로 iris 데이터셋으로부터 로지스틱 회귀 모델을 학습시키는 가장 중요한 메소드를 생성한다.

```
public void buildRegression(){
  logReg = new Logistic();
  try {
    logReg.buildClassifier(iris);
  } catch (Exception e) {
  }
  System.out.println(logReg);
}
```

이 레시피의 전체 코드는 다음과 같다.

```
import weka.classifiers.functions.Logistic;
import weka.core.Instances;
import weka.core.converters.ConverterUtils.DataSource;

public class WekaLogisticRegressionTest {
  Instances iris = null;
  Logistic logReg ;

  public void loadArff(String arffInput){
    DataSource source = null;
    try {
      source = new DataSource(arffInput);
      iris = source.getDataSet();
      iris.setClassIndex(iris.numAttributes() - 1);
    } catch (Exception e1) {
    }
  }

  public void buildRegression(){
    logReg = new Logistic();
    try {
      logReg.buildClassifier(iris);
    } catch (Exception e) {
```

```
    }
    System.out.println(logReg);
  }

  public static void main(String[] args) throws Exception{
    WekaLogisticRegressionTest test = new WekaLogisticRegressionTest();
    test.loadArff("iris.arff 파일 경로");
    test.buildRegression();
  }
}
```

이 코드의 출력은 아래와 같다.

Logistic Regression with ridge parameter of 1.0E-8
Coefficients...

	Class	
Variable	Iris-setosa	Iris-versicolor
============	============	===============
sepallength	21.8065	2.4652
sepalwidth	4.5648	6.6809
petallength	-26.3083	-9.4293
petalwidth	-43.887	-18.2859
Intercept	8.1743	42.637

Odds Ratios...

	Class	
Variable	Iris-setosa	Iris-versicolor
============	=================	===============
sepallength	2954196659.8892	11.7653
sepalwidth	96.0426	797.0304
petallength	0	0.0001
petalwidth	0	0

결과에 대한 해석은 이 책의 범위를 벗어난다. 관심 있는 독자는 다음 링크에 있는 Stack Overflow 토론을 살펴보라. http://stackoverflow.com/questions/19136213/how-to-interpret-weka-logistic-regression-output

▌ KMeans 알고리즘으로 데이터 군집화

이 레시피에서는 Kmeans 알고리즘을 사용해 데이터셋에 포함된 데이터들을 군집화 또는 그룹화할 것이다.

실행 방법

1. 여기서는 cpu 데이터셋을 사용해 간단한 Kmeans 알고리즘을 기반으로 데이터 포인트들을 군집화한다. cpu 데이터셋은 웨카 설치 폴더 안의 data 폴더에서 찾을 수 있다.

   앞의 레시피와 비슷하게 여기서도 두 개의 인스턴스 변수를 갖는다. 첫 번째 변수는 cpu 데이터셋의 데이터를 갖게 되며, 두 번째 변수는 SimpleKMeans 알고리즘이다.

   ```
   Instances cpu = null;
   SimpleKMeans kmeans;
   ```

2. 다음으로 데이터셋을 로드하고 그 내용을 읽는 메소드를 생성한다. 군집화는 비지도 학습 방법unsupervised method이므로 데이터셋에 클래스 속성을 지정할 필요가 없다.

```
public void loadArff(String arffInput){
  DataSource source = null;
  try {
    source = new DataSource(arffInput);
    cpu = source.getDataSet();
  } catch (Exception e1) {
  }
}
```

3. 군집화를 수행할 메소드를 생성한다.

```
public void clusterData(){
```

4. SimpleKMeans를 인스턴스화하고 시드[seed] 값을 10으로 설정한다. 시드 값은 무작위 수를 생성하기 위해 사용되며, 정수를 인수로 취한다.

```
kmeans = new SimpleKMeans();
kmeans.setSeed(10);
```

5. 다음으로 군집화를 수행할 때 데이터 인스턴스의 순서를 그대로 유지하도록 지시한다. 데이터셋의 인스턴스 순서를 유지하고 싶지 않다면 setPreserve InstancesOrder() 메소드의 매개변수를 false로 설정하면 된다. 그리고 군집의 수를 10개로 설정한다. 마지막으로 cpu 데이터셋에 대한 군집화를 수행한다.

```
try {
  kmeans.setPreserveInstancesOrder(true);
  kmeans.setNumClusters(10);
  kmeans.buildClusterer(cpu);
```

6. 그 다음에 for 루프를 사용해 각 인스턴스와 Kmeans 알고리즘에 의해 할당된 군집 번호를 출력한다.

```
      int[] assignments = kmeans.getAssignments();
      int i = 0;
      for(int clusterNum : assignments) {
        System.out.printf("Instance %d -> Cluster %d\n", i, clusterNum);
        i++;
      }
    } catch (Exception e1) {
    }
```

이 레시피를 위한 전체 코드는 다음과 같다.

```
import weka.clusterers.SimpleKMeans;
import weka.core.Instances;
import weka.core.converters.ConverterUtils.DataSource;

public class WekaClusterTest {
  Instances cpu = null;
  SimpleKMeans kmeans;

  public void loadArff(String arffInput){
    DataSource source = null;
    try {
      source = new DataSource(arffInput);
      cpu = source.getDataSet();
    } catch (Exception e1) {
    }
  }

  public void clusterData(){
    kmeans = new SimpleKMeans();
    kmeans.setSeed(10);
    try {
      kmeans.setPreserveInstancesOrder(true);
      kmeans.setNumClusters(10);
```

```
      kmeans.buildClusterer(cpu);
      int[] assignments = kmeans.getAssignments();
      int i = 0;
      for(int clusterNum : assignments) {
        System.out.printf("Instance %d -> Cluster %d\n", i,clusterNum);
        i++;
      }
    } catch (Exception e1) {
    }
  }

  public static void main(String[] args) throws Exception{
    WekaClusterTest test = new WekaClusterTest();
    test.loadArff("cpu.arff 파일 경로");
    test.clusterData();
  }
}
```

cpu.arff 파일은 209개의 데이터 인스턴스를 갖고 있다. 처음 10개에 대한 군집화 결과는 다음과 같다.

```
Instance  0   ->   Cluster  7
Instance  1   ->   Cluster  5
Instance  2   ->   Cluster  5
Instance  3   ->   Cluster  5
Instance  4   ->   Cluster  1
Instance  5   ->   Cluster  5
Instance  6   ->   Cluster  5
Instance  7   ->   Cluster  5
Instance  8   ->   Cluster  4
Instance  9   ->   Cluster  4
```

클래스를 가진 데이터 군집화

클래스가 분류돼 있는 데이터셋으로 비지도 학습을 수행하고 싶다면, 클래스를 가진 데이터를 군집화할 수 있는 웨카 메소드를 사용할 수 있다. 이 메소드에서 웨카는 처음엔 클래스를 무시하고 군집화를 수행한다. 그리고 나서 각 군집 내에서 다수인 클래스 속성 값을 해당 군집의 클래스로 할당한다. 이 레시피에서는 이것을 다룰 것이다.

실행 방법

1. 이 레시피에서는 인스턴스에 클래스 값이 있는 데이터셋을 사용해야 한다. 여기서는 웨카 설치 폴더의 data 폴더에 있는 weather.nominal.arff 파일을 사용한다.

   이 코드도 두 개의 인스턴스 변수를 갖는다. 첫 번째 변수는 데이터셋의 인스턴스들을 담는 변수이며, 두 번째 변수는 Expectation-Minimization(이하 EM) 군집화 알고리즘이다.

   ```
   Instances weather = null;
   EM clusterer;
   ```

2. 다음 단계로 데이터셋을 로드해 읽고, 마지막 속성을 클래스 속성으로 설정한다.

   ```
   public void loadArff(String arffInput){
     DataSource source = null;
     try {
       source = new DataSource(arffInput);
       weather = source.getDataSet();
       weather.setClassIndex(weather.numAttributes() - 1);
     } catch (Exception e1) {
     }
   }
   ```

3. 클래스로부터 군집화를 수행하는 이 레시피의 핵심 메소드를 생성한다.

```
public void generateClassToCluster(){
```

4. 우선 Remove 필터를 생성한다. 이 필터는 데이터셋으로부터 클래스 속성을 제거해 군집화를 하는 동안 웨카가 이 속성을 무시하도록 하기 위해 사용된다.

```
Remove filter = new Remove();
filter.setAttributeIndices("" + (weather.classIndex() + 1));
```

5. 데이터셋에 필터를 적용한다.

```
try {
   filter.setInputFormat(weather);
```

6. 클래스 속성이 없는 데이터셋으로 EM 군집화 알고리즘을 수행한다.

```
Instances dataClusterer = Filter.useFilter(weather, filter);
clusterer = new EM();
clusterer.buildClusterer(dataClusterer);
```

7. 원래의 데이터셋에 있는 클래스를 사용해 군집화 결과를 평가한다.

```
ClusterEvaluation eval = new ClusterEvaluation();
eval.setClusterer(clusterer);
eval.evaluateClusterer(weather);
```

8. 마지막으로, 콘솔에 군집화 결과를 출력한다.

```
   System.out.println(eval.clusterResultsToString());
} catch (Exception e) {
}
```

이 레시피를 위한 전체 코드는 다음과 같다.

```java
import weka.clusterers.ClusterEvaluation;
import weka.clusterers.EM;
import weka.core.Instances;
import weka.core.converters.ConverterUtils.DataSource;
import weka.filters.Filter;
import weka.filters.unsupervised.attribute.Remove;

public class WekaClassesToClusterTest {
  Instances weather = null;
  EM clusterer;

  public void loadArff(String arffInput){
    DataSource source = null;
    try {
      source = new DataSource(arffInput);
      weather = source.getDataSet();
      weather.setClassIndex(weather.numAttributes() - 1);
    } catch (Exception e1) {
    }
  }

  public void generateClassToCluster(){
    Remove filter = new Remove();
    filter.setAttributeIndices("" + (weather.classIndex() + 1));
    try {
      filter.setInputFormat(weather);
      Instances dataClusterer = Filter.useFilter(weather, filter);
      clusterer = new EM();
      clusterer.buildClusterer(dataClusterer);
      ClusterEvaluation eval = new ClusterEvaluation();
      eval.setClusterer(clusterer);
      eval.evaluateClusterer(weather);
      System.out.println(eval.clusterResultsToString());
```

```
    } catch (Exception e) {
    }
  }

  public static void main(String[] args){
    WekaClassesToClusterTest test = new WekaClassesToClusterTest();
    test.loadArff("weather.nominal.arff 파일 경로");
    test.generateClassToCluster();
  }
}
```

데이터로부터 연관 규칙 학습

연관 규칙association rule 학습은 데이터셋의 다양한 피쳐나 변수 사이에서 연관성 규칙을 찾는 머신 러닝 기법이다. 통계에서 비슷한 기법이 3장, '데이터의 통계적 분석'에서 다루었던 상관계수이지만, 연관 규칙은 의사 결정에 훨씬 더 유용하다. 예를 들어 대형 슈퍼마켓 데이터를 분석하면 어떤 사람이 양파, 토마토, 치킨 패티와 마요네즈를 구매한다면 햄버거 빵도 구매할 가능성이 아주 높다는 발견을 할 수 있다.

이 레시피에서는 웨카를 사용해 데이터셋으로부터 연관 규칙을 학습하는 방법을 보여줄 것이다.

준비

웨카 설치 디렉터리의 data 디렉터리에 있는 슈퍼마켓 데이터셋을 사용한다. 이 데이터셋의 전체 인스턴스는 4,627건이며 217개의 이진 속성을 가지고 있다. 이 속성의 값은 true이거나 누락된 값이다. 또한 한 트랜잭션의 구매 금액이 100달러보다 작으면 low, 많으면 high라는 명목형 클래스 속성을 가지고 있다.

실행 방법

1. 슈퍼마켓 데이터셋을 포함할 변수와 Apriori 알고리즘을 가리키는 변수를 선언한다.

```
Instances superMarket = null;
Apriori apriori;
```

2. 데이터셋을 로드하고 읽어오는 메소드를 생성한다. 이 레시피에서는 데이터셋의 클래스 속성을 지정해줄 필요가 없다.

```
public void loadArff(String arffInput){
  DataSource source = null;
  try {
    source = new DataSource(arffInput);
    superMarket = source.getDataSet();
  } catch (Exception e1) {
  }
}
```

3. Apriori 학습기를 인스턴스화하는 메소드를 생성한다. 이 메소드는 주어진 데이터셋으로부터 연관 규칙을 만든다. 마지막으로 콘솔에 학습기의 결과를 출력한다.

```
public void generateRule(){
  apriori = new Apriori();
  try {
    apriori.buildAssociations(superMarket);
    System.out.println(apriori);
  } catch (Exception e) {
  }
}
```

Apriori 학습기에 의해 생성되는 규칙의 수는 기본값으로 10이 설정돼 있다. 그보다 규칙을 많이 생성하고 싶다면 연관 규칙 탐색을 수행하기 전에 다음 코드 한 줄을 넣어주면 된다. 여기서 n은 생성하고 싶은 규칙의 수를 나타내는 정수이다.

```
learn-apriori.setNumRules(n);
```

이 레시피를 위한 전체 코드는 다음과 같다.

```java
import weka.associations.Apriori;
import weka.core.Instances;
import weka.core.converters.ConverterUtils.DataSource;

public class WekaAssociationRuleTest {
  Instances superMarket = null;
  Apriori apriori;

  public void loadArff(String arffInput){
    DataSource source = null;
    try {
      source = new DataSource(arffInput);
      superMarket = source.getDataSet();
    } catch (Exception e1) {
    }
  }

  public void generateRule(){
    apriori = new Apriori();
    try {
      apriori.buildAssociations(superMarket);
      System.out.println(apriori);
    } catch (Exception e) {
    }
```

```
    }

    public static void main(String args[]){
        WekaAssociationRuleTest test = new WekaAssociationRuleTest();
        test.loadArff("supermarket.arff 파일 경로");
        test.generateRule();
    }
}
```

Apriori 학습기에 의해 발견된 규칙은 다음과 같다.

1. biscuits=t frozen foods=t fruit=t total=high 788 ==> bread and cake=t 723
<conf:(0.92)> lift:(1.27) lev:(0.03) [155] conv:(3.35)
2. baking needs=t biscuits=t fruit=t total=high 760 ==> bread and cake=t 696
<conf:(0.92)> lift:(1.27) lev:(0.03) [149] conv:(3.28)
3. baking needs=t frozen foods=t fruit=t total=high 770 ==> bread and cake=t
705 <conf:(0.92)> lift:(1.27) lev:(0.03) [150] conv:(3.27)
4. biscuits=t fruit=t vegetables=t total=high 815 ==> bread and cake=t 746
<conf:(0.92)> lift:(1.27) lev:(0.03) [159] conv:(3.26)
5. party snack foods=t fruit=t total=high 854 ==> bread and cake=t 779
<conf:(0.91)> lift:(1.27) lev:(0.04) [164] conv:(3.15)
6. biscuits=t frozen foods=t vegetables=t total=high 797 ==> bread and cake=t
725 <conf:(0.91)> lift:(1.26) lev:(0.03) [151] conv:(3.06)
7. baking needs=t biscuits=t vegetables=t total=high 772 ==> bread and cake=t
701 <conf:(0.91)> lift:(1.26) lev:(0.03) [145] conv:(3.01)
8. biscuits=t fruit=t total=high 954 ==> bread and cake=t 866 <conf:(0.91)>
lift:(1.26) lev:(0.04) [179] conv:(3)
9. frozen foods=t fruit=t vegetables=t total=high 834 ==> bread and cake=t 757
<conf:(0.91)> lift:(1.26) lev:(0.03) [156] conv:(3)
10. frozen foods=t fruit=t total=high 969 ==> bread and cake=t 877
<conf:(0.91)> lift:(1.26) lev:(0.04) [179] conv:(2.92)

■ 저수준 방법, 필터링 방법, 메타 분류기를 이용한 피쳐/속성 선택

피쳐 선택feature selection은 데이터셋에서 아주 중요한 속성들을 식별하는 핵심적인 머신 러닝 프로세스이다. 선택된 속성들을 기반으로 학습한 분류기는 모든 속성을 학습해 생성된 분류기보다 어느 정도 좋은 결과를 내기 때문이다.

웨카에는 속성 선택을 하는 세 가지 방법이 있다. 이 레시피에서는 속성 선택의 세 가지 방법인 저수준 속성 선택법low-level attribute selection method, 필터를 이용한 속성 선택법, 그리고 메타 분류기meta-classifier를 이용한 속성 선택법을 모두 사용할 것이다.

준비

이 레시피는 웨카 설치 디렉터리의 data 디렉터리에 있는 iris 데이터셋에서 주요 속성을 선택하는 방법을 보여줄 것이다.

속성 선택을 하기 위해서는 탐색 방법과 평가 방법의 두 가지 요소가 필요하다. 이 레시피에서는 탐색 방법으로 최상 우선 탐색법Best First Search을 사용하고, 속성 평가 방법으로는 상관관계 기반 피쳐 선택법Correlation-based Feature Subset Selection을 사용할 것이다.

실행 방법

1. iris 데이터셋을 포함할 인스턴스 변수를 선언한다. 그리고 NaiveBayes 분류기를 위한 변수도 선언한다.

```
Instances iris = null;
NaiveBayes nb;
```

2. 데이터셋을 로드하는 메소드를 생성한다. 이 메소드에서는 데이터 인스턴스를 읽은 다음 마지막 속성을 클래스 속성으로 설정한다.

```
public void loadArff(String arffInput){
  DataSource source = null;
  try {
    source = new DataSource(arffInput);
    iris = source.getDataSet();
    iris.setClassIndex(iris.numAttributes() - 1);
  } catch (Exception e1) {
  }
}
```

3. 단순한 것부터 시작해보자. 웨카의 저수준 속성 선택법을 사용하는 메소드를 생성한다.

```
public void selectFeatures(){
```

4. AttributeSelection 객체를 생성한다.

```
AttributeSelection attSelection = new AttributeSelection();
```

5. 다음으로 탐색과 속성 평가를 위한 객체인 search와 evaluator를 생성하고, 이들을 AttributeSelection 객체에 설정해준다.

```
CfsSubsetEval eval = new CfsSubsetEval();
BestFirst search = new BestFirst();
attSelection.setEvaluator(eval);
attSelection.setSearch(search);
```

6. 그리고 나서 search와 evaluator를 가지고 있는 속성 선택 객체를 사용해 iris 데이터셋으로부터 속성을 선택한다. 이 기법을 통해 선택된 속성의 인덱스를 가져와서 콘솔에 출력한다(속성의 인덱스 번호는 0부터 시작한다).

```
try {
  attSelection.SelectAttributes(iris);
  int[] attIndex = attSelection.selectedAttributes();
  System.out.println(Utils.arrayToString(attIndex));
} catch (Exception e) {
}
```

이 메소드의 출력은 다음과 같다.

```
2, 3, 4
```

이 출력은 iris 데이터셋의 모든 속성 중에서 이 기법을 통해 2, 3, 4번째 속성이 선택됐음을 의미한다.

7. 이제 필터를 기반으로 속성을 선택하는 두 번째 기법을 위한 메소드를 생성한다.

```
public void selectFeaturesWithFilter(){
```

8. 속성 선택 필터를 생성한다. 이 필터를 위한 패키지는 이번 레시피의 첫 번째 메소드에서 사용된 것과 다르다.

```
weka.filters.supervised.attribute.AttributeSelection filter = new weka.
filters.supervised.attribute.AttributeSelection();
```

9. 다음으로 search와 evaluator를 위한 객체를 생성하고, 이들을 필터에 설정한다.

```
CfsSubsetEval eval = new CfsSubsetEval();
BestFirst search = new BestFirst();
```

```
filter.setEvaluator(eval);
filter.setSearch(search);
```

10. 그 다음에 iris 데이터셋에 필터를 적용한다. Filter 클래스의 useFilter() 메소드를 사용해 새로운 데이터를 추출한다. 이 메소드는 데이터셋과 필터를 인수로 취한다. 이 방법은 앞의 메소드에서 본 것과 무언가 다르다. 이 방법은 필터링 기법으로 선택된 속성을 가지고 새로운 ARFF 파일을 생성한다.

```
try {
  filter.setInputFormat(iris);
  Instances newData = Filter.useFilter(iris, filter);
  System.out.println(newData);
} catch (Exception e) {
}
```

콘솔을 통해 다음과 같이 이 메소드를 통해 생성된 ARFF 파일의 내용을 볼 수 있다.

```
@attribute petallength numeric
@attribute petalwidth numeric
@attribute class {Iris-setosa,Iris-versicolor,Iris-virginica}
```

이것은 방금 사용한 속성 선택법에 의해 클래스 속성과 함께 두 개의 속성이 선택됐음을 의미한다.

11. 마지막으로, 분류기(여기서는 NaiveBayes 분류기)에 데이터셋을 넘겨주기 전에 속성을 선택하는 메소드를 생성한다.

```
public void selectFeaturesWithClassifiers(){
```

12. NaiveBayes 분류기에 데이터를 넘겨주기 전에 데이터의 차원을 줄여주는 메타 분류기를 생성한다.

```
AttributeSelectedClassifier classifier = new
AttributeSelectedClassifier();
```

13. evaluator와 search 객체, 그리고 NaiveBayes 분류기를 생성한다.

```
CfsSubsetEval eval = new CfsSubsetEval();
BestFirst search = new BestFirst();
nb = new NaiveBayes();
```

14. evaluator와 search 객체, 그리고 NaiveBayes 분류기를 메타 분류기에 설정한다.

```
classifier.setClassifier(nb);
classifier.setEvaluator(eval);
classifier.setSearch(search);
```

15. 이제 메타 분류기에서 선택된 속성들로 NaiveBayes 분류기의 분류 성능을 평가해보자. 이 예제에서 메타 분류기에 의한 속성 선택은 블랙 박스와 같다(그 내부의 일은 알 수가 없다). 성능 평가를 위해 10등분 교차 검증법을 사용한다.

```
Evaluation evaluation;
try {
  evaluation = new Evaluation(iris);
  evaluation.crossValidateModel(classifier, iris, 10, new Random(1));
  System.out.println(evaluation.toSummaryString());
} catch (Exception e) {
}
```

이 레시피를 위한 전체 코드는 다음과 같다.

```
import java.util.Random;
import weka.attributeSelection.AttributeSelection;
import weka.attributeSelection.BestFirst;
import weka.attributeSelection.CfsSubsetEval;
import weka.classifiers.Evaluation;
import weka.classifiers.bayes.NaiveBayes;
import weka.classifiers.meta.AttributeSelectedClassifier;
import weka.core.Instances;
import weka.core.Utils;
import weka.core.converters.ConverterUtils.DataSource;
import weka.filters.Filter;

public class WekaFeatureSelectionTest {
  Instances iris = null;
  NaiveBayes nb;

  public void loadArff(String arffInput){
    DataSource source = null;
    try {
      source = new DataSource(arffInput);
      iris = source.getDataSet();
      iris.setClassIndex(iris.numAttributes() - 1);
    } catch (Exception e1) {
    }
  }

  public void selectFeatures(){
    AttributeSelection attSelection = new AttributeSelection();
    CfsSubsetEval eval = new CfsSubsetEval();
    BestFirst search = new BestFirst();
    attSelection.setEvaluator(eval);
    attSelection.setSearch(search);
    try {
```

```java
        attSelection.SelectAttributes(iris);
        int[] attIndex = attSelection.selectedAttributes();
        System.out.println(Utils.arrayToString(attIndex));
    } catch (Exception e) {
    }
}


public void selectFeaturesWithFilter(){
    weka.filters.supervised.attribute.AttributeSelection filter = new weka.
    filters.supervised.attribute.AttributeSelection();
    CfsSubsetEval eval = new CfsSubsetEval();
    BestFirst search = new BestFirst();
    filter.setEvaluator(eval);
    filter.setSearch(search);
    try {
        filter.setInputFormat(iris);
        Instances newData = Filter.useFilter(iris, filter);
        System.out.println(newData);
    } catch (Exception e) {
    }
}


public void selectFeaturesWithClassifiers(){
    AttributeSelectedClassifier classifier = new AttributeSelectedClassifier();
    CfsSubsetEval eval = new CfsSubsetEval();
    BestFirst search = new BestFirst();
    nb = new NaiveBayes();
    classifier.setClassifier(nb);
    classifier.setEvaluator(eval);
    classifier.setSearch(search);
    Evaluation evaluation;
    try {
        evaluation = new Evaluation(iris);
        evaluation.crossValidateModel(classifier, iris, 10, new Random(1));
        System.out.println(evaluation.toSummaryString());
    } catch (Exception e) {
```

```
    }
  }

  public static void main(String[] args){
    WekaFeatureSelectionTest test = new WekaFeatureSelectionTest();
    test.loadArff("iris.arff 파일 경로");
    test.selectFeatures();
    test.selectFeaturesWithFilter();
    test.selectFeaturesWithClassifiers();
  }
}
```

이 메소드의 출력은 다음과 같다.

Correctly Classified Instances	144	96	%
Incorrectly Classified Instances	6	4	%
Kappa statistic	0.94		
Mean absolute error	0.0286		
Root mean squared error	0.1386		
Relative absolute error	6.4429 %		
Root relative squared error	29.4066 %		
Total Number of Instances	150		

 다음 유튜브 채널은 웨카 API와 GUI를 사용하는 다양한 머신 러닝 튜토리얼을 가지고 있으므로 확인해보기 바란다. https://www.yout ube.com/c/rushdishams

05

데이터로부터 학습하기
– 2부

5장에서는 다음과 같은 레시피를 다룰 것이다.

- Java-ML 라이브러리를 사용해 데이터에 대한 머신 러닝 수행
- 데이터셋 가져오기와 내보내기
- 군집화 및 성능 평가
- 분류
- 교차 검증 및 홀드아웃 테스트
- 피쳐 스코어링
- 피쳐 선택
- 스탠포드 분류기를 이용한 데이터 분류
- MOA를 이용한 데이터 분류
- 뮬란을 이용한 데이터 분류

■ 서론

4장, '데이터로부터 학습하기 – 1부'에서는 분류, 군집화, 연관 규칙 탐사, 피쳐 선택 등의 다양한 레시피를 실행하기 위해 웨카 머신 러닝 워크벤치를 사용했다. 4장에서 데이터로부터 패턴을 학습하기 위해 자바로 작성된 도구는 웨카뿐만이 아니라고 언급했다. 동일한 작업을 수행할 수 있는 다른 도구들이 있다. 그 예로는 자바 머신 러닝^{Java-ML} 라이브러리와 MOA^{Massive Online Analysis}, 스탠포드 머신 러닝 라이브러리 등이 있다.

5장에서는 이 머신 러닝 도구들을 집중적으로 다룰 것이다.

■ Java-ML 라이브러리를 사용해 데이터에 대한 머신 러닝 수행

Java-ML 라이브러리는 표준 머신 러닝 알고리즘을 모아 놓은 것이다. 웨카와는 달리 이 라이브러리는 주로 소프트웨어 개발자를 대상으로 하기 때문에 GUI를 제공하지 않는다. 하지만 여러 가지 알고리즘에 대해서 공통 인터페이스를 제공하기 때문에 알고리즘의 구현이 매우 쉽고 간단하다는 것이 Java-ML의 주요 장점이다. 라이브러리에 대한 지원이 아주 잘 돼 있는 것도 또 다른 장점이라고 할 수 있다. 소스 코드가 잘 문서화돼 있고, 라이브러리를 사용해 수행할 수 있는 모든 종류의 머신 러닝 작업에 대해 많은 샘플 코드와 튜토리얼을 제공하고 있다. 웹사이트 http://java-ml.sourceforge.net을 통해 라이브러리와 관련된 자세한 정보를 얻을 수 있다.

이 레시피에서는 Java-ML 라이브러리를 사용해 다음과 같은 작업을 할 것이다.

- 데이터 가져오기와 내보내기
- 군집화와 성능 평가
- 분류
- 교차 검증 및 홀드아웃 테스트^{hold-out test}
- 피쳐 스코어링^{feature scoring}
- 피쳐 선택

준비

이 레시피를 수행하기 위해서는 다음과 같은 준비가 필요하다.

1. 이 레시피에서는 Java-ML 라이브러리의 0.1.7 버전을 사용한다. https://source
   forge.net/projects/java-ml/files/java-ml/에서 다운로드한다.

2. 다운로드한 파일은 압축된 zip 파일이므로 압축을 해제한다. 해당 디렉터리의
   구조는 다음 그림과 같다.

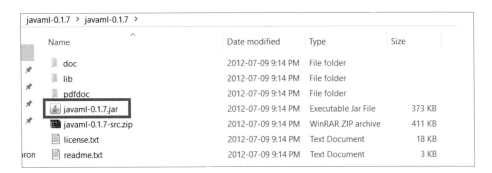

이 레시피를 구현하는 데 필요한 javaml-0.1.7.jar 파일을 이클립스 프로젝트에
외부 JAR 파일로 추가한다.

3. 이 디렉터리는 lib이라는 폴더를 가지고 있다. lib 폴더를 열면 그 안에 여러 개의 JAR 파일이 있을 것이다.

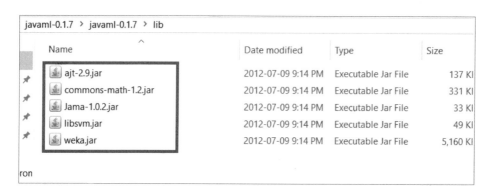

이 JAR 파일들은 모두 Java-ML에 필요한 것이므로, 역시 프로젝트에 외부 JAR 파일로 추가해줘야 한다.

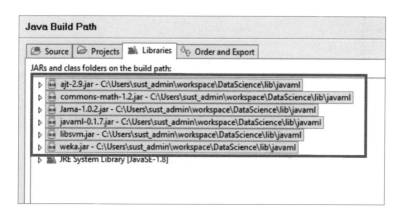

4. 이 레시피에서도 Java-ML 기본 파일 형식과 호환되는 iris 데이터셋을 사용할 것이다. 하지만 iris 및 다른 데이터 파일들은 이 라이브러리와 함께 배포되지 않는다. 데이터는 다른 저장소에서 다운로드해야 한다. 데이터셋을 다운로드하기 위해 http://java-ml.sourceforge.net/content/databases 페이지로 이동한다. Java-ML에는 두 가지 타입, 즉 111개의 작은 UCI 데이터셋과 7개의 큰 UCI 데

이터셋이 있다. 실습을 위해서 두 가지 타입의 데이터셋을 모두 다운로드할 것을 추천한다. 하지만 여기서는 'Download 111 small UCI datasets'를 클릭해 파일을 다운로드한다.

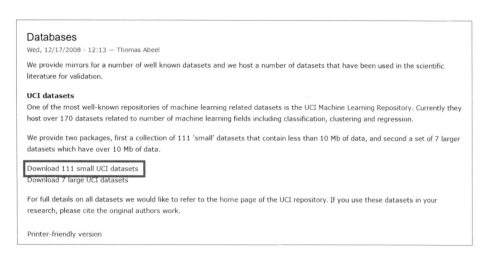

5. 다운로드가 끝났으면 폴더를 열어보자. 그 안에 111개의 폴더가 있는데, 각 폴더는 데이터셋을 의미한다. iris 데이터셋 폴더를 찾아서 연다. 두 개의 data 파일과 하나의 names 파일이 보일 것이다. 이 레시피에서는 iris.data 파일을 사용한다. 레시피에서 이 파일의 경로를 사용할 것이므로 기록해두면 좋을 것이다.

 UCI 데이터셋을 사용하는 경우 원본 자료에 대한 참조를 표시해야 한다. 자세한 내용은 다음 링크에서 확인할 수 있다. http ://archive.ics.uci.edu/ml/citation_policy.html

실행 방법

1. JavaMachineLearning이라는 이름으로 클래스를 생성한다. 여기서는 모든 머신 러닝 작업을 main 메소드에서 구현한다. main 메소드는 IOException을 던질 수 있다.

```
public class JavaMachineLearning {
  public static void main(String[] args) throws IOException {
```

2. 제일 먼저 Java-ML에 있는 FileHandler 클래스의 loadDataset 메소드를 사용해 iris 데이터셋을 읽어온다.

```
Dataset data = FileHandler.loadDataset(new File("iris.data 경로"), 4,
",");
```

이 메소드의 매개변수는 데이터셋의 경로, 클래스 속성의 위치, 그리고 값을 나누는 구분 기호이다. 데이터셋은 일반적인 표준 텍스트 편집기로 읽을 수 있다. 속성의 시작 인덱스는 0이고, iris 데이터셋의 클래스 속성은 5번째이다. 그러므로 이 메소드의 두 번째 매개변수는 4가 된다. 또한 데이터 값은 쉼표(,)로 구분돼 있기 때문에 세 번째 매개변수는 ','로 설정된다. 위 코드는 파일의 내용을 Dataset 객체로 가져오기 위한 것이다.

3. 이 객체를 System.out.println() 메소드에 넣어 데이터셋 내용을 출력한다.

```
System.out.println(data);
```

4. 위 코드에 의한 출력 중 일부분은 다음과 같다.

```
[{[5.1, 3.5, 1.4, 0.2];Iris-setosa}, {[4.9, 3.0, 1.4,0.2];Iris-setosa},
{[4.7, 3.2, 1.3, 0.2];Iris-setosa}, {[4.6, 3.1, 1.5, 0.2];Iris-setosa},
```

```
{[5.0, 3.6, 1.4, 0.2];Iris- setosa}, {[5.4, 3.9, 1.7, 0.4];Iris-
setosa}, {[4.6, 3.4, 1.4, 0.3];Iris-setosa}, {[5.0, 3.4, 1.5, 0.2];Iris-
setosa}, {[4.4, 2.9, 1.4, 0.2];Iris-setosa}, ...]
```

5. 데이터셋을 .data 형식에서 .txt 형식으로 내보내야 할 경우, 언제라도 Java-
   ML은 FileHandler 클래스의 exportDataset( ) 메소드를 사용해 간단하게 처리
   할 수 있다. 이 메소드는 데이터와 출력 파일을 매개변수로 취한다. 다음 코드는
   iris 데이터셋의 내용을 담은 텍스트 파일을 c:/ 드라이브에 생성한다.

```
FileHandler.exportDataset(data, new File("c:/javaml-output.txt"));
```

위 코드에 의해 생성된 텍스트 파일을 열어보면 다음과 같이 보일 것이다.

```
Iris-setosa 5.1 3.5 1.4 0.2
Iris-setosa 4.9 3.0 1.4 0.2
Iris-setosa 4.7 3.2 1.3 0.2
Iris-setosa 4.6 3.1 1.5 0.2
..................................
```

 Java-ML에 의해 생성된 데이터 파일에 대해 알아야 할 두 가지 사항이 있다. 우선 첫 번째
속성이 클래스 값이라는 것이고, 다음은 값들이 .data 파일처럼 쉼표로 분리돼 있지 않고 탭
(tab)으로 구분돼 있다는 것이다.

6. 앞에서 만든 데이터 파일을 읽기 위해서 loadDataset( ) 메소드를 다시 사용
   한다. 하지만 이번에는 매개변숫값이 다르다.

```
data = FileHandler.loadDataset(new File("c:/javaml-output.txt"),
0,"\t");
```

7. 읽어들인 데이터를 출력해보자.

```
System.out.println(data);
```

3 단계에서의 출력과 동일하다는 것을 알 수 있다.

```
[{[5.1, 3.5, 1.4, 0.2];Iris-setosa}, {[4.9, 3.0, 1.4, 0.2];Iris-setosa},
{[4.7, 3.2, 1.3, 0.2];Iris-setosa}, {[4.6, 3.1, 1.5, 0.2];Iris-setosa},
{[5.0, 3.6, 1.4, 0.2];Iris- setosa}, {[5.4, 3.9, 1.7, 0.4];Iris-
setosa}, {[4.6, 3.4, 1.4, 0.3];Iris-setosa}, {[5.0, 3.4, 1.5, 0.2];Iris-
setosa}, {[4.4, 2.9, 1.4, 0.2];Iris-setosa}, ...]
```

8. Java—ML은 군집화를 수행하고, 그 결과를 평가하고, 군집을 보여주는 아주 쉬운 인터페이스를 제공한다. 이 레시피에서는 Kmeans 알고리즘을 사용한다.

```
Clusterer km = new KMeans();
```

9. cluster( ) 메소드를 사용해 군집화 모델에 데이터를 제공한다. 그 결과는 데이터 포인트들이 형성한 군집(또는 다중 데이터셋)이 된다. 결과를 Dataset 배열에 할당한다.

```
Dataset[] clusters = km.cluster(data);
```

10. 각 군집별 데이터 포인트를 보길 원한다면 Dataset 배열에 대해 반복적으로 루프를 사용하면 된다.

```
for(Dataset cluster:clusters){
  System.out.println("Cluster: " + cluster);
}
```

이 코드의 출력은 다음과 같다.

```
Cluster: [{[6.3, 3.3, 6.0, 2.5];Iris-virginica}, {[7.1, 3.0, 5.9,
2.1];Iris-virginica}, ...]
Cluster: [{[5.5, 2.3, 4.0, 1.3];Iris-versicolor}, {[5.7, 2.8, 4.5,
1.3];Iris-versicolor}, ...]
Cluster: [{[5.1, 3.5, 1.4, 0.2];Iris-setosa}, {[4.9, 3.0, 1.4,
0.2];Iris-setosa}, ...]
Cluster: [{[7.0, 3.2, 4.7, 1.4];Iris-versicolor}, {[6.4, 3.2, 4.5,
1.5];Iris-versicolor}, ...]
```

출력 결과를 통해 Kmeans 알고리즘이 iris 데이터셋으로부터 4개의 군집을 형성했음을 알 수 있다.

11. 오차 제곱합^{Sum of squared errors}은 군집화 모델의 성능을 측정하기 위한 방법 중 하나이다. 여기서는 군집화의 오차를 측정하기 위해 ClusterEvaluation 클래스를 사용한다.

```
ClusterEvaluation sse = new SumOfSquaredErrors();
```

12. 그 다음에 이 객체의 score 메소드에 cluster를 넣어주면 간단하게 군집화의 오차 제곱합을 얻을 수 있다.

```
double score = sse.score(clusters);
```

13. 오차 값을 출력한다.

```
System.out.println(score);
```

다음과 같은 값이 출력될 것이다.

114.9465465309897

이것은 iris 데이터셋을 Kmeans 알고리즘으로 군집화했을 때의 오차 제곱합이다.

14. Java-ML에서 분류는 아주 쉽게 코드 몇 줄로 할 수 있다. 다음 코드는 K 최근접 이웃^{KNN, K-nearest neighbor} 분류기를 생성한다. 다음 코드의 분류기는 새로운 데이터 포인트에 대해서 가장 가까운 5개의 이웃 중 다수결을 통해 클래스 레이블을 예측한다. buildClassifier 메소드는 데이터셋(여기서는 iris)을 인수로 취해 분류기를 학습시키는 데 사용된다.

```
Classifier knn = new KNearestNeighbors(5);
knn.buildClassifier(data);
```

15. 모델이 만들어졌으면 계속해서 모델을 평가해보자. 다음 두 가지 평가 방법을 사용할 것이며, Java-ML을 사용해 수행 가능하다.

- K 등분 교차 검증
- 홀드 아웃 테스트

16. KNN 분류기에 대한 k 등분 교차 검증을 수행하기 위해서 분류기를 이용해 Cross Validation 인스턴스를 생성한다. CrossValidation 클래스는 데이터셋을 매개변수로 취하는 crossValidation( )이라는 메소드를 가지고 있다. 이 메소드는 첫 번째 매개변수로서 객체를, 그리고 두 번째 매개변수로서 평가 지표를 갖는 map을 반환한다.

```
CrossValidation cv = new CrossValidation(knn);
Map<Object, PerformanceMeasure> cvEvaluation = cv.crossValidation(data);
```

17. 이제 교차 검증 결과를 얻었으니 다음과 같이 출력해보자.

```
System.out.println(cvEvaluation);
```

그러면 다음과 같이 각 클래스에 대해 true positives(TP), false positives(FP), true negatives(TN), 그리고 false negatives(FN)를 표시한다

```
{Iris-versicolor=[TP=47.0, FP=1.0, TN=99.0, FN=3.0], Iris-
virginica=[TP=49.0, FP=3.0, TN=97.0, FN=1.0], Iris-setosa=[TP=50.0,
FP=0.0, TN=100.0, FN=0.0]}
```

18. 홀드 아웃 테스팅을 하기 위해서는 테스트 데이터셋이 필요하다. 하지만 안타깝게도 iris 데이터에 대한 테스트 데이터셋을 가지고 있지 않다. 그래서 어쩔 수 없이 KNN 분류기 학습에 사용한 동일한 iris.data 파일을 테스트 데이터셋으로 사용할 것이다. 하지만 실무에서는 트레이닝 데이터셋과 동일한 수의 속성이 있지만 레이블은 알 수 없는 테스트 데이터셋을 갖고 해야 한다.
먼저 테스트 데이터셋을 불러온다.

```
Dataset testData = FileHandler.loadDataset(new File("iris.data 경로"), 4,
",");
```

그리고는 다음 코드를 사용해 테스트 데이터에 대한 분류기의 성능을 얻는다.

```
Map<Object, PerformanceMeasure> testEvaluation = EvaluateDataset.
testDataset(knn, testData);
```

19. map 객체를 반복 처리함으로써 각 클래스에 대한 결과를 출력한다.

```
for(Object lassVariable:testEvaluation.keySet()){
    System.out.println(classVariable + " class has " + testEvaluation.
```

```
get(classVariable).getAccuracy());
}
```

위 코드는 각 클래스에 대한 KNN 분류기의 정확성을 다음과 같이 출력한다.

```
Iris-versicolor class has 0.9666666666666667
Iris-virginica class has 0.9666666666666667
Iris-setosa class has 1.0
```

20. 피쳐 스코어링은 데이터의 차원을 줄이기 위한 머신 러닝의 핵심 요소이다. Java-ML을 사용해 다음과 같은 방법으로 주어진 속성들에 대한 점수(중요도)를 생성한다.

```
public double score(int attIndex);
```

먼저 피쳐 스코어링 알고리즘 인스턴스를 생성한다. 이 레시피에서는 정보 이익률Gain Ratio 알고리즘을 사용할 것이다.

```
GainRatio gainRatio = new GainRatio();
```

21. 다음으로 이 알고리즘을 데이터에 적용한다.

```
gainRatio.build(data);
```

22. 마지막으로 for 루프를 사용해 score() 메소드에 속성 인덱스를 차례로 하나씩 반복해서 보냄으로써 각 피쳐의 스코어를 출력한다.

```
for (int i = 0; i < gainRatio.noAttributes(); i++){
  System.out.println(gainRatio.score(i));
}
```

iris 데이터셋의 피쳐별 스코어는 다음과 같다.

```
0.2560110727706682
0.1497001925156687
0.508659832906763
0.4861382158327255
```

23. 또한 피쳐 순위 알고리즘을 기반으로 피쳐들의 순위를 알 수 있다. 이를 위해서는 score( ) 메소드와 비슷한 방식으로 동작하는 rank( ) 메소드를 사용한다. 두 메소드 모두 속성의 인덱스를 인수로 취한다.

```
public int rank(int attIndex);
```

먼저 피쳐 순위 알고리즘 인스턴스를 생성한다. 이 예제에서는 피쳐를 재귀적으로 제거하는 SVM 피쳐 순위 기능을 사용할 것이다. 생성자의 매개변수는 제거될 최저 순위 피쳐의 백분율을 의미한다.

```
RecursiveFeatureEliminationSVM featureRank = new RecursiveFeatureElimin
ationSVM(0.2);
```

이 알고리즘을 데이터셋에 적용한다.

```
featureRank.build(data);
```

마지막으로 for 루프를 사용해 rank( ) 메소드에 순차적으로 속성 인덱스를 넣음으로써 각 피쳐의 순위를 출력한다.

```
for (int i = 0; i < featureRank.noAttributes(); i++){
  System.out.println(featureRank.rank(i));
}
```

iris 데이터셋의 피쳐 순위는 다음과 같다.

```
3
2
0
1
```

24. 피쳐의 중요도 및 순위 알고리즘을 통해서는 개별 피쳐에 대한 정보만을 얻을 수 있지만, Java-ML의 피쳐 선택 기능을 사용하면 데이터셋에서 선택된 피쳐들만 담긴 서브셋을 얻을 수 있다.

우선 피쳐 선택 알고리즘을 생성한다. 이 레시피에서는 탐욕적 방법론greedy method에 기반한 전진 선택법forward selection을 사용할 것이다. 피쳐를 선택하는 과정에서 거리 측정이 필요한데, 여기서는 피어슨 상관계수Pearson's correlation coefficient를 사용한다. 생성자의 첫 번째 매개변수는 서브셋으로 선택할 피쳐의 수이다.

```
GreedyForwardSelection featureSelection = new GreedyForwardSelection(5,
new PearsonCorrelationCoefficient());
```

이 알고리즘을 데이터셋에 적용한다.

```
featureSelection.build(data);
```

마지막으로 알고리즘에 의해 선택된 피쳐를 출력한다.

```
System.out.println(featureSelection.selectedAttributes());
```

선택된 피쳐의 서브셋은 다음과 같다.

이 레시피의 전체 코드는 다음과 같다.

```
import java.io.File;
import java.io.IOException;
import java.util.Map;
import net.sf.javaml.classification.Classifier;
import net.sf.javaml.classification.KNearestNeighbors;
import net.sf.javaml.classification.evaluation.CrossValidation;
import net.sf.javaml.classification.evaluation.EvaluateDataset;
import net.sf.javaml.classification.evaluation.PerformanceMeasure;
import net.sf.javaml.clustering.Clusterer;
import net.sf.javaml.clustering.KMeans;
import net.sf.javaml.clustering.evaluation.ClusterEvaluation;
import net.sf.javaml.clustering.evaluation.SumOfSquaredErrors;
import net.sf.javaml.core.Dataset;
import net.sf.javaml.distance.PearsonCorrelationCoefficient;
import net.sf.javaml.featureselection.ranking.RecursiveFeatureEliminationSVM;
import net.sf.javaml.featureselection.scoring.GainRatio;
import net.sf.javaml.featureselection.subset.GreedyForwardSelection;
import net.sf.javaml.tools.data.FileHandler;

public class JavaMachineLearning {
  public static void main(String[] args) throws IOException{
    Dataset data = FileHandler.loadDataset(new File("iris.data 경로"), 4, ",");
    System.out.println(data);
    FileHandler.exportDataset(data, new File("c:/javaml-output.txt"));
    data = FileHandler.loadDataset(new File("c:/javaml-output.txt"), 0,"\t");
    System.out.println(data);
    // 군집화
    Clusterer km = new KMeans();
    Dataset[] clusters = km.cluster(data);
    for(Dataset cluster:clusters){
```

```java
    System.out.println("Cluster: " + cluster);
}
ClusterEvaluation sse = new SumOfSquaredErrors();
double score = sse.score(clusters);
System.out.println(score);
// 분류
Classifier knn = new KNearestNeighbors(5);
knn.buildClassifier(data);
// 교차 검증
CrossValidation cv = new CrossValidation(knn);
Map<Object, PerformanceMeasure> cvEvaluation = cv.crossValidation(data);
System.out.println(cvEvaluation);
// 홀드 아웃 테스트
Dataset testData = FileHandler.loadDataset(new File("iris.data 경로"), 4,
",");
Map<Object, PerformanceMeasure> testEvaluation = EvaluateDataset.
testDataset(knn, testData);
for(Object classVariable:testEvaluation.keySet()){
    System.out.println(classVariable + " class has" + testEvaluation.
    get(classVariable).getAccuracy());
}
// 피쳐 스코어링
GainRatio gainRatio = new GainRatio();
gainRatio.build(data);
for (int i = 0; i < gainRatio.noAttributes(); i++){
    System.out.println(gainRatio.score(i));
}
// 피쳐 순위
RecursiveFeatureEliminationSVM featureRank = new RecursiveFeatureEliminatio
nSVM(0.2);
featureRank.build(data);
for (int i = 0; i < featureRank.noAttributes(); i++){
    System.out.println(featureRank.rank(i));
}
// 피쳐 선택
GreedyForwardSelection featureSelection = new GreedyForwardSelection(5, new
```

```
PearsonCorrelationCoefficient());
    featureSelection.build(data);
    System.out.println(featureSelection.selectedAttributes());
  }
}
```

▮ 스탠포드 분류기를 이용한 데이터 분류

스탠포드 분류기는 스탠포드대학교의 스탠포드 자연어처리 그룹(Stanford Natural Language Processing group)에 의해 개발된 머신 러닝 분류기이다. 이 소프트웨어는 자바로 구현됐으며, 분류기는 최대 엔트로피(Maximum Entropy) 알고리즘을 사용한다. 최대 엔트로피는 다중 클래스 로지스틱 회귀 모델과 비슷하지만 매개변수 설정에 약간의 차이가 있다. 이 소프트웨어에 사용된 기술이 구글이나 아마존에서 사용하는 것과 동일한 기초 기술이라는 것이 스탠포드 분류기의 장점이라고 할 수 있다.

준비

이 레시피에서는 데이터를 분류하기 위해 최대 엔트로피를 이용해 학습하는 스탠포드 분류기를 사용할 것이다. 여기서는 이 소프트웨어의 3.6.0 버전을 사용한다. 자세한 사항은 http://nlp.stanford.edu/software/classifier.html 페이지를 참조하라. 이 레시피의 코드를 실행하려면 자바8이 필요하다. 그리고 다음과 같은 준비가 필요하다.

1. http://nlp.stanford.edu/software/classifier.html 페이지로 가서 3.6.0 버전을 다운로드한다. 이 버전이 이 책을 쓰는 시점에서 최신 버전이었다. 소프트웨어 배포판은 zip 파일로 압축돼 있다.

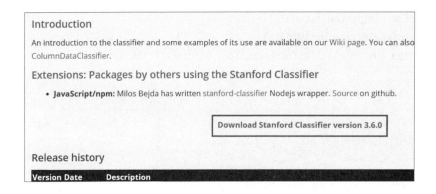

2. 다운로드가 끝나면 파일의 압축을 해제한다. 그러면 다음과 같은 파일과 폴더를 볼 수 있을 것이다.

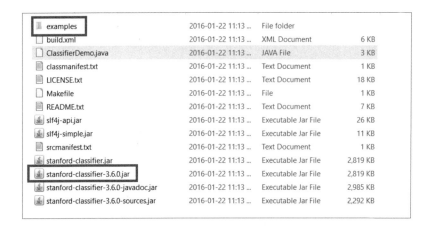

stanford-classifier-3.6.0.jar 파일을 이클립스 프로젝트에 추가한다.

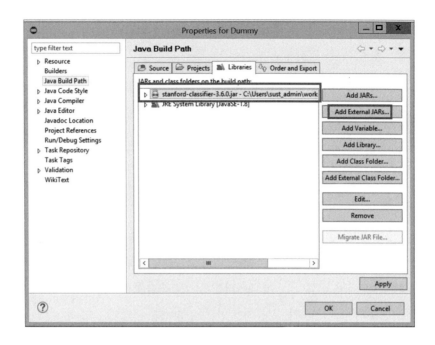

배포판에는 examples라는 폴더가 포함돼 있다. 이 레시피에서는 여기에 들어 있는 파일을 사용할 것이다. examples 폴더 안에는 치즈-질병 데이터셋cheese-disease dataset과 iris 데이터셋이 포함돼 있다. 각 데이터셋에는 세 개의 파일, 즉 트레이닝 파일(확장자 .train), 테스트 파일(확장자 .test), 속성 파일(확장자 .prop) 이 들어 있다. 이 레시피에서는 치즈-질병 데이터셋을 사용한다.

Name	Date modified	Type	Size
cheese2007.prop	2016-01-22 11:13 ...	PROP File	1 KB
cheeseDisease.test	2016-01-22 11:13 ...	TEST File	4 KB
cheeseDisease.train	2016-01-22 11:13 ...	TRAIN File	33 KB
iris.test	2016-01-22 11:13 ...	TEST File	1 KB
iris.train	2016-01-22 11:13 ...	TRAIN File	4 KB
iris2007.prop	2016-01-22 11:13 ...	PROP File	1 KB

cheeseDisease.train 파일을 열어 보면 다음과 같은 내용을 볼 수 있다.

```
2    Back Pain
2    Dissociative Disorders
2    Lipoma
1    Blue Rathgore
2    Gallstones
1    Chevrotin des Aravis
2    Pulmonary Embolism
2    Gastroenteritis
2    Ornithine Carbamoyltransferase Deficiency Disease ............
```

1 또는 2로 표시된 첫 번째 칼럼은 데이터 인스턴스의 클래스를 의미하며, 문자열로 표시된 두 번째 칼럼은 데이터의 이름이다. 클래스 1은 치즈 이름이고, 클래스 2는 질병 이름이다. 이 데이터셋에 지도 학습 분류기를 적용하는 목적은 치즈명과 병명을 분류하는 분류기를 만드는 것이다.

 이 데이터셋의 칼럼은 탭 문자로 구분돼 있다. 여기에 하나의 클래스 칼럼과 예측에 사용되는 하나의 칼럼이 있다. 이것은 분류기를 학습시키기 위한 최소 조건이다. 하지만 예측에 사용할 칼럼의 수는 제한이 없으며 그 역할을 지정할 수도 있다.

3. cheese2007.prop 파일은 데이터셋의 속성 파일이다. 이 파일은 레시피의 코드와 연관되기 때문에 파일 내용을 잘 이해할 필요가 있다. 이 파일에는 클래스 속성, 분류기에 사용할 피쳐의 데이터 유형, 콘솔 표시 형식, 분류기의 매개변수 등에 대한 정보가 포함돼 있다. 그러므로 지금 이 파일의 내용을 살펴보자.

속성 파일의 처음 몇 줄은 옵션을 나타낸다. # 기호가 있는 줄은 주석을 의미한다. 이 주석은 분류기에게 학습할 때 클래스 속성(트레이닝 파일의 1번 칼럼)을 사용하라고 지시하는 것이다. 그 다음엔 최소 길이 1에서 최대 길이 4의 N-gram(단어 개수를 의미한다) 피쳐를 사용하라는 정보를 주고 있다. 분류기는 또한 N-gram 계산 시 접두사와 접미사도 사용할 것이며, 저장소 길이는 10, 20, 30을 사용할 것이다.

```
# # Features
# useClassFeature=true
1.useNGrams=true
1.usePrefixSuffixNGrams=true
1.maxNGramLeng=4
1.minNGramLeng=1
1.binnedLengths=10,20,30
```

그 다음에 있는 내용은 속성 파일이 분류기와 어느 지점에서 매핑을 할 것인지에 대한 정보이다. 검증을 위한 값으로 0번 칼럼을 사용하고, 예측에는 1번 칼럼을 사용한다.

```
# # Mapping
# goldAnswerColumn=0
displayedColumn=1
```

그 다음 내용은 속성 파일에서 최대 엔트로피 분류기에 대한 최적화 매개변수를 설정하는 부분이다.

```
#
# Optimization
# intern=true
sigma=3
useQN=true
QNsize=15
tolerance=1e-4
```

속성 파일의 마지막 부분은 트레이닝 파일과 테스트 파일의 경로를 나타낸다.

```
# Training input
# trainFile=./examples/cheeseDisease.train
testFile=./examples/cheeseDisease.test
```

실행 방법

1. 이 레시피를 위해 프로젝트에 클래스를 생성한다. 그리고 분류를 위한 코드는 main( ) 메소드만을 사용한다. 이 메소드는 예외를 발생할 수 있다.

```
public class StanfordClassifier {
  public static void main(String[] args) throws Exception {
```

2. 스탠포드 분류기는 ColumnDataClassifier 클래스에 구현돼 있다. 치즈-질병 데이터셋에 대한 속성 파일의 경로를 인수로 받아 분류기를 생성한다.

```
ColumnDataClassifier columnDataClassifier = new
ColumnDataClassifier("examples/cheese2007.prop");
```

3. 그 다음에 트레이닝 데이터를 사용해 분류기를 학습시킨다. Classifier 클래스의 제네릭은 <String, String>으로, 첫 번째 칼럼은 클래스이고 두 번째 칼럼은 치즈명/병명이다. 클래스가 1 또는 2의 명목형 변수이지만 문자열로 처리된다는 것에 주의하라.

```
Classifier<String,String> classifier = columnDataClassifier.
makeClassifier (columnDataClassifier.readTrainingExamples ("examples/
cheeseDisease.train"));
```

4. 마지막으로 테스트 데이터셋을 분류하기 위해 각 라인에 대해 반복 처리를 한다. 테스트 데이터셋은 트레이닝 데이터셋과 동일하게 생겼다. 첫 번째 칼럼은 실제 클래스이고, 두 번째 칼럼은 이름이다. 테스트 데이터셋의 처음 몇 줄은 다음과 같다.

    2 Psittacosis

    2 Cushing Syndrome

    2 Esotropia

2 Jaundice, Neonatal

2 Thymoma ··············

작동 방식

ColumnDataClassifier는 테스트셋의 각 라인에 적용되고, 그 결과는 Datum 객체로 보내진다. 분류기는 Datum 객체의 클래스를 예측하고, 그 예측값을 콘솔에 출력한다.

```
for (String line : ObjectBank.getLineIterator("examples/cheeseDisease.test",
"utf-8")) {
  Datum<String,String> d = columnDataClassifier.makeDatumFromLine(line);
  System.out.println(line + " ==> " + classifier.classOf(d));
}
```

콘솔에 나타나는 출력은 다음과 같다(일부 생략).

```
2 Psittacosis ==> 2 2 Cushing Syndrome ==> 2 2 Esotropia ==> 2 2 Jaundice,
Neonatal ==> 2 2 Thymoma ==> 2 1 Caerphilly ==> 1 2 Teratoma ==> 2 2 Phantom
Limb ==> 1 2 Iron Overload ==> 1 ··············
```

첫 번째 칼럼은 실제 클래스이고, 두 번째 칼럼은 이름이며, ==> 표시 오른쪽 값은 분류기에 의해 예측된 클래스이다.

이 레시피의 전체 코드는 다음과 같다.

```
import edu.stanford.nlp.classify.Classifier;
import edu.stanford.nlp.classify.ColumnDataClassifier;
import edu.stanford.nlp.ling.Datum;
import edu.stanford.nlp.objectbank.ObjectBank;

public class StanfordClassifier {
```

```
public static void main(String[] args) throws Exception {
  ColumnDataClassifier columnDataClassifier = new
  ColumnDataClassifier("examples/cheese2007.prop");
  Classifier<String,String> classifier = columnDataClassifier.makeClassifier(
  columnDataClassifier.readTrainingExamples("examples/cheeseDisease.train"));
  for (String line : ObjectBank.getLineIterator("examples/cheeseDisease.
  test", "utf-8")) {
    Datum<String,String> d = columnDataClassifier.makeDatumFromLine(line);
    System.out.println(line + " ==> " + classifier.classOf(d));
  }
 }
}
```

이 레시피에서는 스탠포드 분류기 모델을 저장하고 다시 로드하는 것을 보여주지 않는다. 이 내용에 관심이 있다면 배포판에 포함된 ClassifierDemo.java 파일을 살펴보라.

MOA를 이용한 데이터 분류

MOA는 웨카와 관련이 있지만 더 큰 확장성을 갖고 있다. 특히 MOA는 스트리밍 데이터 마이닝을 위한 자바 워크벤치로 주목할 만하다. 강력한 커뮤니티를 통해 MOA는 분류, 군집화, 회귀, 추천 시스템 등의 도구를 가지고 있다. MOA의 또 다른 장점은 개발자에 의해 확장될 수 있다는 점, 그리고 웨카와 양방향으로 상호작용이 가능하다는 점이다.

준비

이 레시피를 실행하기 위해서는 다음과 같은 준비가 필요하다.

1. MOA는 https://sourceforge.net/projects/moa-datastream/을 통해 다운로드할 수 있으며, 'MOA 시작하기' 웹 페이지인 http://moa.cms.waikato.ac.nz

/getting-started/로부터도 접근할 수 있다.

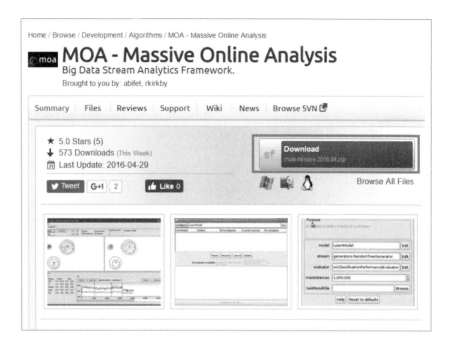

Download 버튼을 클릭하면 moa-release-2016.04.zip 파일을 시스템에 다운
로드한다. 원하는 곳에 저장한다.

2. 다운로드가 완료되면 파일을 압축 해제한다. 그러면 다음과 같은 폴더 구조를
볼 수 있다.

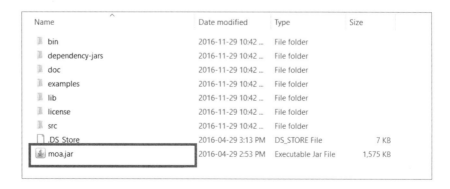

3. moa.jar 파일을 프로젝트에 외부 라이브러리로 추가한다.

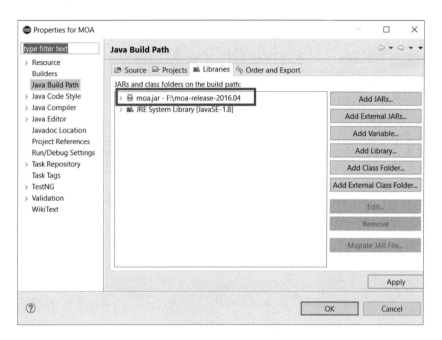

실행 방법

1. 먼저 두 개의 인수를 취하는 클래스와 메소드를 생성한다. 첫 번째 인수는 처리할 인스턴스의 수를 나타내며, 두 번째 인수는 분류기를 테스트할 것인지 여부를 나타낸다.

```
public class MOA {
    public void run( int numInstances, boolean isTesting) {
```

2. HoeffdingTree 분류기를 생성한다.

```
Classifier learner = new HoeffdingTree();
```

3. 다음으로 무작위 방사형 기초 함수$^{RBF, \text{ radial basis function}}$ 스트림을 생성한다.

```
RandomRBFGenerator stream = new RandomRBFGenerator();
```

4. 스트림을 사용하기 위해 준비시킨다.

```
stream.prepareForUse();
```

5. 데이터 스트림의 헤더를 참조하도록 설정한다. 데이터 스트림의 헤더는 get Header() 메소드를 사용해 얻을 수 있다.

```
learner.setModelContext(stream.getHeader());
```

6. 분류기를 사용하기 위해 준비시킨다.

```
learner.prepareForUse();
```

7. 샘플 수와 정확히 분류된 샘플 수를 추적하기 위한 변수 두 개를 선언한다.

```
int numberSamplesCorrect = 0;
int numberSamples = 0;
```

8. 분류에 걸리는 시간을 측정하기 위해 변수를 하나 더 선언한다.

```
long evaluateStartTime = TimingUtils.getNanoCPUTimeOfCurrentThread();
```

9. 데이터 스트림에 인스턴스들이 추가되면서 샘플 수가 전체 인스턴스 수와 같아 질 때까지 반복 처리한다. 루프문 내에서 스트림의 각 인스턴스 데이터를 가져 온다. 그리고는 분류기가 인스턴스를 정확히 분류했는지 확인한다. 만약 그렇다 면 numberSamplesCorrect 변수를 1만큼 증가시킨다. 이 확인은 (이 메소드의 두 번째 매개변수인) 테스트 여부가 설정돼 있는 경우에만 실행된다. 그리고 나서 샘 플 수를 하나 증가시키고, 다음 트레이닝 인스턴스로 분류기로 학습시키기 위해 루프를 반복한다.

```
while (stream.hasMoreInstances() && numberSamples < numInstances) {
  Instance trainInst = stream.nextInstance().getData();
  if (isTesting) {
    if (learner.correctlyClassifies(trainInst)){
      numberSamplesCorrect++;
    }
  }
  numberSamples++;
  learner.trainOnInstance(trainInst);
}
```

10. 정확도를 계산한다.

```
double accuracy = 100.0 * (double) numberSamplesCorrect/(double)
numberSamples;
```

11. 분류에 걸린 시간을 계산한다.

```
double time = TimingUtils.nanoTimeToSeconds(TimingUtils.
getNanoCPUTimeOfCurrentThread() - evaluateStartTime);
```

12. 마지막으로 이 평가 지표를 출력하고 메소드를 닫는다.

```
    System.out.println(numberSamples + " instances processed with " +
    accuracy + "% accuracy in "+time+" seconds.");
  }
```

13. 이 메소드를 실행하기 위해 다음과 같이 main( ) 메소드를 만든다. 그리고 클래
스를 닫는다.

```
public static void main(String[] args) throws IOException {
  MOA exp = new MOA();
  exp.run(1000000, true);
}
```

이 레시피를 위한 전체 코드는 다음과 같다.

```
import moa.classifiers.trees.HoeffdingTree;
import moa.classifiers.Classifier;
import moa.core.TimingUtils;
import moa.streams.generators.RandomRBFGenerator;
import com.yahoo.labs.samoa.instances.Instance;
import java.io.IOException;

public class MOA {
  public void run(int numInstances, boolean isTesting){
    Classifier learner = new HoeffdingTree();
    RandomRBFGenerator stream = new RandomRBFGenerator();
    stream.prepareForUse();
    learner.setModelContext(stream.getHeader());
    learner.prepareForUse();
    int numberSamplesCorrect = 0;
    int numberSamples = 0;
    long evaluateStartTime = TimingUtils.getNanoCPUTimeOfCurrentThread();
    while (stream.hasMoreInstances() && numberSamples < numInstances) {
      Instance trainInst = stream.nextInstance().getData();
```

```
    if (isTesting) {
      if (learner.correctlyClassifies(trainInst)){
        numberSamplesCorrect++;
      }
    }
    numberSamples++;
    learner.trainOnInstance(trainInst);
  }
  double accuracy = 100.0 * (double)numberSamplesCorrect/(double)
  numberSamples;
  double time = TimingUtils.nanoTimeToSeconds(TimingUtils.
  getNanoCPUTimeOfCurrentThread() - evaluateStartTime);
  System.out.println(numberSamples + " instances processed with " + accuracy
  + "% accuracy in "+time+" seconds.");
}

public static void main(String[] args) throws IOException {
  MOA exp = new MOA();
  exp.run(1000000, true);
}
}
```

이 레시피의 출력은 다음과 같다(결과는 머신에 따라 다를 수 있다).

1000000 instances processed with 91.0458% accuracy in 6.769871032 seconds.

▌ 물란을 이용한 데이터 분류

지금까지는 데이터 인스턴스를 여러 개의 클래스 가운데 하나로 분류하는 것을 목표로
하는 다중 클래스 분류를 보았다. 다중 레이블multilabeled 데이터 인스턴스는 하나의 데이

터 인스턴스가 여러 개의 클래스 또는 레이블을 가질 수 있다. 지금까지 사용한 머신 러닝 도구들로는 여러 개의 목표 클래스를 가지고 있는 이런 데이터 포인트를 처리할 수 없다.

다중 레이블 데이터 포인트를 분류하기 위해 여기서는 자바 오픈소스 라이브러리인 뮬란 Mulan을 사용할 것이다. 뮬란에는 다양한 분류, 순위 지정, 피처 선택, 모델 평가 기능이 구현돼 있다. 뮬란은 GUI를 지원하지 않기 때문에 이를 사용하는 유일한 방법은 커맨드 창이나 API를 이용하는 것이다. 이 레시피에서는 뮬란의 두 가지 분류기를 사용해 다중 레이블 데이터셋을 분류하고 평가하는 데 중점을 둘 것이다.

준비

이 레시피를 실행하기 위해 다음과 같은 준비가 필요하다.

1. 먼저 뮬란을 다운로드한다. 이 레시피에서는 1.5 버전을 사용한다. http://mulan. sourceforge.net/download.html 페이지를 통해 접근 가능한 https://source forge.net/projects/mulan/files/mulan-1-5/mulan-1.5.0.zip/download 링크를 통해 라이브러리의 압축 파일을 다운로드할 수 있다.

2. 파일을 압축 해제한다. 그러면 다음과 같은 폴더 구조를 볼 수 있다. 여기서 dist 폴더 안으로 들어간다.

Name	Date modified	Type	Size
.settings	2016-11-29 11:17 ...	File folder	
apidoc	2016-11-29 11:17 ...	File folder	
data	2016-11-29 11:17 ...	File folder	
dist	2016-11-29 11:17 ...	File folder	
lib	2016-11-29 11:17 ...	File folder	
nbproject	2016-11-29 11:17 ...	File folder	
src	2016-11-29 11:17 ...	File folder	
target	2016-11-29 11:17 ...	File folder	
test	2016-11-29 11:17 ...	File folder	
.classpath	2015-02-22 7:05 PM	CLASSPATH File	1 KB
.project	2015-02-22 5:44 PM	PROJECT File	1 KB
build.xml	2015-02-22 5:44 PM	XML Document	9 KB
changelog.txt	2015-02-22 5:44 PM	Text Document	5 KB
license.txt	2015-02-22 5:44 PM	Text Document	35 KB
readme.txt	2015-02-22 5:44 PM	Text Document	1 KB

3. dist 폴더 안에 세 개의 파일이 있을 것이다. 그 중에 Mulan-1.5.0.zip 파일을
   압축 해제한다.

mulan.jar	2015-02-22 7:10 PM	Executable Jar File	453 KB
mulan-1.5.0.zip	2015-02-22 7:10 PM	WinRAR ZIP archive	9,652 KB
mulan-src.jar	2015-02-22 7:10 PM	Executable Jar File	413 KB

4. 그리고 나면 그 안에서 몇 개의 JAR 파일을 볼 수 있을 것이다. 그 중에서 다음
   그림에 표시된 JAR 파일을 사용한다.

Name	Date modified	Type	Size
apidoc	2015-02-22 7:02 PM	File folder	
data	2015-02-22 5:44 PM	File folder	
build.xml	2015-02-22 5:44 PM	XML Document	9 KB
changelog.txt	2015-02-22 5:44 PM	Text Document	5 KB
Clus.jar	2015-02-22 5:44 PM	Executable Jar File	2,002 KB
license.txt	2015-02-22 5:44 PM	Text Document	35 KB
mulan.jar	2015-02-22 7:10 PM	Executable Jar File	453 KB
mulan-src.jar	2015-02-22 7:10 PM	Executable Jar File	413 KB
readme.txt	2015-02-22 5:44 PM	Text Document	1 KB
weka-3.7.10.jar	2015-02-22 5:44 PM	Executable Jar File	6,682 KB

5. 세 개의 JAR 파일을 프로젝트에 외부 라이브러리로 추가한다.

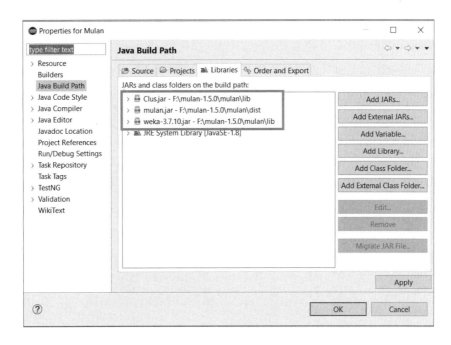

6. 뮬란 배포판의 data 폴더는 다중 레이블 데이터셋 예제를 가지고 있다. 이 레시피에서는 emotions.arff 파일과 emotions.xml 파일을 사용한다.

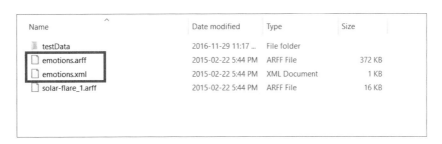

레시피로 들어가기 전에 뮬란의 데이터셋 형식을 먼저 살펴보자. 뮬란은 다중 레이블 데이터셋을 구현하기 위해 두 개의 파일이 필요하다. 첫 번째는 ARFF 파일이다(4장, '데이터로부터 학습하기-1부' 참조). 레이블은 0과 1의 두 값으로 된 명목형 속성으로 지정돼 있다.

0은 해당 레이블을 갖지 않음을 의미하고, 반대로 1은 해당 레이블을 갖는다는 의미이다. 다음 예제는 각 인스턴스가 세 개의 숫자형 피쳐와 함께 다섯 개의 클래스 또는 레이블을 갖고 있는 데이터셋을 보여준다. @data 부분에서 처음 세 개의 값은 실제 피쳐 값을 나타내며, 그 다음에 있는 다섯 개의 0 또는 1이 해당 데이터 포인트가 각 클래스에 속하는지 여부를 나타내고 있다.

```
@relation MultiLabelExample

@attribute    feature1 numeric
@attribute    feature2 numeric
@attribute    feature3 numeric
@attribute    label1 {0, 1}
@attribute    label2 {0, 1}
@attribute    label3 {0, 1}
@attribute    label4 {0, 1}
@attribute    label5 {0, 1}

@data
2.3,5.6,1.4,0,1,1,0,0
```

두 번째로 XML 파일은 레이블과 그들 사이의 계층적 관계를 나타낸다. 다음 예제는 앞의 예제와 관련된 XML 파일이다.

```
<labels xmlns="http://mulan.sourceforge.net/labels">
<label name="label1"></label>
<label name="label2"></label>
<label name="label3"></label>
<label name="label4"></label>
<label name="label5"></label>
</labels>
```

더 자세한 사항은 http://mulan.sourceforge.net/format.html을 참조하라.

224

실행 방법

1. 클래스와 main( ) 메소드를 생성한다. 여기서는 모든 코드를 main( ) 메소드 안에
   작성한다.

```
public class Mulan {
  public static void main(String[] args){
```

2. 데이터셋을 생성하고 emotions.arff와 emotions.xml 파일을 데이터셋으로 읽
   어온다.

```
MultiLabelInstances dataset = null;
try {
  dataset = new MultiLabelInstances("emotions.arff 파일 경로", "emotions.
  xml 파일 경로");
} catch (InvalidDataFormatException e) {
}
```

3. 그 다음에 RAkEL 분류기와 MLkNN 분류기를 생성한다. RAkEL은 다중 레이블 학
   습기를 가지고 있고, LabelPowerset 알고리즘을 사용하는 메타 분류기이다.
   LabelPowerset은 변환 기반transform-based 알고리즘이며 매개변수로 단일 레이블
   분류기(이 레시피에서는 J48)을 취한다. MLkNN은 k 최근접 이웃 알고리즘에 기반한
   다중 레이블 분류기이다.

```
RAkEL learner1 = new RAkEL(new LabelPowerset(new J48()));
MLkNN learner2 = new MLkNN();
```

4. 분류기의 분류 성능을 평가하기 위해 evaluator를 생성한다.

```
Evaluator eval = new Evaluator();
```

5. 이 레시피에서는 두 개의 분류기에 대한 성능을 평가해야 하기 때문에 여러 개의 평가 결과를 갖고 있을 변수가 필요하다.

```
MultipleEvaluation results;
```

6. 여기서는 10등분 교차 검증을 수행할 것이다. 그러므로 교차 검증 횟수를 변수로 선언한다.

```
int numFolds = 10;
```

7. 이제 첫 번째 학습기를 평가하고 그 결과를 출력한다.

```
results = eval.crossValidate(learner1, dataset, numFolds);
System.out.println(results);
```

8. 마지막으로 두 번째 학습기를 평가하고 그 결과를 출력한다.

```
results = eval.crossValidate(learner2, dataset, numFolds);
System.out.println(results);
```

9. 메소드와 클래스를 닫는다.

```
   }
}
```

이 레시피의 전체 코드는 다음과 같다.

```
import mulan.classifier.lazy.MLkNN;
import mulan.classifier.meta.RAkEL;
import mulan.classifier.transformation.LabelPowerset;
```

```
import mulan.data.InvalidDataFormatException;
import mulan.data.MultiLabelInstances;
import mulan.evaluation.Evaluator;
import mulan.evaluation.MultipleEvaluation;
import weka.classifiers.trees.J48;

public class Mulan {
  public static void main(String[] args){
    MultiLabelInstances dataset = null;
    try {
      dataset = new MultiLabelInstances("emotions.arff 파일 경로", "emotions.xml
        파일 경로");
    } catch (InvalidDataFormatException e) {
    }

    RAkEL learner1 = new RAkEL(new LabelPowerset(new J48()));
    MLkNN learner2 = new MLkNN();
    Evaluator eval = new Evaluator();
    MultipleEvaluation results;
    int numFolds = 10;
    results = eval.crossValidate(learner1, dataset, numFolds);
    System.out.println(results);
    results = eval.crossValidate(learner2, dataset, numFolds);
    System.out.println(results);
  }
}
```

이 코드의 출력은 두 학습기의 성능을 나타낸다.

Fold 1/10
Fold 2/10
Fold 3/10
Fold 4/10
Fold 5/10
Fold 6/10

Fold 7/10
Fold 8/10
Fold 9/10
Fold 10/10
Hamming Loss: 0.2153±0.0251
Subset Accuracy: 0.2562±0.0481
Example-Based Precision: 0.6325±0.0547
Example-Based Recall: 0.6307±0.0560
Example-Based F Measure: 0.5990±0.0510
Example-Based Accuracy: 0.5153±0.0484
Example-Based Specificity: 0.8607±0.0213

....
Fold 1/10
Fold 2/10
Fold 3/10
Fold 4/10
Fold 5/10
Fold 6/10
Fold 7/10
Fold 8/10
Fold 9/10
Fold 10/10
Hamming Loss: 0.1951±0.0243
Subset Accuracy: 0.2831±0.0538
Example-Based Precision: 0.6883±0.0655
Example-Based Recall: 0.6050±0.0578
Example-Based F Measure: 0.6138±0.0527
Example-Based Accuracy: 0.5326±0.0515
Example-Based Specificity: 0.8994±0.0271

....

06

텍스트 데이터에서
정보 추출하기

6장에서는 다음과 같은 레시피를 다룰 것이다.

- 자바를 이용한 토큰(단어) 추출
- 자바를 이용한 문장 추출
- OpenNLP를 이용한 토큰과 문장 추출
- 스탠포드 CoreNLP를 이용한 단어의 기본형과 품사 추출, 개체명 인식
- 자바를 사용해 코사인 유사도 기준으로 텍스트 유사도 측정
- 맬릿을 이용해 텍스트 문서에서 토픽 추출
- 맬릿을 이용한 텍스트 문서 분류
- 웨카를 이용한 텍스트 문서 분류

서론

가용성이 점점 커지고 있는 웹 데이터의 대부분이 텍스트 형식이기 때문에 요즘 데이터 과학자가 처리하는 데이터의 대부분은 텍스트이다. 텍스트 데이터는 문서, 기사, 블로그 게시물, 소셜 미디어 게시물, 뉴스 서비스 등 다양하다.

데이터 과학자가 텍스트 데이터에서 정보를 추출하기 위해 사용할 수 있는 많은 자바 기반 도구들이 있다. 또한 다양한 데이터 과학 관련 작업을 할 수 있게 도와주는 도구들도 있다. 6장에서는 문장이나 단어와 같은 간단한 텍스트 피쳐 추출, 머신 러닝을 이용한 문서 분류, 토픽 추출과 모델링, 키워드 추출, 개체명[named entity] 인식 등과 같은 몇 가지 범위만 제한적으로 살펴볼 것이다.

자바를 이용한 토큰 추출

데이터 과학자가 텍스트 데이터를 사용하기 위해 가장 일반적으로 하는 작업 가운데 하나가 텍스트에서 토큰(단어)을 추려내는 것이다. 이 작업을 토큰화[tokenization]라고 한다. 토큰은 단어, 기호, 구문 또는 그 외 의미 있는 텍스트 단위를 가리키는 말이지만, 단어가 가장 다루기 좋은 텍스트 단위이기 때문에 6장에서는 단어를 토큰으로 간주한다. 하지만 단어 토큰의 개념은 사람마다 다를 수 있다. 어떤 이들은 단어 그 자체만을 말하고, 또 다른 이들은 기호도 포함하길 원하고, 또 누군가는 더 많은 맥락을 이해하기 위해 구두점도 포함되길 원한다. 이런 다양한 요구 사항을 기반으로 이 레시피에서는 동일한 문자열에서 세 가지 다른 결과를 도출하는 세 가지 기법을 사용할 것이다. 이 기법은 토큰화, 브레이크 반복자[break iterator], 그리고 정규 표현식이다. 어떤 기법을 사용할 것인지는 필요에 따라 다르다.

물론 이 외에도 많은 다른 기법이 있지만 선택적으로 이 세 가지 방법만 사용할 것이다. 다른 기법들에 대한 탐구는 독자를 위해 남겨둔다.

준비

1. https://docs.oracle.com/javase/8/docs/api/java/util/regex/Pattern.html 페이지로 가서 Pattern 클래스에 의해 제공되는 정규 표현식 패턴에 대한 문서를 살펴보라.

2. https://docs.oracle.com/javase/8/docs/api/java/text/BreakIterator.html 페이지의 예제를 살펴보자. 브레이크 반복자 사용에 대한 아이디어를 제공해줄 것이다.

실행 방법

1. 먼저 토큰을 탐색하기 위해 자바의 StringTokenzier 클래스를 사용하는 메소드를 생성한다. 이 메소드는 문장을 입력으로 받아서 이를 토큰화한다. 그리고 마지막에 생성한 토큰을 출력할 것이다.

```
public void useTokenizer(String input){
```

2. 매개변수로서 입력 문장을 넣어 StringTokenizer 생성자를 호출한다.

```
StringTokenizer tokenizer = new StringTokenizer(input);
```

3. 토큰을 저장할 문자열 객체를 생성한다.

```
String word = "";
```

4. tokenizer를 반복 처리해 각 단어를 추출하고 이를 콘솔에 출력한다.

```
while(tokenizer.hasMoreTokens()){
  word = tokenizer.nextToken();
```

```
    System.out.println(word);
  }
```

5. 메소드를 닫는다.

```
  }
```

"Let's get this vis—a—vis", he said, "these boys' marks are really that well?"
이라는 문장에 대한 이 메소드의 출력은 다음과 같다.

```
"Let's
get
this
vis-a-vis",
he
said,
"these
boys'
marks
are
really
that
well?"
```

6. 두 번째로, 자바의 BreakIterator 클래스를 사용해 텍스트에서 단어를 추출하는 메소드를 생성한다. 이번 코드는 이 레시피의 첫 번째 메소드보다 약간 복잡하다.
이 메소드 입력 문장을 인수로 취한다.

```
public void useBreakIterator(String input){
```

7. 다음으로 tokenizer를 생성하기 위해 BreakIterator 클래스를 사용한다.

```
BreakIterator tokenizer = BreakIterator.getWordInstance();
```

8. tokenizer를 입력 문장에 적용한다.

```
tokenizer.setText(input);
```

9. tokenizer의 시작 인덱스를 가져온다.

```
int start = tokenizer.first();
```

10. 루프를 사용해 문자열로 된 각 토큰을 얻은 후 다음과 같이 콘솔에 출력한다.

```
for (int end = tokenizer.next();
     end != BreakIterator.DONE;
     start = end, end = tokenizer.next()) {
  System.out.println(input.substring(start,end));
}
```

11. 메소드를 닫는다.

```
}
```

"Let's get this vis-a-vis", he said, "these boys' marks are really that well?"
이라는 문장에 대한 이 메소드의 출력은 다음과 같다.

```
"
Let's
get
this
```

```
vis-a-vis
"
,
he
said
,
"
these
boys
'
marks
are
really
that
well
?
"
```

12. 마지막으로 정규 표현식을 사용해 입력 텍스트를 토큰화하는 메소드를 생성한다.

```
public void useRegEx(String input){
```

13. 구두점, 한 개 또는 여러 개의 하이픈으로 연결된 단어, 따옴표, 아포스트로피(')
등을 잡아낼 수 있는 정규 표현식을 Pattern으로 지정한다. 특정 패턴이 필요
하다면 자신만의 정규 표현식을 사용할 수 있다.

```
Pattern pattern = Pattern.compile("\\w[\\w-]+('\\w*)?");
```

14. pattern에 입력 텍스트에 대한 matcher를 적용한다.

```
Matcher matcher = pattern.matcher(input);
```

15. matcher를 사용해 입력 텍스트에서 모든 단어를 추출한다.

```
while ( matcher.find() ) {
    System.out.println(input.substring(matcher.start(), matcher.end()));
}
```

16. 메소드를 닫는다.

```
}
```

"Let's get this vis-a-vis", he said, "these boys' marks are really that well?"
이라는 문장에 대한 이 메소드의 출력은 다음과 같다.

```
Let's
get
this
vis-a-vis
he
said
these
boys'
marks
are
really
that
well
```

이 레시피의 전체 코드는 다음과 같다.

```
import java.text.BreakIterator;
import java.util.StringTokenizer;
import java.util.regex.Matcher;
```

```java
import java.util.regex.Pattern;

public class WordDetection {
  public static void main(String[] args){
    String input = ""Let's get this vis-a-vis", he said, "these boys' marks are
    really that well?"";
    WordDetection wordDetection = new WordDetection();
    wordDetection.useTokenizer(input);
    wordDetection.useBreakIterator(input);
    wordDetection.useRegEx(input);
  }
  public void useTokenizer(String input){
    System.out.println("Tokenizer");
    StringTokenizer tokenizer = new StringTokenizer(input);
    String word ="";
    while(tokenizer.hasMoreTokens()){
      word = tokenizer.nextToken();
      System.out.println(word);
    }
  }
  public void useBreakIterator(String input){
    System.out.println("Break Iterator");
    BreakIterator tokenizer = BreakIterator.getWordInstance();
    tokenizer.setText(input);
    int start = tokenizer.first();
    for (int end = tokenizer.next();
         end != BreakIterator.DONE;
         start = end, end = tokenizer.next()) {
      System.out.println(input.substring(start,end));
    }
  }
  public void useRegEx(String input){
    System.out.println("Regular Expression");
    Pattern pattern = Pattern.compile("\\w[\\w-]+('\\w*)?");
    Matcher matcher = pattern.matcher(input);
    while ( matcher.find() ) {
```

```
    System.out.println(input.substring(matcher.start(), matcher.end()));
    }
  }
}
```

■ 자바를 이용한 문장 추출

이 레시피에서는 나중에 다른 분석에 사용하기 위해 문장을 추출하는 방법을 보여줄 것
이다. 문장은 데이터 과학자가 분류 분석과 같은 여러 가지 실습을 할 수 있는 아주 중
요한 텍스트 단위이다. 텍스트로부터 문장을 추출하기 위해 이 레시피에서는 자바의
BreakIterator 클래스를 사용한다.

준비

https://docs.oracle.com/javase/7/docs/api/java/text/BreakIterator.html 페이지를
방문해 예제들을 살펴보라. BreakIterator 사용법에 대해 자세한 정보를 얻을 수 있다.

실행 방법

이 레시피의 코드를 테스트하기 위해서 많은 정규 표현식 기반 솔루션에 혼란을 줄 수 있
는 두 개의 문장을 사용할 것이다. 테스트를 위한 두 문장은 다음과 같다. My name is
Rushdi Shams. You can use Dr. before my name as I have a PhD. but I am a bit
shy to use it(내 이름은 루시디 샴스이다. 나는 박사 학위를 가지고 있기 때문에 이름 앞에 닥터를
붙일 수 있지만 나는 그것을 사용하는 게 조금 수줍다). 흥미롭게도 자바의 BreakIterator 클래
스가 이것을 아주 효율적으로 처리하는 것을 보게 될 것이다.

테스트 문자열을 인수로 취하는 메소드를 생성한다.

```
public void useSentenceIterator(String source){
```

1. BreakIterator 클래스의 sentenceiterator 객체를 생성한다.

```
BreakIterator iterator = BreakIterator.getSentenceInstance(Locale.US);
```

2. 테스트 문자열에 iterator를 적용한다.

```
iterator.setText(source);
```

3. 테스트 문자열의 시작 인덱스를 정수형 변수로 가져온다.

```
int start = iterator.first();
```

4. 마지막으로 iterator에 있는 모든 문장을 반복 처리를 통해 출력한다. iterator에서 문장을 기준으로 루프를 돌리려면 문장의 마지막 인덱스를 가리키는 end라는 다른 변수가 필요하다.

```
for (int end = iterator.next();
     end != BreakIterator.DONE;
     start = end, end = iterator.next()) {
   System.out.println(source.substring(start,end));
}
```

이 코드의 출력은 다음과 같을 것이다.

```
My name is Rushdi Shams.
You can use Dr. before my name as I have a Ph.D. but I am a bit shy to use it.
```

이 레시피에 대한 전체 코드는 다음과 같다.

```java
import java.text.BreakIterator;
import java.util.Locale;

public class SentenceDetection {
  public void useSentenceIterator(String source){
    BreakIterator iterator = BreakIterator.getSentenceInstance(Locale.US);
    iterator.setText(source);
    int start = iterator.first();
    for (int end = iterator.next();
        end != BreakIterator.DONE;
        start = end, end = iterator.next()) {
      System.out.println(source.substring(start,end));
    }
  }
  public static void main(String[] args){
    SentenceDetection detection = new SentenceDetection();
    String test = "My name is Rushdi Shams. You can use Dr. before my name as I
    have a Ph.D. but I am a bit shy to use it.";
    detection.useSentenceIterator(test);
  }
}
```

▌ OpenNLP를 이용한 토큰과 문장 추출

앞의 두 레시피에서는 자바 클래스와 메소드를 이용해 토큰(단어)과 문장을 추출했다. 이번 레시피에서는 아파치의 OpenNLP라는 오픈소스 라이브러리를 이용해 토큰 추출과 문장 추출의 두 작업을 한 번에 수행할 것이다. 기존의 방법으로도 잘 수행할 수 있는 이 두 작업에 OpenNLP를 도입하는 이유는 말뭉치^{corpora}에 대한 표준적인 정보 검색 작업에서 아주 쉽고 높은 정확성을 가진 도구를 데이터 과학자들에게 소개하고 싶기 때문이다. OpenNLP의 홈페이지는 https://opennlp.apache.org이다. 토큰화, 문장 분할, 품사 태깅, 개체명 인식, 구문 분석, 참조 확인 등에 이 라이브러리를 사용하는 강력한 이유 중 하나는 자신만의 말뭉치에 대해 학습된 분류기를 가질 수 있다는 것이다.

준비

1. 이 책을 쓰는 시점에 OpenNLP의 최신 버전은 1.6.0이었으므로 가능한 이 버전을 사용할 것을 권한다. https://opennlp.apache.org/download.html에서 라이브러리의 1.6.0 버전을 다운로드할 수 있다. 웹 페이지에서 −bin.zip 파일을 다운로드한다.

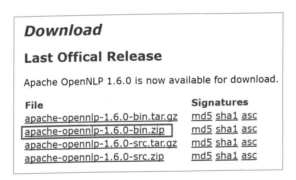

2. 다운로드가 끝나면 파일을 압축 해제한다. 그러면 그 안에 lib 디렉터리가 있을 것이다.

3. lib 디렉터리 안에는 다음과 같이 두 개의 jar 파일이 있을 것이다.

그 중에서 opennlp-tools-1.6.0.jar 파일을 이클립스 프로젝트에 외부 라이브러리로 추가한다.

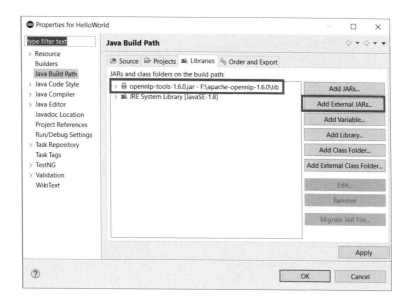

이 레시피에서는 토큰과 문장 추출을 위해 OpenNLP에서 미리 만들어 제공하는 모델을 사용할 것이다. 그러므로 해당 모델을 하드 드라이브에 다운로드해서 저장해야 한다. 그리고 이 모델의 경로는 코드에서 사용할 것이기 때문에 기억해둘 필요가 있다.

http://opennlp.sourceforge.net/models-1.5/ 페이지에서 영어(en)를 위한 Tokenizer와 Sentence Detector 모델을 다운로드하고 이를 c:/ 드라이브에 저장한다. 그러면 이제 코드를 작성할 준비가 끝났다.

de	POS Tagger	Perceptron model trained on tiger corpus.	de-pos-perceptron.bin
en	Tokenizer	Trained on opennlp training data.	en-token.bin
en	Sentence Detector	Trained on opennlp training data.	en-sent.bin
en	POS Tagger	Maxent model with tag dictionary.	en-pos-maxent.bin

실행 방법

1. 이 레시피에서는 OpenNLP의 tokenizer와 sentence detector 모델을 사용해 텍스트를 토큰화하고 문장 단위로 나눌 것이다. 매개변수로 다음과 같은 정보를 넣어주어야 한다.

   - 소스 텍스트를 포함할 문자열
   - 모델의 경로
   - 소스 텍스트를 토큰화하고 싶은지, 아니면 문장 단위로 나눌 것인지를 나타내는 문자열. 전자인 경우 word, 후자인 경우 sentence 입력

   ```
   public void useOpenNlp(String sourceText, String modelPath, String choice) throws IOException{
   ```

2. 우선 모델을 입력 스트림으로 읽는다.

   ```
   InputStream modelIn = null;
   modelIn = new FileInputStream(modelPath);
   ```

3. 그 다음으로 소스 텍스트의 문장 단위를 탐지하는 코드 부분을 포함할 if 블록을 생성한다.

   ```
   if(choice.equalsIgnoreCase("sentence")){
   ```

4. 읽어들인 모델로부터 문장 모델을 생성한 다음, 읽어들인 모델을 붙잡고 있는
변수를 닫아준다.

```
SentenceModel model = new SentenceModel(modelIn);
modelIn.close();
```

5. 위에서 생성한 모델을 사용해 문장 탐지기를 생성한다.

```
SentenceDetectorME sentenceDetector = new SentenceDetectorME(model);
```

6. 문장 탐지기를 사용해 소스 텍스트에서 문장을 추출한다. 추출된 문장들은 문자
열로 된 배열에 저장된다.

```
String sentences[] = sentenceDetector.sentDetect(sourceText);
```

7. 추출한 문장들을 콘솔에 출력하고 if 블록을 닫는다.

```
System.out.println("Sentences: ");
for(String sentence:sentences){
  System.out.println(sentence);
}
}
```

8. 다음으로 소스 텍스트를 토큰화하는 코드를 작성하기 위해 else if 블록을 생성
한다.

```
else if(choice.equalsIgnoreCase("word")){
```

9. 다운로드한 모델을 읽어 tokenizer 모델을 생성한 후, 읽어들인 모델을 닫아
준다.

```
TokenizerModel model = new TokenizerModel(modelIn);
modelIn.close();
```

10. 모델을 사용해 tokenizer를 생성한다.

```
Tokenizer tokenizer = new TokenizerME(model);
```

11. tokenizer를 이용해 소스 텍스트에서 토큰(단어)를 추출한다. 추출된 토큰은 문자열로 된 배열에 저장한다.

```
String tokens[] = tokenizer.tokenize(sourceText);
```

12. 마지막으로 토큰을 콘솔에 출력하고 else if 블록을 닫는다.

```
System.out.println("Words: ");
for(String token:tokens){
  System.out.println(token);
}
}
```

13. 사용자가 잘못된 선택을 하는 경우를 위해 else 블록이 필요하다.

```
else{
  System.out.println("Error in choice");
  modelIn.close();
  return;
}
```

14. 메소드를 닫는다.

```
}
```

이 레시피를 위한 전체 코드는 다음과 같다.

```java
import java.io.FileInputStream;
import java.io.IOException;
import java.io.InputStream;
import opennlp.tools.sentdetect.SentenceDetectorME;
import opennlp.tools.sentdetect.SentenceModel;
import opennlp.tools.tokenize.Tokenizer;
import opennlp.tools.tokenize.TokenizerME;
import opennlp.tools.tokenize.TokenizerModel;

public class OpenNlpSenToken {
  public static void main(String[] args){
    OpenNlpSenToken openNlp = new OpenNlpSenToken();
    try {
      openNlp.useOpenNlp("My name is Rushdi Shams. "
        + "You can use Dr. before my name as I have a Ph.D. "
        + "but I am a bit shy to use it.", "C:/en-sent.bin", "sentence");
      openNlp.useOpenNlp(""Let's get this vis-a-vis", he said, "these boys'
      marks are really that well?"", "C:/en-token.bin", "word");
    } catch (IOException e) {
    }
  }
  public void useOpenNlp(String sourceText, String modelPath, String choice)
  throws IOException{
    InputStream modelIn = null;
    modelIn = new FileInputStream(modelPath);
    if(choice.equalsIgnoreCase("sentence")){
      SentenceModel model = new SentenceModel(modelIn);
      modelIn.close();
      SentenceDetectorME sentenceDetector = new SentenceDetectorME(model);
      String sentences[] = sentenceDetector.sentDetect(sourceText);
      System.out.println("Sentences: ");
      for(String sentence:sentences){
        System.out.println(sentence);
```

```
      }
    }
    else if(choice.equalsIgnoreCase("word")){
      TokenizerModel model = new TokenizerModel(modelIn);
      modelIn.close();
      Tokenizer tokenizer = new TokenizerME(model);
      String tokens[] = tokenizer.tokenize(sourceText);
      System.out.println("Words: ");
      for(String token:tokens){
        System.out.println(token);
      }
    }
    else{
      System.out.println("Error in choice");
      modelIn.close();
      return;
    }
  }
}
```

앞쪽의 두 레시피와 동일한 소스 텍스트를 사용했기 때문에 이 소스 코드의 출력을 앞의
두 레시피와 비교해보는 것도 좋을 것이다.

 OpenNLP 라이브러리의 다른 사용법에 대해서는 https://opennlp.apache.org/docu
mentation/1.6.0/manual/opennlp.html 페이지를 참조할 것을 적극 권한다.

■ 스탠포드 CoreNLP를 이용한 단어의 기본형과 품사 추출, 개체명 인식

이제 주어진 텍스트에서 토큰이나 단어를 추출하는 방법을 알았으니, 다음에는 토큰으로부터 단어의 기본형, 품사, 그리고 어떤 토큰이 개체명을 나타내는지 등 다른 유형의 정보를 추출하는 방법을 살펴보자.

기본형 분석lemmatization 과정은 단어의 굴절된 형태들을 함께 묶는 것이기 때문에 단어의 기본형은 하나의 텍스트 단위로 분석될 수 있다. 이것은 형태소 분석(stemming) 과정과 비슷하지만, 가장 큰 차이점은 형태소 분석은 그룹을 묶는 동안 문맥을 고려하지 않는다는 것이다. 그러므로 기본형은 텍스트 분석에 있어 형태소보다 훨씬 더 유용하지만 더 많은 계산 능력을 요구한다.

문서의 토큰에 대한 품사 태깅은 데이터 과학자에게 유용한 많은 머신 러닝 모델에서 널리 사용된다.

반면 개체명은 뉴스 기사 분석에 매우 중요하며, 비즈니스 기업과 관련된 연구에서 매우 높은 영향력을 갖는다.

이 레시피에서는 이 책을 쓸 당시의 최신 버전인 스탠포드 CoreNLP 3.7.0을 이용해 텍스트로부터 정보를 추출할 것이다.

준비

1. http://stanfordnlp.github.io/CoreNLP/download.html 페이지에서 CoreNLP 3.7.0을 다운로드한다.
2. 다운로드한 파일은 압축돼 있다. 압축을 해제하면 다음과 같은 디렉터리 구조를 볼 수 있을 것이다.

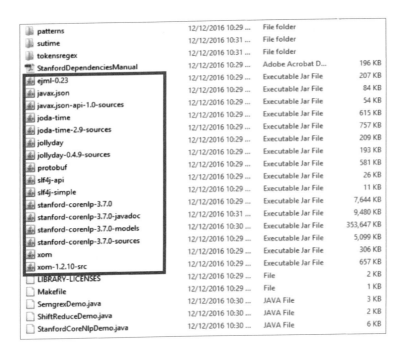

3. 그림에 표시된 모든 jar 파일을 이클립스 프로젝트에 외부 jar 라이브러리로 추가 하면 코드를 작성할 준비가 된 것이다.

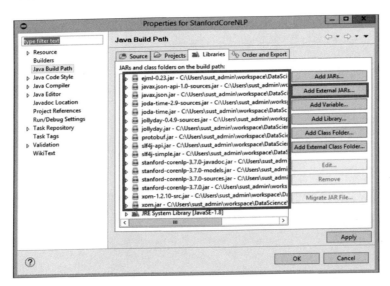

실행 방법

1. 이 레시피의 모든 코드를 작성할 클래스와 main( ) 메소드를 생성한다.

```
public class Lemmatizer {
  public static void main(String[] args){
```

2. 다음으로 StanfordCoreNLP 파이프라인을 생성한다. 이 파이프라인을 통해 CoreNLP 엔진에 프로퍼티property 값을 제공한다.

```
StanfordCoreNLP pipeline;
```

3. Properties 객체를 생성하고 거기에 몇 가지 프로퍼티를 추가한다. 이 레시피의 경우 품사 태깅과 단어 기본형에 대한 토큰화를 진행할 것이다.

```
Properties props = new Properties();
props.put("annotators", "tokenize, ssplit, pos, lemma, ner");
```

4. 그 다음에 이 프로퍼티를 사용해 CoreNLP 객체를 생성한다.

```
pipeline = new StanfordCoreNLP(props, false);
```

5. 기본형 분석에 사용할 문자열을 생성한다.

```
String text = "Hamlet's mother, Queen Gertrude, says this famous line
while watching The Mousetrap. "
+ "Gertrude is talking about the queen in the play. "
+ "She feels that the play-queen seems insincere because she repeats so
dramatically that she'll never remarry due to her undying love of her
husband.";
```

6. 다음으로 주어진 텍스트로 Annotation 변수를 생성한다.

```
Annotation document = pipeline.process(text);
```

7. 마지막으로 각 토큰에 대해 원래의 토큰과 그 토큰의 기본형을 추출한다. 원래의 토큰을 굳이 다시 얻을 필요는 없지만 단어와 기본형의 차이점을 보여주기 위해서는 유용할 수 있다. 바로 앞 단계에서 document라고 이름 붙인 Annotation 변수를 사용해 모든 문장에 이를 반복해 적용한다.

```
for(CoreMap sentence: document.get(SentencesAnnotation.class))
{
  for(CoreLabel token: sentence.get(TokensAnnotation.class))
  {
    String word = token.get(TextAnnotation.class);
    String lemma = token.get(LemmaAnnotation.class);
    String pos = token.get(PartOfSpeechAnnotation.class);
    String ne = token.get(NamedEntityTagAnnotation.class);
    System.out.println(word + "-->" + lemma + "-->" + pos + "-->" +
    ne);
  }
}
```

8. 메소드와 클래스를 닫는다.

```
  }
}
```

이 코드의 출력 중 일부분은 다음과 같다.

```
...
Queen-->Queen-->NNP-->PERSON
Gertrude-->Gertrude-->NNP-->PERSON
```

250

```
,-->,-->,-->0
says-->say-->VBZ-->0
this-->this-->DT-->0
famous-->famous-->JJ-->0
line-->line-->NN-->0
while-->while-->IN-->0
watching-->watch-->VBG-->0
The-->the-->DT-->0
Mousetrap-->mousetrap-->NN-->0
.-->.-->.-->0
Gertrude-->Gertrude-->NNP-->PERSON
is-->be-->VBZ-->0
talking-->talk-->VBG-->0
...
```

이 레시피의 전체 코드는 다음과 같다.

```java
import edu.stanford.nlp.ling.CoreAnnotations.LemmaAnnotation;
import edu.stanford.nlp.ling.CoreAnnotations.NamedEntityTagAnnotation;
import edu.stanford.nlp.ling.CoreAnnotations.PartOfSpeechAnnotation;
import edu.stanford.nlp.ling.CoreAnnotations.SentencesAnnotation;
import edu.stanford.nlp.ling.CoreAnnotations.TextAnnotation;
import edu.stanford.nlp.ling.CoreAnnotations.TokensAnnotation;
import edu.stanford.nlp.ling.CoreLabel;
import edu.stanford.nlp.pipeline.Annotation;
import edu.stanford.nlp.pipeline.StanfordCoreNLP;
import edu.stanford.nlp.util.CoreMap;
import java.util.Properties;

public class Lemmatizer {
  public static void main(String[] args){
    StanfordCoreNLP pipeline;
    Properties props = new Properties();
    props.put("annotators", "tokenize, ssplit, pos, lemma, ner");
    pipeline = new StanfordCoreNLP(props, false);
```

```
String text = "Hamlet's mother, Queen Gertrude, says this famous line while
watching The Mousetrap. "
  + "Gertrude is talking about the queen in the play. "
  + "She feels that the play-queen seems insincere because she repeats so
  dramatically that she'll never remarry due to her undying love of her
  husband.";
Annotation document = pipeline.process(text);
for(CoreMap sentence: document.get(SentencesAnnotation.class))
{
  for(CoreLabel token: sentence.get(TokensAnnotation.class))
  {
    String word = token.get(TextAnnotation.class);
    String lemma = token.get(LemmaAnnotation.class);
    String pos = token.get(PartOfSpeechAnnotation.class);
    String ne = token.get(NamedEntityTagAnnotation.class);
    System.out.println(word + "-->" + lemma + "-->" + pos + "-->" + ne);
  }
}
}
```

▌ 자바를 사용해 코사인 유사도 기준으로 텍스트 유사도 측정

데이터 과학자는 종종 분류나 군집화를 위해, 이상치를 탐지하기 위해, 또는 그 외의 다른 많은 경우에 두 데이터 포인트 사이의 거리 또는 유사도를 측정한다. 데이터 포인트가 텍스트인 경우에는 전통적인 거리나 유사도 측정을 사용할 수 없다. 그러나 두 개 이상의 텍스트 데이터 포인트 비교를 위한 새로운 유사성 척도들이 많이 등장했다. 이 레시피에서는 두 문장 사이의 거리를 계산하기 위해 코사인 유사도Cosine Similarity라는 측정 기준을 사용할 것이다. 코사인 유사도는 정보 검색 커뮤니티에서 사실상의 표준으로 인정되고 있기 때문에 널리 사용된다. 여기서도 이 측정 기준을 사용해 문자열 형식의 두 문장 간의 유사도를 계산한다.

준비

https://en.wikipedia.org/wiki/Cosine_similarity 페이지를 통해 종합적인 지식을 얻을 수 있겠지만, 두 문장 사이의 유사도 측정에 대한 알고리즘을 간단히 살펴보자.

1. 우선 두 문자열로부터 단어를 추출한다.
2. 각 문자열에서 각 단어의 빈도를 계산한다. 빈도는 각 단어가 문장에서 나타나는 횟수를 말한다. A를 첫 번째 문자열에 나타나는 단어와 그 빈도를 가진 벡터, B를 두 번째 문자열에 나타나는 단어와 그 빈도를 가진 벡터라고 가정해보자.
3. 중복 제거를 통해 각 문자열에서 고유한 단어만 남긴다.
4. 두 문자열의 교집합인 단어 목록을 찾는다.
5. 코사인 유사도 공식에서 분자는 벡터 A와 벡터 B의 내적$^{dot\ product}$이다.
6. 이 공식의 분모는 벡터 A와 벡터 B 크기의 산술곱$^{arithmetic\ product}$이 된다.

> ℹ️ 두 문장 간의 코사인 유사도 점수가 −1이면 서로 정확히 반대임을 의미하고, 1은 정확히 같음을, 0은 서로 관계가 없음을 의미한다.

실행 방법

1. 두 개의 문자열을 인수로 취하는 메소드를 생성한다. 이 두 문자열은 코사인 유사도를 계산하고자 하는 문자열이다.

```
public double calculateCosine(String s1, String s2){
```

2. 정규 표현식과 자바8의 병렬 처리 기능을 사용해 주어진 문자열을 토큰화한다. 두 문자열에 대해 두 개의 단어 스트림이 생성된다.

```
Stream<String> stream1 = Stream.of(s1.toLowerCase().split("\\W+")).
parallel();
Stream<String> stream2 = Stream.of(s2.toLowerCase().split("\\W+")).
parallel();
```

 토큰화를 위해서는 6장 첫 번째 레시피에 나온 방법을 사용해도 되지만, 여기서는 매우 편리하고 간단한 정규 표현식과 자바8의 강력한 기능을 사용한다.

3. 각 문자열에서 단어와 그 빈도를 얻는다. 이번에도 자바8을 이용해 이 작업을 수행한다. 그 결과로 두 개의 맵이 생성된다.

```
Map<String, Long> wordFreq1 = stream1.collect(Collectors.groupingBy(Str
ing::toString,Collectors.counting()));
Map<String, Long> wordFreq2 = stream2.collect(Collectors.groupingBy(Str
ing::toString,Collectors.counting()));
```

4. 각 문장의 단어 목록으로부터 중복을 제거해 고유한 단어들만 뽑아낸다. 이를 위해 앞 단계에서 만든 두 개의 맵을 이용해 두 개의 set을 생성한다.

```
Set<String> wordSet1 = wordFreq1.keySet();
Set<String> wordSet2 = wordFreq2.keySet();
```

5. 코사인 유사도 측정의 분자로 사용하기 위해 3단계에서 생성한 두 맵의 내적을 계산해야 하기 때문에 두 문자열에서 공통된 단어 목록을 생성한다.

```
Set<String> intersection = new HashSet<String>(wordSet1);
intersection.retainAll(wordSet2);
```

6. 다음으로 공식의 분자를 계산한다. 이것은 두 맵의 내적이다.

```
double numerator = 0;
for (String common: intersection){
  numerator += wordFreq1.get(common) * wordFreq2.get(common);
}
```

7. 여기서부터 공식의 분모를 계산하기 위한 준비를 한다. 분모는 두 맵 크기의 산술곱이다.

우선 (맵 데이터 구조 내에 있는) 벡터들의 크기를 담을 변수를 생성한다.

```
double param1 = 0, param2 = 0;
```

8. 이제 첫 번째 벡터의 크기를 계산한다.

```
for(String w1: wordSet1){
  param1 += Math.pow(wordFreq1.get(w1), 2);
}
param1 = Math.sqrt(param1);
```

9. 다음으로 두 번째 벡터의 크기를 계산한다.

```
for(String w2: wordSet2){
  param2 += Math.pow(wordFreq2.get(w2), 2);
}
param2 = Math.sqrt(param2);
```

10. 이제 분모에 대한 모든 매개변수를 얻었으니 크기를 곱하기만 하면 된다.

```
double denominator = param1 * param2;
```

11. 마지막으로 분자와 분모를 가지고 두 문자열의 코사인 유사도 계산한다. 호출자에게 유사도 점수를 반환하고 메소드를 닫는다.

```
double cosineSimilarity = numerator/denominator;
return cosineSimilarity;
}
```

12. 이 레시피를 위한 전체 코드는 다음과 같다.

```java
import java.util.HashSet;
import java.util.Map;
import java.util.Set;
import java.util.stream.Collectors;
import java.util.stream.Stream;

public class CosineSimilarity {
  public double calculateCosine(String s1, String s2){
    // 자바8의 병렬 처리 기능으로 토큰화
    Stream<String> stream1 = Stream.of(s1.toLowerCase().split("\\W+")).
    parallel();
    Stream<String> stream2 = Stream.of(s2.toLowerCase().split("\\W+")).
    parallel();
    // 두 문자열의 단어 빈도 맵
    Map<String, Long> wordFreq1 = stream1.collect(Collectors.groupingBy
    (String::toString,Collectors.counting()));
    Map<String, Long> wordFreq2 = stream2.collect(Collectors.groupingBy
    (String::toString,Collectors.counting()));
    // 각 문자열의 고유 단어 목록
    Set<String> wordSet1 = wordFreq1.keySet();
    Set<String> wordSet2 = wordFreq2.keySet();
    // 두 문자열의 공통 단어
    Set<String> intersection = new HashSet<String>(wordSet1);
    intersection.retainAll(wordSet2);
    // s1, s2 코사인 공식의 분자
    double numerator = 0;
```

```
        for (String common: intersection){
            numerator += wordFreq1.get(common) * wordFreq2.get(common);
        }
        // 코사인 공식의 분모를 위한 매개변수
        double param1 = 0, param2 = 0;
        // sqrt(s1 단어 빈도의 제곱의 합)
        for(String w1: wordSet1){
            param1 += Math.pow(wordFreq1.get(w1), 2);
        }
        param1 = Math.sqrt(param1);
        // sqrt(s2 단어 빈도의 제곱의 합)
        for(String w2: wordSet2){
            param2 += Math.pow(wordFreq2.get(w2), 2);
        }
        param2 = Math.sqrt(param2);
        // 코사인 공식의 분모. sqrt(sum(s1^2)) X sqrt(sum(s2^2))
        double denominator = param1 * param2;
        // 코사인 유사도 점수
        double cosineSimilarity = numerator/denominator;
        return cosineSimilarity;
    } // 두 문자열의 코사인 유사도를 계산하는 메소드 끝

    public static void main(String[] args){
        CosineSimilarity cos = new CosineSimilarity();
        System.out.println(cos.calculateCosine("To be, or not to be: that
        is the question.", "Frailty, thy name is woman!"));
        System.out.println(cos.calculateCosine("The lady doth protest too
        much, methinks.", "Frailty, thy name is woman!"));
    }
}
```

코드를 실행하면 다음과 같은 출력을 볼 수 있을 것이다.

```
0.11952286093343936
0.0
```

이 출력 결과는 두 문장 "To be, or not to be: that is the question."과 "Frailty, thy name is woman!" 사이의 코사인 유사도가 약 0.11임을 의미한다. 또한 "The lady doth protest too much, methinks."와 "Frailty, thy name is woman!" 사이의 코사인 유사도는 0.0임을 말한다.

 이 레시피에서는 문자열에서 불용어(stop words)를 제거하지 않았다. 편향되지 않은 결과를 얻고 싶다면 두 텍스트에서 불용어를 제거하는 것이 좋다.

맬릿을 이용해 텍스트 문서에서 토픽 추출

요즘 텍스트 형식의 문서가 지속적으로 증가함에 따라 초록, 요약, 토픽 목록 등을 가진 수많은 글에서 개요를 얻는 것이 데이터 과학자의 주요 작업이 됐다. 이는 글을 읽는 시간을 절약해주기도 하지만 군집화, 분류, 의미 관련성 측정, 감성 분석^{sentiment analysis} 등을 수행할 때도 도움이 되기 때문이다.

머신 러닝과 자연어 처리 분야에서 토픽 모델링은 통계적인 모델을 사용해 텍스트 기사들로부터 추상적인 토픽과 키워드를 추출해내는 것을 의미한다. 이 레시피에서는 자바 기반 머신 러닝과 맬릿이라는 자연어 처리 라이브러리를 사용할 것이다. 맬릿^{Mallet}은 Machine Learning for Language Toolkit의 약자이다(http://mallet.cs.umass.edu/ 참조). 맬릿은 학문적으로뿐만 아니라 다음과 같은 목적으로 산업 분야에서 널리 사용된다.

- 문서 분류
- 군집화
- 토픽 모델링
- 정보 추출

하지만 이 책에서는 토픽 모델링과 문서 분류만 제한해서 다룰 것이다. 이 레시피에서는 맬릿을 이용해 토픽을 추출하는 방법을 다루고, 다음 레시피에서는 지도 학습 머신 러닝과 맬릿을 통해 텍스트 문서를 분류하는 방법을 다룬다.

 이 도구를 사용하려면 명령 프롬프트만 사용해야 하기 때문에 이 레시피와 다음 레시피에서는 코딩할 것이 없다. 맬릿은 명령 프롬프트를 사용하는 것이 쉽기 때문이다. 자바 API를 사용하고 싶다면 http://mallet.cs.umass.edu/api/에서 맬릿의 API 문서를 읽어보는 것이 좋을 것이다.

준비

1. 우선 맬릿을 설치한다. 이 레시피에서는 윈도우 운영체제에 대한 설치 가이드만 제공한다. http://mallet.cs.umass.edu/download.php 페이지에서 맬릿을 다운로드한다. 이 책을 쓰는 시점에서 최신 버전은 2.0.8이었으므로 가능하면 이 버전의 zip 파일을 다운로드한다.

Current release: The following packaged release of MALLET 2.0 is available:

mallet-2.0.8.tar.gz mallet-2.0.8.zip

Windows installation: After unzipping MALLET, set the environment variable %MALLET_HOME% to point to the MALLET directory. In all command line examples, substitute `bin\mallet` for `bin/mallet`.

Development release: To download the most current version of MALLET 2.0, use our public GitHub repository:

```
git clone https://github.com/mimno/Mallet.git
```

2. 맬릿을 C:/에 압축 해제한다. 그러면 다음과 같이 mallet−2.0.8RC2와 같은 디렉터리가 보일 것이다.

3. 해당 디렉터리 안에 다음 이미지와 같은 파일과 폴더가 있을 것이다. 실행 파일은 bin 폴더 안에 있으며, sample-data 폴더에는 샘플 데이터셋이 들어 있다.

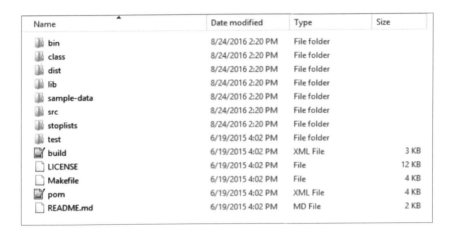

4. 윈도우에서 '제어판 > 시스템 및 보안 > 시스템 화면'으로 이동한다. '고급 시스템 설정'을 클릭한다.

5. 그러면 시스템 속성창이 보일 것이다. **'고급'** 화면에서 **'환경 변수'** 버튼을 클릭한다.

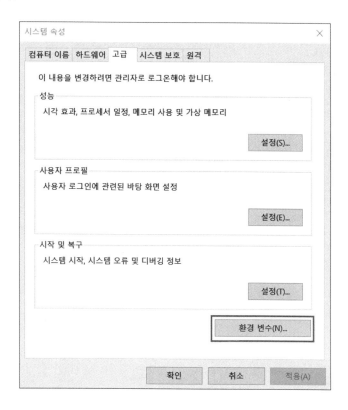

6. 환경 변수를 설정할 수 있는 창이 열린다. **'시스템 변수'** 아래쪽의 **'새로 만들기'** 버튼을 클릭한다.

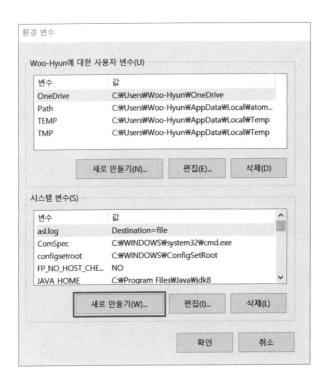

7. "변수 이름" 텍스트박스에 "MALLET_HOME"이라고 입력한다. "변숫값" 텍스트박스에는 "C:\mallet-2.0.8RC2" 등 맬릿을 압축 해제한 폴더의 경로를 입력한다. **"확인"** 버튼을 클릭해 창을 닫는다.

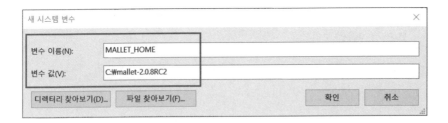

8. 맬릿이 제대로 설치되었는지 확인하기 위해 명령 프롬프트 창을 열고 맬릿 디렉터리의 bin 폴더로 이동한 후 "mallet"이라고 입력한다. 그러면 다음과 같이 사용할 수 있는 Mallet 2.0 명령어를 화면에서 볼 수 있을 것이다.

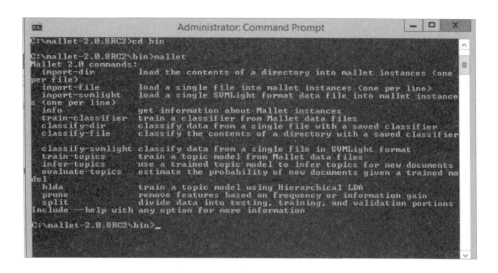

이제 맬릿을 사용할 준비가 됐다. 만약 사용하고자 하는 명령어나 매개변수가 확실하지 않은 경우 "mallet 명령어 --help"라고 입력하면 된다. 그러면 mallet 명령어와 관련된 매개변수 목록을 보여준다.

실행 방법

1. C:/ 드라이브에 압축 해제한 맬릿 배포판은 sample-data 디렉터리를 갖고 있다. 이 디렉터리는 web 디렉터리를 포함하고 있다. web 디렉터리 안에 두 개의 또 다른 디렉터리가 있다. 그 중에 en 디렉터리는 영어 웹 기사를 담은 몇 개의 텍스트 파일을 포함하고 있으며, de 디렉터리는 독일어 웹 기사를 담은 텍스트 파일을 갖고 있다. 이 en 디렉터리를 이번 레시피를 위한 데이터셋으로 생각하고 여기에 있는 웹 기사들로부터 토픽을 추출할 것이다. 만약 토픽을 추출하고자 하는 자신만의 문서를 가지고 있다면 en 디렉터리 대신에 해당 문서가 있는 디렉터리로 바꿔주기만 하면 된다.

   작업을 수행하기 위해 먼저 여러 텍스트 파일을 하나의 파일로, 그리고 사람이 읽을 수 있는 형태가 아닌 맬릿이 요구하는 형식인 이진 파일로 변환한다. 명령 프롬프트에서 C:/mallet-2.0.8RC2/bin 디렉터리로 이동해 다음 명령어를 입력한다.

```
mallet import-dir --input C:\mallet-2.0.8RC2\sample-data\web\en
--output c:/web.en.mallet --keep-sequence --remove-stopwords
```

이 명령어는 C:/ 드라이브에 web.en.mallet이라는 맬릿 파일을 생성한다. en 디렉터리의 파일 순서대로 데이터의 원래 순서를 유지하며, 자체적으로 갖고 있는 표준 영어 사전을 기준으로 불용어를 제거한다.

 만약 모델링하는 동안 두 자리 단어(bi-grams)도 고려하게 하려면 명령어를 다음과 같이 사용하면 된다.

```
mallet import-dir --input C:\mallet-2.0.8RC2\sample-data\web\en
--output c:/web.en.mallet --keep-sequence-bigrams --remove-stopwords
```

2. we.en.mallet 파일에 대한 토픽 모델링이 기본 설정값으로 수행되도록 다음 명령어를 입력한다.

```
mallet train-topics --input c:/web.en.mallet
```

이 명령은 명령 프롬프트에 다음과 같은 정보를 출력할 것이다.

이 출력을 살펴보자. 맬릿 토픽 모델링 출력에서 두 번째 줄을 보자.

1   5   zinta role hindi actress film indian acting top-grossing naa awa rd female filmfare earned films drama written areas evening protection april

만약 당신이 인도 영화 팬이라면 이 토픽은 즉시 프리티 진타^{Preity Zinta}라는 여배우가 참여하는 인도 영화임을 이해했을 것이다. 이를 확인하기 위해서는 C:\mallet-2.0.8RC2\sample-data\web\en 디렉터리의 zinta.txt 파일의 내용을 보면 된다.

출력에서 1은 문단의 번호(0부터 시작)를 나타내며, 5는 토픽에 대한 디리클레 ^{Dirichlet} 매개변수이다(토픽에 대한 가중치라고 볼 수 있다). 따로 설정하지 않았기 때문에 모든 단락에 대한 기본값으로 숫자가 출력된다.

 맬릿은 토픽 모델링 및 추출 시 무작위성 요소를 가지고 있기 때문에 동일한 데이터셋에 대해서도 프로그램을 실행할 때마다 다른 키워드 목록을 보여줄 수 있다. 그래서 이 레시피의 결과와 다른 결과가 나와도 뭔가 잘못됐다고 생각하지 않아도 된다.

이 단계에서는 맬릿의 다른 매개변수를 사용하지 않은 채 아주 단순한 명령만을 사용해 결과를 콘솔에 출력했다.

3. 다음으로는 동일한 데이터에 좀 더 다양한 옵션을 적용해 토픽 모델링을 하고 나중에 사용하기 위해 외부 파일로 토픽을 출력할 것이다. 다음과 같이 명령을 입력한다.

```
mallet train-topics --input c:/web.en.mallet --num-topics 20 --num-top-
words 20 --optimize-interval 10 --xml-topic-phrase-report C:/web.en.xml
```

이 명령은 입력으로 c:/web.en.mallet 파일을 사용하고, 데이터로부터 최대 20개의 토픽을 생성하고, 20개의 토픽을 출력하고, 그 결과를 c:/web.en.xml 파일에 저장하라는 의미이다. --optimize-interval은 하이퍼파라미터 최적화 옵션을 사용해 훨씬 더 좋은 토픽 모델을 생성할 때 사용된다. 이것은 모델이 어떤 토픽에는 다른 것보다 우선순위를 줌으로써 모델이 데이터를 더 잘 학습하도록 한다.

명령 실행이 끝나면 C:/ 드라이브에 web.en.xml 파일이 생성돼 있을 것이다. 이 파일을 열어보면 다음과 같은 내용을 볼 수 있다.

```xml
<?xml version='1.0' ?>
<topics>
 <topic id="0" alpha="2.032473408279035" totalTokens="66" titles="test, paper,
        <word weight="0.045454545454545456" count="3">test</word>
        <word weight="0.030303030303030304" count="2">paper</word>
        <word weight="0.030303030303030304" count="2">played</word>
        <word weight="0.015151515151515152" count="1">regular</word>
        <word weight="0.015151515151515152" count="1">markets</word>
        <word weight="0.015151515151515152" count="1">commercial</word>
        <word weight="0.015151515151515152" count="1">fiction</word>
        <word weight="0.015151515151515152" count="1">kya</word>
        <word weight="0.015151515151515152" count="1">female</word>
        <word weight="0.015151515151515152" count="1">dil</word>
        <word weight="0.015151515151515152" count="1">made</word>
        <word weight="0.015151515151515152" count="1">films</word>
        <word weight="0.015151515151515152" count="1">hindi</word>
        <word weight="0.015151515151515152" count="1">actress</word>
        <word weight="0.015151515151515152" count="1">caused</word>
        <word weight="0.015151515151515152" count="1">standards</word>
        <word weight="0.015151515151515152" count="1">editor</word>
        <word weight="0.015151515151515152" count="1">graduated</word>
        <word weight="0.015151515151515152" count="1">robert</word>
        <word weight="0.015151515151515152" count="1">telescope</word>
        <phrase weight="0.25" count="1">telescope number</phrase>
        <phrase weight="0.25" count="1">australian cricketers</phrase>
        <phrase weight="0.25" count="1">hindi films</phrase>
        <phrase weight="0.25" count="1">test cricket-a</phrase>
 </topic>
```

4. 맬릿에는 토픽 모델링을 할 때 사용할 수 있는 많은 옵션이 있다. 중요한 옵션 중 하나는 토픽 분포에 대한 smoothing 옵션인 alpha 매개변수이다. 다음과 같이 명령을 입력하라.

```
mallet train-topics --input c:/web.en.mallet --num-topics 20 --num-top-
words 20 --optimize-interval 10 --alpha 2.5 --xml-topic-phrase-report
C:/web.en.xml
```

alpha값에 대한 경험적 법칙은 50/T로 설정하는 것이다. 여기서 T는 --num-topics [NUMBER] 옵션으로 사용하는 토픽의 수이다. 만약 20개의 토픽을 생성한다면 alpha값은 50/20 = 2.5로 설정할 수 있다.

--random-seed 옵션이 문서의 토픽 모델 생성시에 설정되지 않으면 무작위성이 적용돼 토픽을 생성할 때마다 약간/완전히 다른 xml 파일이 만들어진다.

5. 맬릿은 또한 다양한 방식으로 토픽 분석 결과를 다양한 형태의 파일로 출력할 수 있다. 다음과 같이 명령을 입력한다.

```
mallet train-topics --input c:/web.en.mallet --num-topics 20 --num-
top-words 20 --optimize-interval 10 --output-state C:/web.en.gz
--output-topic-keys C:/web.en.keys.txt --output-doc-topics c:/web.
en.composition.txt
```

이 명령은 C:/ 드라이브에 세 개의 파일을 생성한다.

* C:/web.en.gz 파일에는 말뭉치 단어와 그에 속하는 토픽이 포함돼 있다. 파일 내용의 일부는 다음과 같다.

```
#doc source pos typeindex type topic
#alpha : 0.005529288685745327 0.005280224930316231 0.010411314990479141 0.0052926394
0.005278782954717919 3.8154450835853604E-56 8.363084051683433E-65 0.01080648155617
0.005286647403862656 1.0743671245908252E-50 1.8112326797320508E-59 1.0996963864009
#beta : 0.2613020959658213
0 C:\mallet-2.0.8RC2\sample-data\web\en\elizabeth_needham.txt 0 0 elizabeth 2
0 C:\mallet-2.0.8RC2\sample-data\web\en\elizabeth_needham.txt 1 1 needham 2
0 C:\mallet-2.0.8RC2\sample-data\web\en\elizabeth_needham.txt 2 2 died 2
0 C:\mallet-2.0.8RC2\sample-data\web\en\elizabeth_needham.txt 3 3 mother 2
0 C:\mallet-2.0.8RC2\sample-data\web\en\elizabeth_needham.txt 4 1 needham 2
0 C:\mallet-2.0.8RC2\sample-data\web\en\elizabeth_needham.txt 5 4 english 2
0 C:\mallet-2.0.8RC2\sample-data\web\en\elizabeth_needham.txt 6 5 procuress 2
0 C:\mallet-2.0.8RC2\sample-data\web\en\elizabeth_needham.txt 7 6 brothel 2
0 C:\mallet-2.0.8RC2\sample-data\web\en\elizabeth_needham.txt 8 7 keeper 2
0 C:\mallet-2.0.8RC2\sample-data\web\en\elizabeth_needham.txt 9 8 century 2
0 C:\mallet-2.0.8RC2\sample-data\web\en\elizabeth_needham.txt 10 9 london 2
0 C:\mallet-2.0.8RC2\sample-data\web\en\elizabeth_needham.txt 11 10 identified 2
```

* C:/web.en.keys.txt 파일은 2단계에서 이미 본 것과 같이 토픽 번호, 가중치, 토픽에 대한 핵심 키워드 데이터를 포함하고 있다.
* C:/web.en.composition.txt 파일은 각 원본 텍스트 파일 내에서 토픽의 비율을 백분율로 표시한 데이터를 가지고 있다. 파일 내용의 일부는 다음 그림과 같다. 이 파일은 엑셀과 같은 스프레드시트 애플리케이션을 사용해 열 수 있다.

#doc name topic proportion ...						
0 file:/C:/m	2	0.998723	10	2.00E-04	13	1.00E-04
1 file:/C:/m	6	0.999228	10	1.12E-04	2	1.08E-04
2 file:/C:/m	7	0.999107	10	1.30E-04	2	1.25E-04
3 file:/C:/m	1	0.827995	10	0.171402	2	9.91E-05
4 file:/C:/m	4	0.999251	10	1.09E-04	2	1.05E-04
5 file:/C:/m	10	0.999527	2	7.18E-05	13	3.73E-05
6 file:/C:/m	12	0.999228	10	1.12E-04	2	1.08E-04
7 file:/C:/m	18	0.999219	10	1.14E-04	2	1.10E-04
8 file:/C:/m	3	0.99943	10	8.31E-05	2	8.00E-05
9 file:/C:/m	14	0.999307	10	1.01E-04	2	9.72E-05
10 file:/C:/m	0	0.972324	2	0.027101	10	9.73E-05
11 file:/C:/m	5	0.704671	13	0.294834	10	7.77E-05

대부분의 경우, 이 명령들은 문서 데이터셋으로부터 토픽을 추출할 때 사용된다. 이 레시피의 각 단계는 텍스트 파일로부터 토픽을 추출하기 위한 것이다. 만약 단 하나의 문서에서 토픽을 추출해야 한다면 문서를 디렉터리에 넣고 단일 문서의 말뭉치로서 처리하면 된다.

이 레시피를 끝내기 전에, 맬릿이 지원하는 토픽 모델링 알고리즘에는 다음과 같은 것들이 있다.

- LDA
- 병렬Parallel LDA
- DMR LDA
- 계층적Hierarchical LDA
- 레이블된Labeled LDA
- 다국어 토픽 모델
- 계층적 파칭코Pachinko 할당 모델
- 가중치 토픽 모델
- 통합적 구절 발견integrated phrase discovery을 통한 LDA
- 네거티브 샘플링과 스킵 그램skip-gram을 사용한 워드 임베딩Word Embeddings, 또는 word2vec

맬릿을 이용한 텍스트 문서 분류

6장의 마지막 두 레시피는 언어 모델링을 이용해 문서를 분류하는 고전적인 머신 러닝 분류 문제를 다룬다. 이 레시피에서는 맬릿을 이용해 모델을 훈련시키고 새로운 테스트 데이터에 모델을 적용할 것이다.

맬릿에서 분류는 세 단계를 따른다.

1. 학습할 문서들을 맬릿의 네이티브 형식으로 변환한다.
2. 트레이닝 문서들을 통해 모델을 학습시킨다.
3. 테스트 문서들에 모델을 적용해 분류한다.

트레이닝 문서를 맬릿의 네이티브 형식으로 변환해야 한다는 것은 기술적인 의미에서 문서를 피쳐 벡터로 변환하는 것을 의미한다. 맬릿이 이를 처리하기 때문에 직접 트레이닝/테스트 문서에서 피쳐를 추출할 필요는 없다. 트레이닝 데이터와 테스트 데이터를 물리적으로 분리하거나, 또는 하나의 문서 리스트를 명령어 옵션에서 트레이닝셋과 테스트셋으로 나눌 수 있다.

단순한 상황을 가정해보자. 일반 텍스트 파일 형식으로, 각 문서당 하나의 파일로 돼 있는 텍스트 데이터가 있다. 문서의 시작과 끝을 식별할 필요는 없다. 같은 클래스 레이블을 갖는 문서들은 하나의 디렉터리에 포함되는 방식으로 모든 파일들이 디렉터리 구조로 구성돼 있다. 예를 들어 텍스트 파일이 스팸^{spam}과 햄^{ham}이라는 두 개의 클래스로 나눠져 있다면 두 개의 디렉터리가 필요하며 하나는 스팸 문서를, 다른 한 디렉터리는 햄 문서를 포함하고 있을 것이다.

준비

1. 맬릿 설치는 이전 레시피에서 자세하게 설명했기 때문에 여기서는 생략한다.

2. 웹브라우저를 통해 http://www.cs.cmu.edu/afs/cs/project/theo-11/www/naive-bayes/20_newsgroups.tar.gz 페이지를 열면 파일을 자동으로 다운로드한다. 이 압축 파일에는 20개의 디렉터리로 분류된 뉴스 기사들이 포함돼 있다. 압축을 해제해 다음과 같이 맬릿 설치 디렉터리에 저장한다.

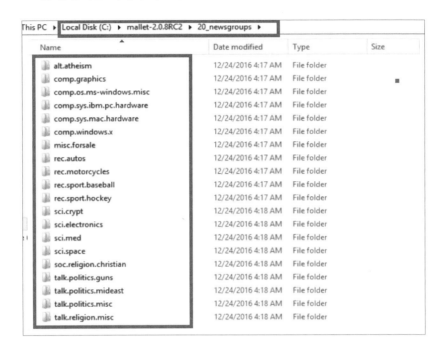

실행 방법

1. 명령 프롬프트 창을 열고 맬릿 설치 폴더의 bin 폴더로 이동한다.
2. 다음 명령을 입력한다.

```
mallet import-dir --input C:\mallet-2.0.8RC2\20_newsgroups\* --preserve-
case --remove-stopwords --binary-features --gram-sizes 1 --output C:\20_
newsgroup.classification.mallet
```

이 명령은 C:\mallet-2.0.8RC2\20_newsgroups 폴더에서 모든 문서를 가져
온 후 불용어를 제거하고, 문서에서 실제로 사용되는 용례를 보존하면서 그램
gram 크기가 1인 바이너리 피처를 생성한다. 문서들은 맬릿의 네이티브 파일 형
식으로 출력돼 C:\20_newsgroup.classification.mallet 파일로 저장된다.

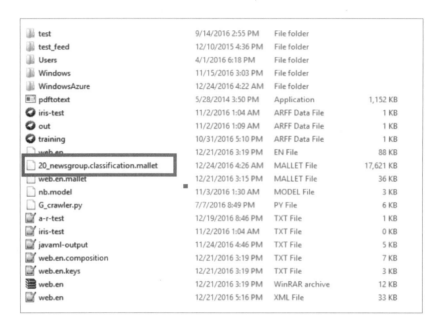

3. 다음 명령을 사용해 분류기를 생성한다. 이 명령은 앞 단계의 출력을 입력으로
   사용하며, 1-그램(한 자리 토큰)으로 생성된 바이너리 피처로부터 나이브 베이즈
   분류기를 생성하고, C:\20_newsgroup.classification.classifier 파일로 분류기
   모델을 출력한다.

```
mallet train-classifier --trainer NaiveBayes --input C:\20_
newsgroup.classification.mallet --output-classifier C:\20_newsgroup.
classification.classifier
```

web.en	12/21/2016 3:19 PM	EN File	88 KB
20_newsgroup.classification.mallet	12/24/2016 4:26 AM	MALLET File	17,621 KB
web.en.mallet	12/21/2016 3:15 PM	MALLET File	36 KB
nb.model	11/3/2016 1:30 AM	MODEL File	3 KB
G_crawler.py	7/7/2016 8:49 PM	PY File	6 KB
a-r-test	12/19/2016 8:46 PM	TXT File	1 KB
iris-test	11/2/2016 1:04 AM	TXT File	0 KB
javaml-output	11/24/2016 4:46 PM	TXT File	5 KB
web.en.composition	12/21/2016 3:19 PM	TXT File	7 KB
web.en.keys	12/21/2016 3:19 PM	TXT File	3 KB
web.en	12/21/2016 3:19 PM	WinRAR archive	12 KB
web.en	12/21/2016 5:16 PM	XML File	33 KB
20_newsgroup.classification.classifier	2/24/2016 4:40 AM	CLASSIFIER File	43,034 KB

나이브 베이즈 외에도 맬릿은 많은 알고리즘을 지원한다. 지원되는 전체 리스트는 다음과 같다.

- AdaBoost
- 배깅Bagging
- Winnow
- C45 의사 결정 나무
- 앙상블Ensemble 학습기
- 최대 엔트로피 분류기(다중 로지스틱 회귀)
- 나이브 베이즈
- 순위 최대 엔트로피 분류기
- 후위 정규화 보조 모델Posterior Regularization Auxiliary Model

4. 전체 데이터셋을 학습시키지 않고, 데이터의 일부를 트레이닝 데이터로 나머지를 테스트 데이터로 나눈다. 테스트 데이터의 실제 클래스 레이블을 기준으로 분류기의 예측 성능을 측정한다.

bin 폴더에 있는 상태로 다음 명령을 입력한다.

```
mallet train-classifier --trainer NaiveBayes --input C:\20_newsgroup.
classification.mallet --training-portion 0.9
```

이 명령은 데이터 중 무작위로 90%를 선택해 나이브 베이즈 분류기를 학습시킨다. 마지막으로 실제 레이블을 확인하지 않은 남은 10%의 데이터를 테스트 데이터셋으로서 분류기에 적용한다. 그 실제 클래스와 비교해 분류기를 평가한다.

```
NaiveBayesTrainer
Summary. train accuracy mean = 0.9678835361449131 stddev = 0.0 stderr = 0.0
Summary. test accuracy mean = 0.915 stddev = 0.0 stderr = 0.0
Summary. test precision(alt.atheism) mean = 0.7272727272727273 stddev = 0.0 stde
rr = 0.0
Summary. test precision(comp.graphics) mean = 0.89 stddev = 0.0 stderr = 0.0
Summary. test precision(comp.os.ms-windows.misc) mean = 0.975609756097561 stddev
 = 0.0 stderr = 0.0
Summary. test precision(comp.sys.ibm.pc.hardware) mean = 0.9019607843137255 stdd
ev = 0.0 stderr = 0.0
Summary. test precision(comp.sys.mac.hardware) mean = 0.9230769230769231 stddev
= 0.0 stderr = 0.0
Summary. test precision(comp.windows.x) mean = 0.968421052631579 stddev = 0.0 st
derr = 0.0
Summary. test precision(misc.forsale) mean = 0.9175257731958762 stddev = 0.0 std
err = 0.0
Summary. test precision(rec.autos) mean = 0.9702970297029703 stddev = 0.0 stderr
 = 0.0
Summary. test precision(rec.motorcycles) mean = 0.989010989010989 stddev = 0.0 s
tderr = 0.0
Summary. test precision(rec.sport.baseball) mean = 1.0 stddev = 0.0 stderr = 0.0

Summary. test precision(rec.sport.hockey) mean = 1.0 stddev = 0.0 stderr = 0.0
Summary. test precision(sci.crypt) mean = 0.9897959183673469 stddev = 0.0 stderr
 = 0.0
Summary. test precision(sci.electronics) mean = 0.9042553191489362 stddev = 0.0
stderr = 0.0
Summary. test precision(sci.med) mean = 1.0 stddev = 0.0 stderr = 0.0
Summary. test precision(sci.space) mean = 0.9711538461538461 stddev = 0.0 stderr
```

위 명령은 20개 클래스에 대한 분류기의 전체 정확도accuracy와 정밀도precision, 재현율recall, 각 클래스에 대한 정확도와 표준 오차를 보여준다.

5. 또한 트레이닝과 테스트를 여러 번 반복할 수 있다. 각 회차마다 트레이닝셋과 테스트셋은 매번 무작위로 선택된다. 예를 들어 무작위 분할을 통해 90%의 데이터로 분류기를 학습시키고 남은 10%의 데이터로 테스트하는 것을 10번 반복하고 싶다면 다음과 같이 명령을 입력한다.

```
mallet train-classifier --trainer NaiveBayes --input C:\20_newsgroup.
classification.mallet --training-portion 0.9 --num-trials 10
```

6. 또한 맬릿을 사용해 특정 숫자만큼 데이터를 분할해 교차 검증을 수행할 수도
   있다. 예를 들어 10등분 교차 검증을 수행하고 싶다면 다음과 같이 명령을 사용
   하면 된다.

```
mallet train-classifier --trainer NaiveBayes --input C:\20_newsgroup.
classification.mallet --cross-validation 10
```

이 명령은 원본 데이터에서 매번 새로운 테스트셋을 추출해 시행한 10번의 교차
검증 시도에 대해 개별 결과를 제공할 뿐만 아니라 10번에 대한 평균 결과도 제
공한다. 맬릿은 또한 데이터 과학자들이 모델을 더 잘 이해하는 데 매우 중요한
오류 매트릭스^{confusion matrix}도 제공한다.

```
Trial 9 Training NaiveBayesTrainer with 17997 instances
Trial 9 Training NaiveBayesTrainer finished
Trial 9 Trainer NaiveBayesTrainer training data accuracy = 0.9671611935322554
Trial 9 Trainer NaiveBayesTrainer Test Data Confusion Matrix
Confusion Matrix, row=true, column=predicted  accuracy=0.917 most-frequent-tag b
aseline=0.0595
                       label  0   1   2   3   4   5   6   7   8   9  10  11  12
  13  14  15  16  17  18  19  |total
  0              alt.atheism  73   .   .   .   .   .   .   .   .   .   .   .   .
   .   .   .   .   .   .  24  |97
  1              comp.graphics   . 100   .   .   .   1   1   .   .   .   .   .   1
   .   1   .   .   .   .   1  |105
  2  comp.os.ms-windows.misc   .   4  83  16   .   .   .   1   .   .   1   .   .
                             |105
  3  comp.sys.ibm.pc.hardware  .   1   2  91   3   2   .   .   .   .   .   .   2
                             |101
  4    comp.sys.mac.hardware   .   1   .   .  92   .   .   .   .   .   .   .   1
                             |94
  5           comp.windows.x   .   2   .   2   . 96   .   .   .   .   .   .   .
                             |100
  6             misc.forsale   .   .   .   2   1   . 92   2   .   .   .   .   .
   .   1   1   1   .      |100
  7                rec.autos   .   .   .   .   1   .   3 102   .   .   .   .   .
                             |106
  8          rec.motorcycles   .   .   .   .   .   .   .   2 114   .   .   .   .
   .   1   .   2   .      |119
  9        rec.sport.baseball  .   .   .   .   .   .   .   1   1 100   .   .   .
   .   1   .   .   .      |103
 10         rec.sport.hockey   .   .   .   .   .   .   .   .   .   .  96   .   .
   .   .   1   .      |97
 11                sci.crypt   .   .   .   .   .   .   .   .   .   .   . 103   .
   .   .   1   .   1   .  |105
 12            sci.electronics   .   .   .   2   .   .   .   .   .   .   .   1   . 112
```

7. 맬릿에서는 서로 다른 알고리즘으로 개발된 여러 분류기의 성능을 비교할 수도 있다. 예를 들어 다음 명령은 나이브 베이즈와 최대 엔트로피 분류기를 10등분 교차 검증을 통해 서로 비교하기 위한 것이다.

```
mallet train-classifier --trainer MaxEnt --trainer NaiveBayes --input
C:\20_newsgroup.classification.mallet --cross-validation 10
```

8. 만약 저장된 분류기를 확인되지 않은 문서 테스트셋에 사용하고 싶은 경우(2단계에서 디렉터리 전체를 트레이닝을 위해 사용했기 때문에 이 레시피에는 적용 안 됨), 다음 명령을 사용하면 된다.

```
mallet classify-dir --input <테스트 데이터 파일 경로> --output - --classifier
C:\20_newsgroup.classification.classifier
```

이 명령은 테스트 문서들에 대해 예측된 클래스를 콘솔에 보여준다. 또한 다음 명령을 사용해 예측 결과를 탭 분리 형식의 파일로 저장할 수 있다.

```
mallet classify-dir --input <테스트 데이터 파일 경로> --output <출력 파일 경로>
--classifier C:\20_newsgroup.classification.classifier
```

9. 마지막으로, 한 개의 파일로 된 문서에 대해 저장된 분류기를 적용할 수도 있다. 이를 위해서는 다음 명령을 사용한다.

```
mallet classify-file --input <테스트 데이터 파일 경로> --output -
--classifier C:\20_newsgroup.classification.classifier
```

이 명령은 테스트 문서에 대해 예측된 클래스를 콘솔에 보여준다. 또한 다음 명령을 사용해 예측 결과를 탭 분리 형식의 파일로 저장할 수 있다.

```
mallet classify-file --input <테스트 파일 경로> --output <출력 파일 경로>
--classifier C:\20_newsgroup.classification.classifier
```

▌ 웨카를 이용한 텍스트 문서 분류

4장, '데이터로부터 학습하기 - 1부'에서 텍스트 형식이 아닌 데이터 포인트를 분류하기
위해 웨카를 사용했다. 웨카는 머신 러닝 모델을 통해 텍스트 문서를 분류하는 작업에도
매우 유용한 도구이다. 이 레시피에서는 웨카를 사용해 문서 분류 모델을 개발하는 방법
을 보여줄 것이다.

준비

1. 웨카를 다운로드하려면 http://www.cs.waikato.ac.nz/ml/weka/down
    loading.html을 방문하면 된다. 윈도우, 맥, 리눅스 등과 같은 운영체제에 대한
    여러 가지 다운로드 옵션이 있다. 이 옵션들을 주의 깊게 읽고 적절한 버전을 다
    운로드한다. 이 책을 쓰는 시점에서는 3.9.0이 개발자용 최신 버전이었다. 저자
    의 윈도우 머신에는 이미 JVM 1.8 버전이 설치돼 있었기 때문에 "download a
    self-extracting executable for 64-bit Windows without a Java VM"을 선
    택해 다운로드했다.

2. 다운로드가 완료되면 실행 파일을 더블클릭해 설치 화면에 나오는 가이드대로
    설치를 진행한다. 풀 버전full version을 선택해 설치해야 한다.

3. 설치가 완료된 후 소프트웨어를 실행시키지 않는다. 그 대신에 웨카를 인스톨한
    디렉터리에 가서 웨카의 jar 파일을 찾는다. 이 파일을 이클립스 프로젝트에 외
    부 라이브러리로 추가한다.

4. 이 레시피에서 사용할 예제 문서 파일들은 디렉터리에 저장돼 있어야 한다. 각 디렉터리는 동일한 클래스의 문서를 포함한다. 예제 문서들을 다운로드하려면 웹 브라우저를 열고 다음 URL을 복사해서 붙여넣기한다. https://weka. wikispaces.com/file/view/text_example.zip/82917283/text_example.zip 그러면 바로 파일을 저장할 것인지 묻는 화면이 나올 것이다(브라우저가 파일 저장 위치를 묻도록 설정돼 있는 경우). 이 파일을 C:/ 드라이브에 저장한다. 이 파일을 압축 해제하면 다음과 같은 디렉터리 구조를 볼 수 있다.

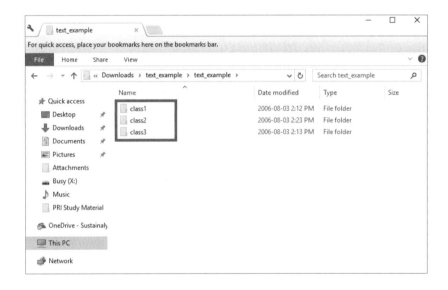

각 디렉터리는 특정 클래스에 속하는 html 파일을 가지고 있다. 클래스 레이블은 class1, class2, class3로 나눠져 있다.

이제 웨카로 이 문서들을 분류할 준비가 되었다.

실행 방법

1. 코드를 작성할 클래스와 main( ) 메소드를 생성한다. main 메소드는 예외를 발생시킬 수 있다.

278

```
public class WekaClassification {
  public static void main(String[] args) throws Exception {
```

2. 클래스 디렉터리가 모두 포함된 부모 디렉터리 경로를 설정함으로써 해당 디렉
   터리를 로딩하는 loader를 생성한다.

```
TextDirectoryLoader loader = new TextDirectoryLoader();
loader.setDirectory(new File("C:/text_example"));
```

3. 로딩된 html 파일들로부터 인스턴스를 생성한다.

```
Instances data = loader.getDataSet();
```

4. 데이터의 문자열로부터 단어 벡터를 생성한다. 먼저 문자열을 단어 벡터로 변환
   하는 필터를 생성하고, 그 다음에 앞 단계에서 얻은 데이터를 필터에 설정한다.

```
StringToWordVector filter = new StringToWordVector();
filter.setInputFormat(data);
```

5. 문자열 – 단어 벡터 변환을 완료하기 위해 필터를 사용해 데이터로부터 인스턴
   스를 생성한다.

```
Instances dataFiltered = Filter.useFilter(data, filter);
```

6. 생성된 단어 벡터로부터 나이브 베이즈 분류기를 생성한다.

```
NaiveBayes nb = new NaiveBayes();
nb.buildClassifier(dataFiltered);
```

7. 여기서 모델이 어떻게 생겼는지 볼 수도 있다. 모델을 콘솔에 출력해보자.

```
System.out.println("\n\nClassifier model:\n\n" + nb);
```

8. 화면에 나오는 출력 중 일부는 다음과 같이 보일 것이다.

```
smashed
  mean                                                      0      0 0.3333
  std. dev.                                            0.1667 0.1667 0.4714
  weight sum                                                3      1      3
  precision                                                 1      1      1
social
  mean                                                      0      0 0.3333
  std. dev.                                            0.1667 0.1667 0.4714
  weight sum                                                3      1      3
  precision                                                 1      1      1
solely
  mean                                                      0      0 0.3333
  std. dev.                                            0.1667 0.1667 0.4714
  weight sum                                                3      1      3
  precision                                                 1      1      1
```

9. k 등분 교차 검증으로 모델을 평가하기 위해 다음과 같이 코드를 작성한다.

```
Evaluation eval = null;
eval = new Evaluation(dataFiltered);
eval.crossValidateModel(nb, dataFiltered, 5, new Random(1));
System.out.println(eval.toSummaryString());
```

분류기의 성능을 콘솔에 출력하면 다음과 같을 것이다.

Correctly Classified Instances	1	14.2857 %
Incorrectly Classified Instances	6	85.7143 %
Kappa statistic	-0.5	
Mean absolute error	0.5714	
Root mean squared error	0.7559	
Relative absolute error	126.3158 %	
Root relative squared error	153.7844 %	
Total Number of Instances	7	

여기서 주의할 것은 문서의 수가 10보다 적기 때문에(정확히는 7개) 10등분 교차 검증이 아니라 5등분 교차 검증을 사용했다는 점이다.

이 레시피의 전체 코드는 다음과 같다.

```java
import weka.core.*;
import weka.core.converters.*;
import weka.classifiers.Evaluation;
import weka.classifiers.bayes.NaiveBayes; import   weka.filters.*;
import weka.filters.unsupervised.attribute.*;
import java.io.*;
import java.util.Random;

public class WekaClassification {
  public static void main(String[] args) throws Exception {
    TextDirectoryLoader loader = new TextDirectoryLoader();
    loader.setDirectory(new File("C:/text_example"));
    Instances data = loader.getDataSet();

    StringToWordVector filter = new StringToWordVector();
    filter.setInputFormat(data);
    Instances dataFiltered = Filter.useFilter(data, filter);

    NaiveBayes nb = new NaiveBayes();
    nb.buildClassifier(dataFiltered);
    System.out.println("\n\nClassifier model:\n\n" + nb);
    Evaluation eval = null;
    eval = new Evaluation(dataFiltered);
    eval.crossValidateModel(nb, dataFiltered, 5, new Random(1));
    System.out.println(eval.toSummaryString());
  }
}
```

## 07

빅데이터 다루기

7장에서는 다음과 같은 레시피를 다룬다.

- 아파치 머하웃을 이용한 온라인 로지스틱 회귀 모델 학습
- 아파치 머하웃을 이용한 온라인 로지스틱 회귀 모델 적용
- 아파치 스파크를 이용한 단순 텍스트 마이닝 문제 해결
- MLib으로 KMeans 군집화 수행
- MLib으로 선형 회귀 모델 생성
- MLib에서 랜덤 포레스트 모델로 데이터 포인트 분류

▋ 서론

7장에서는 빅데이터 프레임워크에서 사용되는 세 가지 핵심 기술을 살펴볼 것이다. 이 기술은 아파치 머하웃^{Apache Mahout}, 아파치 스파크^{Apache Spark}, MLib로 불리는 머신 러닝 라이브러리로 데이터 과학자에게 매우 유용하다.

7장은 아파치 머하웃으로 시작한다. 머하웃은 분류, 회귀, 군집화, 협업 필터링 작업을 위한 확장 가능한 분산형 머신 러닝 플랫폼이다. 머하웃은 하둡 맵리듀스^{Hadoop MapReduce}에서만 작동하는 머신 러닝 워크벤치로 시작했지만 지금은 아파치 스파크를 플랫폼으로 선택했다.

아파치 스파크는 빅데이터를 병렬적으로 처리하며, 데이터를 클러스터 전반에 분산하는 맵리듀스와 유사한 프레임워크이다. 그러나 스파크와 맵리듀스의 주요 차이점 중 하나는 스파크는 가능한 한 많은 것을 메모리에 두려고 하지만 맵리듀스는 지속적으로 디스크를 읽고 쓴다는 것이다. 따라서 스파크가 맵리듀스보다 훨씬 빠르다. 여기서는 스파크를 사용해 대용량 파일에서 빈 줄의 개수를 세거나 단어들의 빈도를 계산하는 등 단순 텍스트 마이닝과 관련된 작업을 처리하는 방법을 보여줄 것이다. 스파크를 사용하는 또 하나의 이유는 맵리듀스는 일반적으로 자바만 지원되지만, 스파크는 자바뿐만 아니라 파이썬이나 스칼라와 같은 다른 대중적인 언어도 사용할 수 있기 때문이다.

MLib는 아파치 스파크에서 지원되는 확장 가능한 머신 러닝 라이브러리이며, 다양한 분류, 회귀, 군집화, 협업 필터링, 피쳐 선택 알고리즘을 가지고 있다. MLib는 기본적으로 스파크 위에서 실행돼 머신 러닝 문제를 빠르게 해결한다. 7장에서는 이 라이브러리를 사용해 분류, 회귀, 군집화 문제를 해결하는 방법을 살펴볼 것이다.

▌ 아파치 머하웃을 이용한 온라인 로지스틱 회귀 모델 학습

이 레시피에서는 아파치 머하웃 자바 라이브러리를 이용해 온라인 로지스틱 회귀 모델을
학습시켜 볼 것이다.

준비

1. 이클립스에서 새 메이븐^{Maven} 프로젝트를 만든다. 저자는 이클립스 Mars를 사용
   한다. **File** 메뉴를 선택한다. 그 다음에 **New ❯ Other...**를 선택한다.

2. 그 다음에 나오는 마법사 화면에서 Maven 항목을 펼쳐 Maven Project를 선택
   한다. Artifact Id를 입력해야 하는 화면이 나올 때까지 계속 **Next**를 클릭한다.

Artifact Id에 mahout이라고 입력하면 Finish 버튼이 활성화된다. Finish 버튼을 클릭한다. 그러면 mahout이라고 이름 붙은 메이븐 프로젝트가 만들어진다.[1]

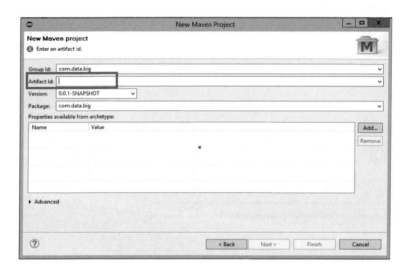

3. 이클립스의 Package Explorer 창에서 pom.xml을 더블클릭한다.

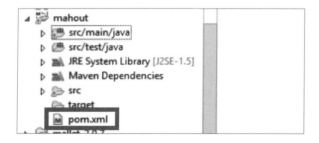

4. pom.xml 탭을 클릭한다. 그러면 화면에 pom.xml 파일의 내용이 나올 것이다.
   <dependencies>...</dependencies> 태그 안에 다음 내용을 추가한다. 이것은
   프로젝트에 필요한 JAR 파일을 자동으로 다운로드하도록 설정하는 것이다.

---

1   Group Id가 비어 있다면 이미지와 같이 채워줘야 한다. – 옮긴이

```xml
<dependency>
  <groupId>org.apache.mahout</groupId>
  <artifactId>mahout-core</artifactId>
  <version>0.9</version>
</dependency>
<dependency>
  <groupId>org.apache.mahout</groupId>
  <artifactId>mahout-examples</artifactId>
  <version>0.9</version>
</dependency>
<dependency>
  <groupId>org.apache.mahout</groupId>
  <artifactId>mahout-math</artifactId>
  <version>0.9</version>
</dependency>
```

5. 프로젝트의 src/main/java 디렉터리 아래에 chap7.science.data라는 이름으로
   패키지를 생성한다.

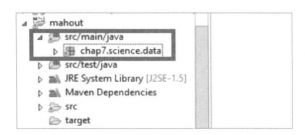

6. 이클립스의 프로젝트명 위에서 마우스 오른쪽 버튼 클릭을 한 다음 **New**를 선택
   하고, 다음에 Folder를 선택한다. 여기서는 두 개의 폴더를 만들어야 한다. 첫
   번째 폴더는 data 폴더로 모델을 생성하기 위해 필요한 입력 데이터셋을 포함할
   폴더이다. 두 번째 폴더는 model 폴더이며 생성한 모델을 저장한다. 이제 data
   라고 폴더명을 입력한 후 **Finish**를 클릭한다. 이를 다시 반복해 model 폴더도 만
   든다.

7. 아래의 데이터를 weather.numeric.csv 파일로 만들어 data 폴더에 저장한다.

```
outlook,temperature,humidity,windy,play
sunny,85,85,FALSE,no
sunny,80,90,TRUE,no
overcast,83,86,FALSE,yes
rainy,70,96,FALSE,yes
rainy,68,80,FALSE,yes
rainy,65,70,TRUE,no
overcast,64,65,TRUE,yes
sunny,72,95,FALSE,no
sunny,69,70,FALSE,yes
rainy,75,80,FALSE,yes
sunny,75,70,TRUE,yes
overcast,72,90,TRUE,yes
overcast,81,75,FALSE,yes
rainy,71,91,TRUE,no
```

8. 이제 코드를 실행할 준비가 끝났다.

실행 방법

1. 방금 전에 만든 패키지에 OnlineLogisticRegressionTrain.java라는 이름으로 자바 클래스를 생성한다. 코드를 작성하기 위해 클래스 파일을 더블클릭한다. OnlineLogisticRegressionTrain 클래스를 생성한다.

```
public class OnlineLogisticRegressionTrain {
```

2. main 메소드를 선언한다.

```
public static void main(String[] args) throws IOException {
```

3. 입력 데이터 파일 경로와 앞으로 생성하고 저장할 모델 파일의 경로를 담을 문자열 변수 두 개를 선언한다.

```
String inputFile = "data/weather.numeric.csv";
String outputFile = "model/model";
```

4. 데이터 파일의 피쳐 목록을 담은 리스트를 생성한다.

```
List<String> features = Arrays.asList("outlook", "temperature",
"humidity", "windy", "play");
```

5. 이 리스트에는 데이터 파일의 모든 피쳐명을 나오는 순서대로 적어야 한다.

6. 다음으로 각 피쳐의 속성을 정의한다. 피쳐 속성 중 w는 명목형 속성을, n은 숫자형 속성을 가리킨다.

```
List<String> featureType = Arrays.asList("w", "n", "n", "w", "w");
```

7. 이제 분류기의 매개변수를 설정해보자. 이 단계에서는 매개변수를 생성하고 몇 가지 값을 설정할 것이다. 먼저 목표 변수 또는 클래스 변수를 설정한다(이 경우에는 "play"). 데이터를 살펴보면 클래스 변수인 play는 yes 또는 no 두 가지 값 중 하나를 갖는다는 것을 알 수 있다. 따라서 목표 범주의 최댓값을 2로 설정한다. 다음으로 클래스가 아닌 피쳐의 수를 설정한다(이 경우에는 4). 그 다음 세 개의 매개변수는 알고리즘에 따라 다르다. 이 레시피에서는 분류기 생성 시 바이어스bias를 사용하지 않으며, 학습률learning rate은 0.5를 사용한다. 끝으로 피쳐와 피쳐 속성을 TypeMap 메소드를 사용해 설정한다.

```
LogisticModelParameters params = new LogisticModelParameters();
params.setTargetVariable("play");
params.setMaxTargetCategories(2);
```

```
params.setNumFeatures(4);
params.setUseBias(false);
params.setTypeMap(features,featureType);
params.setLearningRate(0.5);
```

8. 여기서는 분류기의 반복 학습 횟수^{passes}를 10으로 설정한다. 이 숫자는 임의의 수이며, 경험적으로 터득한 자신만의 수를 사용해도 된다.

```
int passes = 10;
```

9. 온라인 선형 회귀 분류기를 선언한다.

```
OnlineLogisticRegression olr;
```

10. csv 파일에서 데이터를 읽기 위한 변수를 생성하고, 회귀 모델을 생성한다.

```
CsvRecordFactory csv = params.getCsvRecordFactory();
olr = params.createRegression();
```

11. 앞에서 설정한 passes 수만큼 반복하는 for 루프를 생성한다.

```
for (int pass = 0; pass < passes; pass++) {
```

12. 데이터 파일을 읽는다.

```
BufferedReader in = new BufferedReader(new FileReader(inputFile));
```

13. 피처명으로 구성된 데이터 파일의 헤더를 가져온다.

```
csv.firstLine(in.readLine());
```

14. 데이터의 행을 읽는다.

```
String row = in.readLine();
```

15. 각 행이 null이 아니면 루프를 실행한다.

```
while (row != null) {
```

16. 이제 데이터의 각 행에 대해 데이터 포인트를 출력하고, 입력 벡터를 생성한다.

```
System.out.println(row);
Vector input = new RandomAccessSparseVector(params.getNumFeatures());
```

17. 각 행에 대한 targetValue를 얻는다.

```
int targetValue = csv.processLine(row, input);
```

18. 이 데이터 포인트로 모델을 학습시킨다.

```
olr.train(targetValue, input);
```

19. 다음 행을 읽는다.

```
row = in.readLine();
```

20. 루프를 닫는다.

```
}
```

21. 입력 데이터 파일을 읽어오는 reader를 닫는다.

```
      in.close();
```

22. passes에 대한 반복 루프를 닫는다.

```
   }
```

23. 마지막으로 학습시킨 이 모델을 이클립스 프로젝트의 model 디렉터리에 model 이라는 이름으로 저장한다.

```
OutputStream modelOutput = new FileOutputStream(outputFile);
try {
   params.saveTo(modelOutput);
} finally {
   modelOutput.close();
}
```

24. main 메소드와 클래스를 닫는다.

```
   }
}
```

25. 코드를 실행시키면 입력 데이터 파일의 데이터 행들이 콘솔창에 출력되는 것을 볼 수 있을 것이다. 학습된 모델은 이클립스 프로젝트의 model 디렉터리에 저장된다.

이 레시피를 위한 전체 코드는 다음과 같다.

```
package chap7.science.data;
import java.io.BufferedReader;
import java.io.FileOutputStream;
import java.io.FileReader;
```

```java
import java.io.IOException;
import java.io.OutputStream;
import java.util.Arrays;
import java.util.List;
import org.apache.mahout.classifier.sgd.CsvRecordFactory;
import org.apache.mahout.classifier.sgd.LogisticModelParameters;
import org.apache.mahout.classifier.sgd.OnlineLogisticRegression;
import org.apache.mahout.math.RandomAccessSparseVector;
import org.apache.mahout.math.Vector;

public class OnlineLogisticRegressionTrain {
  public static void main(String[] args) throws IOException {
    String inputFile = "data/weather.numeric.csv";
    String outputFile = "model/model";
    List<String> features = Arrays.asList("outlook", "temperature", "humidity",
    "windy", "play");
    List<String> featureType = Arrays.asList("w", "n", "n", "w", "w");
    LogisticModelParameters params = new LogisticModelParameters();
    params.setTargetVariable("play");
    params.setMaxTargetCategories(2);
    params.setNumFeatures(4);
    params.setUseBias(false);
    params.setTypeMap(features,featureType);
    params.setLearningRate(0.5);

    int passes = 10;
    OnlineLogisticRegression olr;

    CsvRecordFactory csv = params.getCsvRecordFactory();
    olr = params.createRegression();

    for (int pass = 0; pass < passes; pass++) {
      BufferedReader in = new BufferedReader(new FileReader(inputFile));
      csv.firstLine(in.readLine());
      String row = in.readLine();
      while (row != null) {
```

```
        System.out.println(row);
        Vector input = new RandomAccessSparseVector(params.getNumFeatures());
        int targetValue = csv.processLine(row, input);
        olr.train(targetValue, input);
        row = in.readLine();
      }
      in.close();
    }

    OutputStream modelOutput = new FileOutputStream(outputFile);
    try {
      params.saveTo(modelOutput);
    } finally {
      modelOutput.close();
    }
  }
}
```

■ 아파치 머하웃을 이용한 온라인 로지스틱 회귀 모델 적용

이 레시피에서는 아파치 머하웃을 사용해 레이블이 없는 새로운 테스트 데이터에 온라인 로지스틱 회귀 모델을 적용하는 방법을 보여줄 것이다. 이 레시피는 이전 레시피와 매우 밀접한 관계가 있으며, 이전 레시피에서 트레이닝 데이터로 학습시킨 모델이 필요하다. 이전 레시피를 참조하라.

준비

1. 이전 레시피를 완료한 후, 프로젝트 폴더로 가서 이전 레시피에서 생성한 model 디렉터리 안으로 들어가보자. 거기에 model 파일이 있어야 한다.

2. 그 다음에 테스트 파일을 생성한다. 이전 레시피에서 생성한 프로젝트 폴더의 data 폴더로 이동한다. weather.numeric.test.csv 이름으로 테스트 파일을 생성하고 다음 데이터를 저장한다.

```
outlook,temperature,humidity,windy,play
overcast,90,80,TRUE,yes
overcast,95,88,FALSE,yes
rainy,67,78,TRUE,no
rainy,90,97,FALSE,no
sunny,50,67,FALSE,yes
sunny,67,75,TRUE,no
```

3. 이클립스의 mahout 프로젝트에서 src/main/java 폴더 안에 있는 chap7.science .data 패키지가 보일 것이다. 이 패키지는 이전 레시피에서 만들어진 것이다. 이 패키지 안에 OnlineLogisticRegressionTest.java라는 이름으로 자바 클래스를 생성한다. 이 자바 클래스 파일을 수정하기 위해 더블클릭한다.

실행 방법

1. 클래스를 생성한다.

```
public class OnlineLogisticRegressionTest {
```

2. 두 개의 클래스 변수를 선언한다. 첫 번째는 테스트 데이터 파일의 경로이며, 두 번째는 (이전 레시피에서 생성된) model 파일의 경로이다.

```
private static String inputFile = "data/weather.numeric.test.csv";
private static String modelFile = "model/model";
```

3. main 메소드를 생성한다.

```
public static void main(String[] args) throws Exception {
```

4. 분류기의 성능 지표인 AUC^{Area Under Curve}를 계산하기 위해 AUC 클래스 유형의 변수를 선언한다.

```
Auc auc = new Auc();
```

5. 그 다음에 저장된 model 파일에서 온라인 로지스틱 회귀 알고리즘에 대한 매개 변수를 읽어온다.

```
LogisticModelParameters params = LogisticModelParameters.loadFrom(new
File(modelFile));
```

6. 테스트 데이터 파일을 읽기 위한 변수를 생성한다.

```
CsvRecordFactory csv = params.getCsvRecordFactory();
```

7. 온라인 로지스틱 회귀 분류기를 생성한다.

```
OnlineLogisticRegression olr = params.createRegression();
```

8. 테스트 데이터 파일을 읽어온다.

```
InputStream in = new FileInputStream(new File(inputFile));
BufferedReader reader = new BufferedReader(new InputStreamReader(in,
Charsets.UTF_8));
```

9. 테스트 데이터 파일의 첫 번째 줄은 파일의 헤더이자 피쳐 목록이다. 그러므로 분류에서는 이 줄을 무시하고 다음 줄(다음 데이터 포인트)을 읽는다.

```
String line = reader.readLine();
csv.firstLine(line);
line = reader.readLine();
```

10. 분류 결과를 콘솔에 출력해보고 싶을 것이다. 이를 위해 PrintWriter 변수를 생성한다.

```
PrintWriter output = new PrintWriter(new OutputStreamWriter(System.out,
Charsets.UTF_8), true);
```

11. 여기서는 예측된 클래스, 모델의 결괏값, 그리고 로그 확률을 출력해볼 것이다. 다음과 같이 헤더를 만들고 콘솔에 출력한다.

```
output.println(""class","model-output","log-likelihood"");
```

12. 각 행이 null이 아니면 반복되는 루프를 만든다.

```
while (line != null) {
```

13. 테스트 데이터에 대한 피쳐 벡터를 생성한다.

```
Vector vector = new SequentialAccessSparseVector(params.
getNumFeatures());
```

14. 각 행(데이터 포인트)의 실제 클래스 값을 변수 classValue에 넣는다.

```
int classValue = csv.processLine(line, vector);
```

15. 테스트 데이터 포인트에 대한 분류를 수행하고 분류 결과에 대한 점수를 얻는다.

```
double score = olr.classifyScalarNoLink(vector);
```

16. 분류한 클래스 값, 분류 점수, 로그 확률을 다음과 같이 콘솔에 출력한다.

```
output.printf(Locale.ENGLISH, "%d,%.3f,%.6f%n", classValue, score, olr.
logLikelihood(classValue, vector));
```

17. AUC 변수에 score와 classValue를 넣는다.

```
auc.add(classValue, score);
```

18. 다음 행을 읽는다. 루프를 닫는다.

```
line = reader.readLine();
}
```

19. reader를 닫아준다.

```
reader.close();
```

20. 이제 분류 결과를 출력해보자. 첫 번째로 AUC를 출력한다.

```
output.printf(Locale.ENGLISH, "AUC = %.2f%n", auc.auc());
```

21. 다음으로 분류의 오류 매트릭스를 출력한다. 오류 매트릭스를 만들 때 트레이닝/테스트 데이터는 두 개의 클래스를 가지므로 2×2 매트릭스로 만들어야 한다.

```
Matrix matrix = auc.confusion();
output.printf(Locale.ENGLISH, "confusion: [[%.1f, %.1f], [%.1f,
%.1f]]%n", matrix.get(0, 0), matrix.get(1, 0), matrix.get(0, 1),
matrix.get(1, 1));
```

22. 매트릭스에서 엔트로피 값을 얻는다. 이를 위해서 새로운 매트릭스 변수를 생성할 필요는 없지만, 만약 원한다면 다음과 같이 하면 된다.

```
matrix = auc.entropy();
output.printf(Locale.ENGLISH, "entropy: [[%.1f, %.1f], [%.1f, %.1f]]%n",
matrix.get(0, 0), matrix.get(1, 0), matrix.get(0, 1), matrix.get(1, 1));
```

23. main 메소드와 클래스를 닫는다.

```
    }
}
```

이 레시피를 위한 전체 코드는 다음과 같다.

```
package chap7.science.data;
import com.google.common.base.Charsets;
import org.apache.mahout.math.Matrix;
import org.apache.mahout.math.SequentialAccessSparseVector;
import org.apache.mahout.math.Vector;
import org.apache.mahout.classifier.evaluation.Auc;
import org.apache.mahout.classifier.sgd.CsvRecordFactory;
import org.apache.mahout.classifier.sgd.LogisticModelParameters;
import org.apache.mahout.classifier.sgd.OnlineLogisticRegression;
import java.io.BufferedReader;
import java.io.File;
import java.io.FileInputStream;
import java.io.InputStream;
```

```java
import java.io.InputStreamReader;
import java.io.OutputStreamWriter;
import java.io.PrintWriter;
import java.util.Locale;

public class OnlineLogisticRegressionTest {
  private static String inputFile = "data/weather.numeric.test.csv";
  private static String modelFile = "model/model";

  public static void main(String[] args) throws Exception {
    Auc auc = new Auc();
    LogisticModelParameters params = LogisticModelParameters.loadFrom(new
    File(modelFile));
    CsvRecordFactory csv = params.getCsvRecordFactory();
    OnlineLogisticRegression olr = params.createRegression();
    InputStream in = new FileInputStream(new File(inputFile));
    BufferedReader reader = new BufferedReader(new InputStreamReader(in,
    Charsets.UTF_8));
    String line = reader.readLine();
    csv.firstLine(line);
    line = reader.readLine();
    PrintWriter output = new PrintWriter(new OutputStreamWriter(System.out,
    Charsets.UTF_8), true);
    output.println(""class","model-output","log-likelihood"");
    while (line != null) {
      Vector vector = new SequentialAccessSparseVector(params.
      getNumFeatures());
      int classValue = csv.processLine(line, vector);
      double score = olr.classifyScalarNoLink(vector);
      output.printf(Locale.ENGLISH, "%d,%.3f,%.6f%n", classValue, score, olr.
      logLikelihood(classValue, vector));
      auc.add(classValue, score);
      line = reader.readLine();
    }
    reader.close();
    output.printf(Locale.ENGLISH, "AUC = %.2f%n", auc.auc());
```

```
    Matrix matrix = auc.confusion();
    output.printf(Locale.ENGLISH, "confusion: [[%.1f, %.1f], [%.1f, %.1f]]%n",
    matrix.get(0, 0), matrix.get(1, 0), matrix.get(0, 1), matrix.get(1, 1));
    matrix = auc.entropy();
    output.printf(Locale.ENGLISH, "entropy: [[%.1f, %.1f], [%.1f, %.1f]]%n",
    matrix.get(0, 0), matrix.get(1, 0), matrix.get(0, 1), matrix.get(1, 1));
  }
}
```

코드를 실행시키면 다음과 같은 출력을 볼 수 있다.

```
"class","model-output","log-likelihood"
1,119.133,0.000000
1,123.028,0.000000
0,15.888,-15.887942
0,63.213,-100.000000
1,-6.692,-6.693089
0,24.286,-24.286465
AUC = 0.67
confusion: [[0.0, 1.0], [3.0, 2.0]]
entropy: [[NaN, NaN], [0.0, -9.2]]
```

▌ 아파치 스파크를 이용한 단순 텍스트 마이닝 문제 해결

아파치 스파크 웹사이트에 따르면 스파크는 하둡 맵리듀스보다 메모리상에서 100배, 디스크상에서는 10배 빠르게 프로그램을 실행한다. 일반적으로 말해서 아파치 스파크는 오픈소스 클러스터 컴퓨팅 프레임워크이다. 프로세싱 엔진은 빠른 속도를 제공하며 사용하기 쉽고, 데이터 과학자에게 정교한 분석 기능을 제공한다.

이 레시피에서는 아파치 스파크를 이용해 간단한 데이터 문제를 해결하는 방법을 보여줄 것이다. 물론 이 데이터 문제는 단지 연습용 문제일 뿐이지만, 아파치 스파크를 대용량 데이터에 사용하는 것에 대해 직관적인 이해를 주는 시작점이 될 수 있다.

준비

1. 이클립스에서 새 메이븐 프로젝트를 생성한다. 저자는 이클립스 Mars를 사용한다. File 메뉴에서 New > Other...를 선택한다.

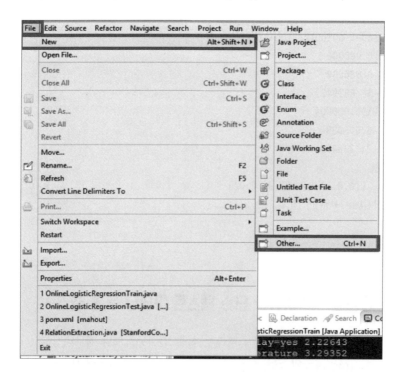

2. 마법사 화면에서 Maven 항목을 펼쳐 Maven Project를 선택한다. Artifact Id를 입력해야 하는 화면이 나올 때까지 계속 Next를 클릭한다. Artifact Id에 `mlib`이라고 입력하면 Finish 버튼이 활성화된다. Finish 버튼을 클릭한다. 그러면 `mlib`

라고 이름 붙은 메이븐 프로젝트가 만들어진다.

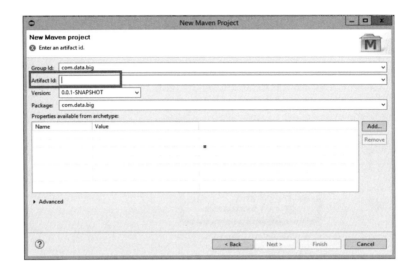

3. 이클립스의 Package Explorer 창에서 pom.xml을 편집하기 위해 더블클릭
   한다.

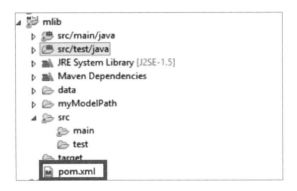

4. pom.xml 탭을 클릭한다. 화면에 pom.xml 파일의 내용이 나올 것이다. <depen
   dencies>...</dependencies> 태그 안에 다음 내용을 추가한다. 프로젝트에 필
   요한 JAR 파일을 자동으로 다운로드하도록 설정하는 것이다.

```
<dependency>
  <groupId>org.apache.spark</groupId>
  <artifactId>spark-mllib_2.10</artifactId>
  <version>1.3.1</version>
</dependency>
```

5. 프로젝트의 src/main/java 디렉터리 아래에 com.data.big.mlib라는 이름으로
   패키지를 생성한다.

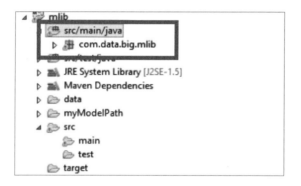

6. 이클립스 프로젝트명 위에서 마우스 오른쪽 버튼을 클릭한 다음, New를 선택하
   고, 다음에 Folder를 선택한다. 입력 데이터를 넣어 둘 data 폴더를 만든다.

7. 이 레시피에서는 텍스트 형식으로 된 윌리엄 셰익스피어William Shakespeare의 작
   품을 사용할 것이다. 웹 브라우저를 열고 http://norvig.com/ngrams를 입력
   한다. 그러면 Natural Language Corpus Data: Beautiful Data라는 페이지로
   이동할 것이다. Files for Download 부분 아래에 shakespeare.txt가 보일 것
   이다. 이 파일을 다운로드한다.

6.5 MB big.txt	File of running text used in my spell correction article.	
1.0 MB smaller.txt	Excerpt of file of running text from my spell correction article. Smaller; faster	
0.3 MB count_big.txt	A word count file (29,136 words) for big.txt.	
1.5 MB count_1w100k.txt	A word count file with 100,000 most popular words, all uppercase.	
.02 MB words4.txt	4360 words of length 4 (for word games)	
.04 MB sgb-words.txt	5757 words of length 5 (for word games) from Knuth's Stanford GraphBase	
.03 MB words.js	1000 most common words of English from xkcd Simple Writer (more than 1,0	
4.3 MB shakespeare.txt	The complete works of Shakespeare, tokenized so that there is a space betwee	
3.0 MB sowpods.txt	The SOWPODS word list (267,750 words) -- used by Scrabble players (excep	
1.9 MB TWL06.txt	The Tournament Word List (178,690 words) -- used by North American Scrab	
1.9 MB enable1.txt	The ENABLE word list (172,819 words) -- also used by word game players. V	
2.7 MB word.list	The YAWL (Yet Another Word List) word list (263,533 words) -- formed by c	
	(See Internet Scrabble Club for more lists.)	

8. 앞에서 생성한 패키지 안에 SparkTest라는 이름으로 자바 클래스를 생성한다.
   코드 작성을 위해 이 클래스를 더블클릭한다.

실행 방법

1. 클래스를 생성한다.

```
public class SparkTest {
```

2. main 메소드 작성을 시작한다.

```
public static void main( String[] args ){
```

3. 가장 먼저 입력 데이터 파일의 경로를 설정한다. 이 파일은 앞에서 다운로드해
   프로젝트의 data 폴더에 저장한 셰익스피어의 작품이다.

```
String inputFile = "data/shakespeare.txt";
```

4. 스파크 프로퍼티는 애플리케이션 환경 설정을 위해 사용되며, 각 애플리케이션
   에 대해 별도로 구성된다. 이 프로퍼티를 설정하는 방법 가운데 하나는 Spark

Context에 넘겨줄 SparkConf를 사용하는 것이다. SparkConf를 사용해 몇 가지 공통 프로퍼티를 설정할 수 있다.

```
SparkConf configuration = new SparkConf().setMaster("local[4]").
setAppName("My App");
JavaSparkContext sparkContext = new JavaSparkContext(configuration);
```

5. 앞 단계의 코드(local[4])는 애플리케이션이 4개의 스레드에서 실행될 수 있게 해준다. 최소한의 병렬 처리 옵션은 local[2]를 사용한다.

6. JavaRDD는 객체들의 분산된 컬렉션이다. RDD 객체를 생성한다. 이 레시피에 서 이 객체의 주요 목적은 shakespeare.txt 파일에서 빈 줄을 모으는 것이다.

```
JavaRDD<String> rdd = sparkContext.textFile(inputFile).cache();
```

 TIP 만약 local[*]로 설정하면 스파크는 시스템의 모든 코어를 사용한다.

7. 입력 데이터 파일에서 빈 줄의 개수를 센다.

```
long emptyLines = rdd.filter(new Function<String,Boolean>(){
  private static final long serialVersionUID = 1L;
  public Boolean call(String s){
    return s.length() == 0;
  }
}).count();
```

8. 파일의 빈 줄 개수를 콘솔에 출력한다.

```
System.out.println("Empty Lines: " + emptyLines);
```

9. 다음으로 입력 데이터 파일에서 단어별 빈도를 추출하기 위해 다음 코드를 작성한다.

```
JavaPairRDD<String, Integer> wordCounts = rdd
  .flatMap(s -> Arrays.asList(s.toLowerCase().split(" ")))
  .mapToPair(word -> new Tuple2<>(word, 1))
  .reduceByKey((a, b) -> a + b);
```

> ℹ️ 맵리듀스 대신에 아파치 스파크를 선택하는 이유 중 하나는 동일한 목적을 달성하기 위해 필요한 코드가 훨씬 적다는 점이다. 예를 들어 텍스트 문서에서 단어 목록과 각 단어의 빈도를 추출하기 위한 이 단계의 코드는 단지 몇 줄이다. 하지만 맵리듀스에서 동일한 결과를 얻으려면 다음과 같이 100줄이 넘는 코드가 필요하다.
>
> https://hadoop.apache.org/docs/r1.2.1/mapred_tutorial.html#Example%3A+WordCount+v2.0

10. wordCounts RDD를 사용해 단어들과 그 빈도를 맵으로 수집할 수 있다. 그 다음에 이 맵을 반복 처리해 단어-빈도 쌍을 출력한다.

```
Map<String, Integer> wordMap = wordCounts.collectAsMap();
for (Entry<String, Integer> entry : wordMap.entrySet()) {
  System.out.println("Word = " + entry.getKey() + ", Frequency = " +
entry.getValue());
}
```

11. sparkContext를 닫는다.

```
sparkContext.close();
```

12. main 메소드와 클래스를 닫는다.

```
      }
    }
```

이 레시피를 위한 전체 코드는 다음과 같다.

```
package com.data.big.mlib;
import java.util.Arrays;
import java.util.Map;
import java.util.Map.Entry;
import org.apache.spark.SparkConf;
import org.apache.spark.api.java.JavaPairRDD;
import org.apache.spark.api.java.JavaRDD;
import org.apache.spark.api.java.JavaSparkContext;
import org.apache.spark.api.java.function.Function;
import scala.Tuple2;

public class SparkTest {
  public static void main( String[] args ){
    String inputFile = "data/shakespeare.txt";
    SparkConf configuration = new SparkConf().setMaster("local[4]").
    setAppName("My App");
    JavaSparkContext sparkContext = new JavaSparkContext(configuration);
    JavaRDD<String> rdd = sparkContext.textFile(inputFile).cache();
    long emptyLines = rdd.filter(new Function<String,Boolean>(){
      private static final long serialVersionUID = 1L;
      public Boolean call(String s){
        return s.length() == 0;
      }
    }).count();
    System.out.println("Empty Lines: " + emptyLines);
    JavaPairRDD<String, Integer> wordCounts = rdd
        .flatMap(s -> Arrays.asList(s.toLowerCase().split(" ")))
        .mapToPair(word -> new Tuple2<>(word, 1))
        .reduceByKey((a, b) -> a + b);
```

```
Map<String, Integer> wordMap = wordCounts.collectAsMap();
for (Entry<String, Integer> entry : wordMap.entrySet()) {
    System.out.println("Word = " + entry.getKey() + ", Frequency= " + entry.
    getValue());
    }
    sparkContext.close();
  }
}
```

코드를 실행하면 나오는 출력의 일부는 다음과 같다.

```
Empty Lines: 35941
..........................................................
Word  =   augustus, Frequency = 4
Word  =   bucklers, Frequency = 3
Word  =   guilty, Frequency = 66
Word  =   thunder'st, Frequency = 1
Word  =   hermia's, Frequency = 7
Word  =   sink, Frequency = 37
Word  =   burn, Frequency = 76
Word  =   relapse, Frequency = 2
Word  =   boar, Frequency = 16
Word  =   cop'd, Frequency = 2
..........................................................
```

 다음 링크는 맵리듀스 대신에 아파치 스파크를 사용하면 좋은 이유를 알 수 있는 기사이다. https://www.mapr.com/blog/5-minute-guide-understanding-significance-apache-spark

▌ MLib으로 KMeans 군집화 수행

이 레시피에서는 MLib으로 KMeans 알고리즘을 사용해 레이블 없는 데이터 포인트들을 군집화하는 방법을 보여준다. 7장의 서론에서 말했듯이 MLib은 아파치 스파크의 머신 러닝 구성 요소이며, 아파치 머하웃의 경쟁력있는 (더 나은) 대안이라고 할 수 있다.

준비

1. 여기서는 이전 레시피(아파치 스파크를 이용한 단순 텍스트 마이닝 문제 해결)에서 생성한 메이븐 프로젝트를 사용한다. 만약 그 프로젝트가 없다면 해당 레시피의 "준비" 부분 1에서 6단계를 수행해야 한다.

2. https://github.com/apache/spark/blob/master/data/mllib/kmeans_data.txt로 이동해 데이터를 다운로드해 프로젝트의 data 폴더에 km-data.txt로 저장한다. 다른 방법으로는 프로젝트의 data 폴더에 km-data.txt라는 텍스트 파일을 만든 후 위 URL의 데이터를 복사해 붙여넣기해도 된다.

3. 이전에 생성했던 패키지에 KMeansClusteringMlib.java 클래스를 생성한다. 이 클래스를 더블클릭해 코드 작성을 시작한다.

실행 방법

1. KMeansClusteringMlib이라는 이름으로 클래스를 생성한다.

```
public class KMeansClusteringMlib {
```

2. main 메소드를 선언한다.

```
public static void main( String[] args ){
```

3. SparkConf를 사용해 스파크 환경 설정인 configuration을 생성하고, 이를 사용해 SparkContext를 생성한다. 다음 코드는 애플리케이션이 4개의 스레드에서 실행될 수 있게 해준다. 최소한의 병렬 처리 옵션은 local[2]를 사용한다.

```
SparkConf configuration = new SparkConf().setMaster("local[4]").
setAppName("K-means Clustering");
JavaSparkContext sparkContext = new JavaSparkContext(configuration);
```

4. 이제 입력 데이터를 로딩하고 파싱한다.

```
String path = "data/km-data.txt";
```

5. JavaRDD는 객체들의 분산 컬렉션이다. 데이터 파일을 읽어들이기 위해 RDD 객체를 생성한다.

```
JavaRDD<String> data = sparkContext.textFile(path);
```

6. 공백으로 값(단어)이 분리돼 있는 앞의 RDD로부터 데이터를 읽는다. 이 데이터를 파싱해 다른 RDD에 할당한다.

```
JavaRDD<Vector> parsedData = data.map(
  new Function<String, Vector>() {
    private static final long serialVersionUID = 1L;
    public Vector call(String s) {
      String[] sarray = s.split(" ");
      double[] values = new double[sarray.length];
      for (int i = 0; i < sarray.length; i++)
        values[i] = Double.parseDouble(sarray[i]);
      return Vectors.dense(values);
    }
  }
);
parsedData.cache();
```

7. 이제 KMeans 군집화 알고리즘을 위한 몇 가지 매개변수를 정의한다. 여기서는 최대 10번의 반복 학습을 통해 데이터 포인트들을 2개의 군집으로 나눌 것이다. 파싱된 데이터와 함께 매개변수를 사용해 군집화 모델을 생성한다.

```
int numClusters = 2;
int iterations = 10;
KMeansModel clusters = KMeans.train(parsedData.rdd(), numClusters,
iterations);
```

8. 군집을 나눈 결과에 대해 오차 제곱합을 계산한다.

```
double sse = clusters.computeCost(parsedData.rdd());
System.out.println("Sum of Squared Errors within set = " + sse);
```

9. 끝으로 sparkContext, main 메소드, 클래스를 닫는다.

```
sparkContext.close();
    }
}
```

이 레시피를 위한 전체 코드는 다음과 같다.

```
package com.data.big.mlib;
import org.apache.spark.api.java.*;
import org.apache.spark.api.java.function.Function;
import org.apache.spark.mllib.clustering.KMeans;
import org.apache.spark.mllib.clustering.KMeansModel;
import org.apache.spark.mllib.linalg.Vector;
import org.apache.spark.mllib.linalg.Vectors;
import org.apache.spark.SparkConf;

public class KMeansClusteringMlib {
```

```java
public static void main( String[] args ){
  SparkConf configuration = new SparkConf().setMaster("local[4]").
  setAppName("K-means Clustering");
  JavaSparkContext sparkContext = new JavaSparkContext(configuration);
  // 데이터를 읽고 파싱한다.
  String path = "data/km-data.txt";
  JavaRDD<String> data = sparkContext.textFile(path);
  JavaRDD<Vector> parsedData = data.map(
    new Function<String, Vector>() {
      private static final long serialVersionUID = 1L;
      public Vector call(String s) {
        String[] sarray = s.split(" ");
        double[] values = new double[sarray.length];
        for (int i = 0; i < sarray.length; i++)
          values[i] = Double.parseDouble(sarray[i]);
        return Vectors.dense(values);
      }
    }
  );
  parsedData.cache();
  // KMeans를 사용해 데이터 포인트를 두 개의 클래스로 나눈다.
  int numClusters = 2;
  int iterations = 10;
  KMeansModel clusters = KMeans.train(parsedData.rdd(), numClusters,
  iterations);
  // 오차 제곱합을 계산해 군집화 결과를 평가한다.
  double sse = clusters.computeCost(parsedData.rdd());
  System.out.println("Sum of Squared Errors within set = " + sse);
  sparkContext.close();
  }
}
```

코드를 실행하면 다음과 같은 결과를 볼 수 있을 것이다.

Sum of Squared Errors within set = 0.11999999999994547

MLib으로 선형 회귀 모델 생성

이 레시피에서는 MLib으로 선형 회귀 모델을 사용하는 방법을 보여줄 것이다.

준비

1. 여기서는 "아파치 스파크를 이용한 단순 텍스트 마이닝 문제 해결" 레시피에서 생성한 메이븐 프로젝트를 사용한다. 만약 그 레시피를 실행해보지 않았다면 해당 레시피의 "준비" 부분 1에서 6단계를 수행해야 한다.

2. https://github.com/apache/spark/blob/master/data/mllib/ridge-data/lpsa.data 페이지로 가서 데이터를 다운로드해 프로젝트의 data 폴더에 lr-data.txt 파일로 저장한다. 다른 방법으로는 프로젝트의 data 폴더에 lr-data.txt 라는 텍스트 파일을 만든 후 위 URL의 데이터를 복사해 붙여넣기해도 된다.

3. 이전에 생성했던 패키지 안에 `LinearRegressionMlib.java` 클래스를 생성한다. 이 클래스를 더블클릭해 코드 작성을 시작한다.

실행 방법

1. `LinearRegressionMlib`이라는 클래스를 생성한다.

```
public class LinearRegressionMlib {
```

2. main 메소드를 선언한다.

```
public static void main(String[] args) {
```

3. SparkConf를 사용해 스파크 구성인 configuration을 생성하고, 이를 사용해 SparkContext를 생성한다. 다음 코드는 애플리케이션이 4개의 스레드에서 실

행될 수 있게 해준다. 최소한의 병렬 처리 옵션은 local[2]를 사용한다.

```
SparkConf configuration = new SparkConf().setMaster("local[4]").
setAppName("Linear Regression");
JavaSparkContext sparkContext = new JavaSparkContext(configuration);
```

4. 이제 입력 데이터를 로딩하고 파싱한다.

```
String inputData = "data/lr-data.txt";
```

5. JavaRDD는 객체들의 분산 컬렉션이다. 데이터 파일을 읽어들이기 위해 RDD 객체를 생성한다.

```
JavaRDD<String> data = sparkContext.textFile(inputData);
```

6. 이제 위의 RDD로부터 데이터 값을 읽는다. 입력 데이터는 쉼표로 분리된 두 부분을 갖고 있다. 데이터의 피쳐들은 두 번째 부분에서 공백으로 나눠져 있다. 데이터 포인트의 레이블은 입력 데이터에서 각 행의 첫 번째 부분이다. 이 데이터를 파싱해 다른 RDD에 할당한다. 피쳐들을 가지고 피쳐 벡터를 생성한다. 다음과 같이 LabeledPoint에 피쳐 벡터를 넣어준다.

```
JavaRDD<LabeledPoint> parsedData = data.map(
  new Function<String, LabeledPoint>() {
    private static final long serialVersionUID = 1L;
    public LabeledPoint call(String line) {
      String[] parts = line.split(",");
      String[] features = parts[1].split(" ");
      double[] featureVector = new double[features.length];
      for (int i = 0; i < features.length - 1; i++){
        featureVector[i] = Double.parseDouble(features[i]);
      }
      return new LabeledPoint(Double.parseDouble(parts[0]), Vectors.
```

```
      dense(featureVector));
    }
  }
);
parsedData.cache();
```

7. 다음으로 선형 회귀 모델을 만들고 10회 반복 학습시킨다. 피쳐 벡터, 레이블된 포인트, 반복 횟수값을 통해 모델을 생성한다.

```
int iterations = 10;
final LinearRegressionModel model = LinearRegressionWithSGD.
train(JavaRDD.toRDD(parsedData), iterations);
```

8. 그 다음, 모델을 통해 예측을 한 후 그 값을 predictions로 이름 붙인 또 다른 RDD 변수에 넣는다. 모델은 주어진 피쳐의 데이터셋을 통해 하나의 값을 예측하고, 예측한 값과 실제 레이블을 반환한다. 이 시점에서 얻은 예측은 트레이닝 셋(lr-data.txt)에 대한 예측이라는 점에 유의해야 한다. Tuple2 객체는 회귀 분석을 통해 예측한 값과 실제 값을 모두 갖는다.

```
JavaRDD<Tuple2<Double, Double>> predictions = parsedData.map(
  new Function<LabeledPoint, Tuple2<Double, Double>>() {
    private static final long serialVersionUID = 1L;
    public Tuple2<Double, Double> call(LabeledPoint point)
    {
      double prediction = model.predict(point.features());
      return new Tuple2<Double, Double>(prediction, point.label());
    }
  }
);
```

9. 마지막으로 트레이닝 데이터에 대한 선형 회귀 모델의 평균 제곱 오차[mean squared error]를 계산한다. 여기서 오차는 각 데이터 포인트에 대해 데이터셋에서 언급된

실제 값과 모델에 의해 예측된 값의 차이를 제곱한 것이다. 그리고 전체 데이터 포인트에 대해 이 오차의 평균을 계산한다.

```
double mse = new JavaDoubleRDD(predictions.map(
new Function<Tuple2<Double, Double>, Object>() {
  private static final long serialVersionUID = 1L;
    public Object call(Tuple2<Double, Double> pair) {
      return Math.pow(pair._1() - pair._2(), 2.0);
    }
  }
).rdd()).mean();
System.out.println("training Mean Squared Error = " + mse);
```

10. 끝으로 sparkContext, main 메소드, 클래스를 닫는다.

```
sparkContext.close();
  }
}
```

이 레시피의 전체 코드는 다음과 같다.

```
package com.data.big.mlib;
import scala.Tuple2;
import org.apache.spark.api.java.*;
import org.apache.spark.api.java.function.Function;
import org.apache.spark.mllib.linalg.Vectors;
import org.apache.spark.mllib.regression.LabeledPoint;
import org.apache.spark.mllib.regression.LinearRegressionModel;
import org.apache.spark.mllib.regression.LinearRegressionWithSGD;
import org.apache.spark.SparkConf;

public class LinearRegressionMlib {
  public static void main(String[] args) {
    SparkConf configuration = new SparkConf().setMaster("local[4]").
```

```java
setAppName("Linear Regression");
JavaSparkContext sparkContext = new JavaSparkContext(configuration);
// 데이터를 로드하고 파싱한다.
String inputData = "data/lr-data.txt";
JavaRDD<String> data = sparkContext.textFile(inputData);
JavaRDD<LabeledPoint> parsedData = data.map(
  new Function<String, LabeledPoint>() {
    private static final long serialVersionUID = 1L;
    public LabeledPoint call(String line) {
      String[] parts = line.split(",");
      String[] features = parts[1].split(" ");
      double[] featureVector = new double[features.length];
      for (int i = 0; i < features.length - 1; i++){
        featureVector[i] = Double.parseDouble(features[i]);
      }
      return new LabeledPoint(Double.parseDouble(parts[0]), Vectors.
      dense(featureVector));
    }
  }
);
parsedData.cache();
// 모델 생성
int iterations = 10;
final LinearRegressionModel model = LinearRegressionWithSGD.train(JavaRDD.
toRDD(parsedData), iterations);
// 트레이닝 데이터로 모델을 학습시키고 오차를 계산한다.
JavaRDD<Tuple2<Double, Double>> predictions = parsedData.map(
  new Function<LabeledPoint, Tuple2<Double, Double>>() {
    private static final long serialVersionUID = 1L;
    public Tuple2<Double, Double> call(LabeledPoint point) {
      double prediction = model.predict(point.features());
      return new Tuple2<Double, Double>(prediction, point.label());
    }
  }
);
double mse = new JavaDoubleRDD(predictions.map(
```

```
    new Function<Tuple2<Double, Double>, Object>() {
      private static final long serialVersionUID = 1L;
      public Object call(Tuple2<Double, Double> pair) {
        return Math.pow(pair._1() - pair._2(), 2.0);
      }
    }
  ).rdd()).mean();
  System.out.println("training Mean Squared Error = " + mse);
  sparkContext.close();
  }
}
```

코드를 실행시켰을 때의 출력은 다음과 같을 것이다.

```
training Mean Squared Error = 6.487093790021849
```

▌ MLib에서 랜덤 포레스트 모델로 데이터 포인트 분류

이 레시피에서는 MLib에서 랜덤 포레스트 알고리즘으로 데이터 포인트들을 분류하는 방법을 보여줄 것이다.

준비

1. 여기서는 "아파치 스파크를 이용한 단순 텍스트 마이닝 문제 해결" 레시피에서 생성한 메이븐 프로젝트를 사용한다. 만약 그 레시피를 실행해보지 않았다면 해당 레시피의 "준비" 부분 1에서 6단계를 수행해야 한다.

2. https://github.com/apache/spark/blob/master/data/mllib/sample_binary_classification_data.txt 페이지로 가서 데이터를 다운로드해 프로젝트의

data 폴더에 rf-data.txt 파일로 저장한다. 다른 방법으로는 프로젝트의 data 폴더에 rf-data.txt라는 텍스트 파일을 만든 후 위 URL의 데이터를 복사해 붙여넣기해도 된다.

3. 이전에 생성했던 패키지 안에 RandomForestMlib.java 클래스를 생성한다. 이 클래스를 더블클릭해 코드 작성을 시작한다.

실행 방법

1. RandomForestMlib이라는 클래스를 생성한다.

```
public class RandomForestMlib {
```

2. main 메소드를 선언한다.

```
public static void main(String args[]){
```

3. SparkConf를 사용해 스파크 구성인 configuration을 생성하고, 이를 사용해 SparkContext를 생성한다. 다음 코드는 애플리케이션이 4개의 스레드에서 실행될 수 있게 해준다. 최소한의 병렬 처리 옵션은 local[2]를 사용한다.

```
SparkConf configuration = new SparkConf().setMaster("local[4]").
setAppName("Random Forest");
JavaSparkContext sparkContext = new JavaSparkContext(configuration);
```

4. 이제 입력 데이터를 로딩하고 파싱한다.

```
String input = "data/rf-data.txt";
```

5. LibSVM 파일로서 입력 파일을 로딩해 데이터를 읽은 다음 이를 RDD에 넣는다.

```
JavaRDD<LabeledPoint> data = MLUtils.loadLibSVMFile(sparkContext.sc(),
input).toJavaRDD();
```

6. 데이터의 70%를 모델을 학습시키는 용도로 사용하고 나머지 30%를 테스트하는 용도로 사용한다. 이때 데이터는 랜덤하게 선택된다.

```
JavaRDD<LabeledPoint>[] dataSplits = data.randomSplit(new double[]{0.7,
0.3});
JavaRDD<LabeledPoint> trainingData = dataSplits[0];
JavaRDD<LabeledPoint> testData = dataSplits[1];
```

7. 이제 랜덤 포레스트 알고리즘에 대한 몇 가지 매개변수를 설정한다. 먼저 전체 데이터 포인트가 가질 수 있는 클래수의 수를 정의해야 한다. 또한 명목형 속성에 대한 맵을 생성한다. 그리고 포레스트가 생성할 트리의 수를 정의할 수 있다. 분류기의 피쳐 선택 프로세스로서 무엇을 선택해야 할지 모른다면 "auto"로 설정한다. 그 외 네 개의 매개변수는 포레스트 구조에 필요한 것이다.

```
Integer classes = 2;
HashMap<Integer, Integer> nominalFeatures = new HashMap<Integer,
nteger>();
Integer trees = 3;
String featureSubsetProcess = "auto";
String impurity = "gini";
Integer maxDepth = 3;
Integer maxBins = 20;
Integer seed = 12345;
```

8. 이 매개변수들을 사용해 랜덤 포레스트 분류기를 생성한다.

```
final RandomForestModel rf = RandomForest.trainClassifier(trainingData,
classes, nominalFeatures, trees, featureSubsetProcess, impurity,
maxDepth, maxBins, seed);
```

9. 다음 단계로서 모델을 사용해 주어진 피쳐 벡터를 통해 테스트 데이터 포인트의 클래스 레이블을 예측한다. Tuple2<Double,Double>은 각 데이터 포인트의 실제 클래스 값과 예측된 값을 갖는다.

```
JavaPairRDD<Double, Double> label = testData.mapToPair(new
PairFunction<LabeledPoint, Double, Double>() {
  private static final long serialVersionUID = 1L;
  public Tuple2<Double, Double> call(LabeledPoint p) {
    return new Tuple2<Double, Double> (rf.predict(p.features()),
p.label());
  }
});
```

10. 마지막으로 예측에 대한 오차를 계산한다. 여기서는 단순하게 실제 값과 맞지 않게 예측된 수를 계산한 다음, 테스트 인스턴스의 전체 수로 나눠서 평균을 낸다.

```
Double error = 1.0 * label.filter(new Function<Tuple2<Double, Double>,
Boolean>(){
  private static final long serialVersionUID = 1L;
  public Boolean call(Tuple2<Double, Double> pl) {
    return !pl._1().equals(pl._2());
  }
}).count() / testData.count();
```

11. 콘솔에 테스트 오차를 출력한다. 또한 트레이닝 데이터로부터 학습된 랜덤 포레스트 모델의 모습을 볼 수 있다.

```
System.out.println("Test Error: " + error);
System.out.println("Learned classification forest model:\n" +
rf.toDebugString());
```

12. sparkContext, main 메소드, 클래스를 닫는다.

```
sparkContext.close();
}
}
```

이 레시피의 전체 코드는 다음과 같다.

```
package com.data.big.mlib;
import scala.Tuple2;
import java.util.HashMap;
import org.apache.spark.SparkConf;
import org.apache.spark.api.java.JavaPairRDD;
import org.apache.spark.api.java.JavaRDD;
import org.apache.spark.api.java.JavaSparkContext;
import org.apache.spark.api.java.function.Function;
import org.apache.spark.api.java.function.PairFunction;
import org.apache.spark.mllib.regression.LabeledPoint;
import org.apache.spark.mllib.tree.RandomForest;
import org.apache.spark.mllib.tree.model.RandomForestModel;
import org.apache.spark.mllib.util.MLUtils;

public class RandomForestMlib {
  public static void main(String args[]){
    SparkConf configuration = new SparkConf().setMaster("local[4]").
    setAppName("Random Forest");
    JavaSparkContext sparkContext = new JavaSparkContext(configuration);
    // 데이터 파일을 로드하고 파싱한다.
    String input = "data/rf-data.txt";
```

```java
JavaRDD<LabeledPoint> data = MLUtils.loadLibSVMFile(sparkContext.sc(),
input).toJavaRDD();
// 데이터를 트레이닝셋과 테스트셋으로 나눈다(테스트셋이 30%).
JavaRDD<LabeledPoint>[] dataSplits = data.randomSplit(new double[]{0.7,
0.3});
JavaRDD<LabeledPoint> trainingData = dataSplits[0];
JavaRDD<LabeledPoint> testData = dataSplits[1];
// 랜덤 포레스트 모델을 학습시킨다.
Integer classes = 2;
HashMap<Integer, Integer> nominalFeatures = new HashMap<Integer, Integer>();
Integer trees = 3;   // 실제로는 더 큰 수를 사용한다.
String featureSubsetProcess = "auto";   // 피쳐 선택 알고리즘
String impurity = "gini";
Integer maxDepth = 3;
Integer maxBins = 20;
Integer seed = 12345;
final RandomForestModel rf = RandomForest.trainClassifier(trainingData,
classes, nominalFeatures, trees, featureSubsetProcess, impurity, maxDepth,
maxBins, seed);

// 테스트 인스턴스로 모델을 평가하고 테스트 오차를 계산한다.
JavaPairRDD<Double, Double> label = testData.mapToPair(new
PairFunction<LabeledPoint, Double, Double>() {
  private static final long serialVersionUID = 1L;
  public Tuple2<Double, Double> call(LabeledPoint p) {
    return new Tuple2<Double, Double> (rf.predict(p.features()), p.label());
  }
});
Double error = 1.0 * label.filter(new Function<Tuple2<Double, Double>,
Boolean>() {
  private static final long serialVersionUID = 1L;
  public Boolean call(Tuple2<Double, Double> pl) {
    return !pl._1().equals(pl._2());
  }
}).count() / testData.count();
System.out.println("Test Error: " + error);
```

```
    System.out.println("Learned classification forest model:\n" +
    rf.toDebugString()); sparkContext.close();
  }
}
```

코드를 실행하면 그 출력은 다음과 같을 것이다.

```
Test Error: 0.034482758620689655
Learned classification forest model:
TreeEnsembleModel classifier with 3 trees

Tree 0:
If (feature 427 <= 0.0)
  If (feature 407 <= 0.0)
    Predict: 0.0
  Else (feature 407 > 0.0)
    Predict: 1.0
  Else (feature 427 > 0.0)
    Predict: 0.0
Tree 1:
  If (feature 405 <= 0.0)
    If (feature 624 <= 253.0)
      Predict: 0.0
    Else (feature 624 > 253.0)
      If (feature 650 <= 0.0)
        Predict: 0.0
      Else (feature 650 > 0.0)
        Predict: 1.0
  Else (feature 405 > 0.0)
    If (feature 435 <= 0.0)
      If (feature 541 <= 0.0)
        Predict: 1.0
      Else (feature 541 > 0.0)
        Predict: 0.0
    Else (feature 435 > 0.0)
```

```
        Predict: 1.0
Tree 2:
  If (feature 271 <= 72.0)
    If (feature 323 <= 0.0)
      Predict: 0.0
    Else (feature 323 > 0.0)
      Predict: 1.0
  Else (feature 271 > 72.0)
    If (feature 414 <= 0.0)
      If (feature 159 <= 124.0)
        Predict: 0.0
      Else (feature 159 > 124.0)
        Predict: 1.0
    Else (feature 414 > 0.0)
      Predict: 0.0
```

08

데이터를 깊이 있게
학습하기 (딥러닝)

8장에서는 다음과 같은 레시피를 다룬다.

- DL4j를 이용한 word2vec 신경망 구현
- DL4j를 이용한 DBN 신경망 구현
- DL4j를 이용한 오토인코더 구현

▌ 서론

딥러닝은 단순히 말하면 여러 개의 층^{layer}을 가진 신경망$^{neural\ networks}$이다. 현실 세계의 데이터 문제를 해결할 수 있는 능력 때문에 딥러닝은 머신 러닝 실무자와 데이터 과학자에게 필수적인 도구가 될 것이라 확신한다.

Deep Learning for Java^{자바를 위한 딥러닝, DL4j}는 JVM상에서 딥러닝을 할 수 있는 오픈소스 자바 라이브러리이다. 다음과 같은 다른 라이브러리도 함께 제공된다.

- Deeplearning4J: 신경망 플랫폼
- ND4J: JVM을 위한 NumPy
- DataVec: 머신 러닝 ETL 처리 도구
- JavaCPP: 자바와 네이티브 C++ 간의 연결 도구
- Arbiter: 머신 러닝 알고리즘 평가 도구
- RL4J: JVM을 위한 강화 학습^{reinforcement learning}

하지만 이 책의 레시피에서는 오로지 DL4j에만 집중할 것이다. 구체적으로 말하면 여기서는 실무적인 자연어 처리^{NLP} 및 정보 검색 문제에 word2vec 알고리즘을 사용하는 레시피와 DBN^{deep belief net} 및 오토인코더^{autoencoder}의 사용법에 대한 레시피를 다룰 것이다. 관심이 많은 독자라면 https://github.com/deeplearning4j/dl4j-examples에서 많은 예제를 얻을 수 있을 것이다. 8장 레시피의 코드는 이 깃허브 예제를 기반으로 하고 있다.

또한 8장에서 주의할 한 가지는 준비 절차가 복잡하기 때문에 DL4j 라이브러리 설정 방법을 설명하는 데 많은 부분을 할애하고 있다는 점이다. 이 책의 코드를 성공적으로 실행시키기 위해서는 많은 주의가 필요하다.

8장의 모든 레시피는 Java Developer 버전 1.7 이상(저자는 1.8 버전 사용)과 아파치 메이븐이 필요하다. 이 레시피들은 모두 이클립스 IDE(저자는 이클립스 Mars 사용)를 통해 구현됐다. https://deeplearning4j.org/quickstart 페이지는 비록 자바에서 DL4j를 설정하는 데 관련된 상당한 자료를 포함하고 있지만 그 대부분은 IntelliJ라는 다른 IDE에 초점을 맞추고 있다.

8장의 레시피를 실행하기 위해서는 다음과 같은 준비가 필요하다.

1. DL4j를 사용하려면 소프트웨어 프로젝트 관리 도구인 아파치 메이븐이 설치돼 있어야 한다. 이 책을 쓰는 시점에서 3.3.9가 아파치 메이븐의 최신 버전이었기 때문에 가능하면 이 버전을 사용할 것을 권장한다.

2. https://maven.apache.org/download.cgi 페이지에서 바이너리 zip 파일을 시스템에 다운로드한다.

System Requirements

Java Development Kit (JDK)	Maven 3.3 requires JDK 1.7 or above to execute - it still allows you to build against 1.3 and other JDK versions by Using
Memory	No minimum requirement
Disk	Approximately 10MB is required for the Maven installation itself. In addition to that, additional disk space will be used for y depending on usage but expect at least 500MB.
Operating System	No minimum requirement. Start up scripts are included as shell scripts and Windows batch files.

Files

Maven is distributed in several formats for your convenience. Simply pick a ready-made binary distribution archive and follow the installation instruc

In order to guard against corrupted downloads/installations, it is highly recommended to verify the signature of the release bundles against the publi

	Link	Checksum
Binary tar.gz archive	apache-maven-3.3.9-bin.tar.gz	apache-maven-3.3.9-bin.tar.gz.md5
Binary zip archive	apache-maven-3.3.9-bin.zip	apache-maven-3.3.9-bin.zip.md5
Source tar.gz archive	apache-maven-3.3.9-src.tar.gz	apache-maven-3.3.9-src.tar.gz.md5
Source zip archive	apache-maven-3.3.9-src.zip	apache-maven-3.3.9-src.zip.md5

3. 다운로드 완료 후 파일을 압축 해제하면 다음과 같은 폴더 구조를 볼 수 있다.

bin	2017-02-06 1:51 PM	File folder	
boot	2017-02-06 1:51 PM	File folder	
conf	2017-02-06 1:51 PM	File folder	
lib	2017-02-06 1:51 PM	File folder	
LICENSE	2015-11-10 11:44 ...	File	19 KB
NOTICE	2015-11-10 11:44 ...	File	1 KB
README.txt	2015-11-10 11:38 ...	Text Document	3 KB

4. 이제 이 배포판의 bin 폴더 경로를 시스템 환경 변수에 넣어야 한다. **내 컴퓨터**(또는 내 PC) 아이콘 위에서 마우스 오른쪽 버튼을 클릭하고 **속성** 메뉴를 클릭한다. 그 다음에 나오는 화면에서 **고급 시스템 설정**을 클릭한 다음 **환경 변수** 버튼을 클릭한다.

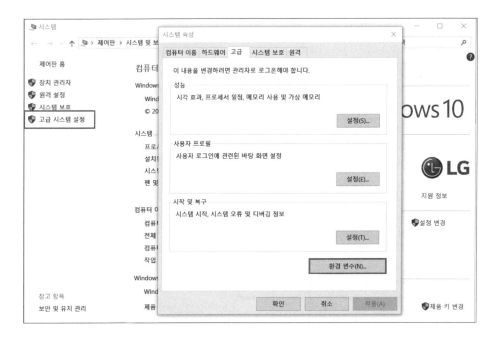

5. 환경 변수 윈도우가 나타나면 **시스템 변수** 목록 중에서 Path를 선택한다. 그 다음 **편집** 버튼을 클릭한다.

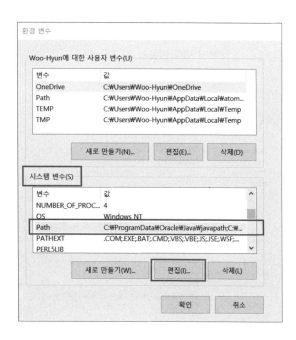

6. 환경 변수 편집 윈도우가 나타나면 **새로 만들기** 버튼을 클릭한 다음 압축 해제한
   메이븐 배포판의 bin 폴더 경로를 입력한다. **확인**을 클릭하면 저장이 된다.

7. 이제 환경 변수 윈도우로 다시 돌아왔으면 JAVA_HOME 시스템 변수를 설정한다. **시스템 변수** 영역에서 **새로 만들기** 버튼을 클릭한다.

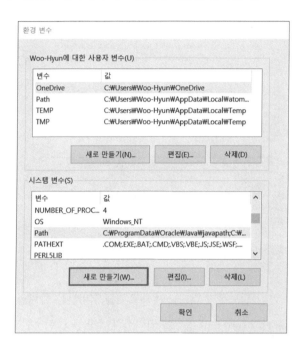

8. 변수 이름에 "JAVA_HOME"이라고 입력하고, 변숫값에는 시스템에 설치된 자바 개발 도구JDK 폴더의 경로(주의하라, bin 폴더가 아니다)를 입력한다.

> ℹ️ 8장의 레시피를 실행하려면 시스템에 최소한 버전 7 이상의 자바가 설치돼 있어야 한다.

9. **확인** 버튼을 클릭하면 모든 설정이 끝났다. 열려 있는 모든 윈도우를 닫는다.

10. 명령 프롬프트에서 mvn -v 명령을 사용해 메이븐이 설정이 잘 됐는지 확인한다.

```
C:\Users\rushdi>mvn -v
Apache Maven 3.3.9 (bb52d8502b132ec0a5a3f4c09453c07478323dc5; 2015-11-10T11:41:47-05:00)
Maven home: X:\apache-maven-3.3.9\bin\..
Java version: 1.8.0_111, vendor: Oracle Corporation
Java home: C:\Program Files\Java\jdk1.8.0_111\jre
Default locale: en_CA, platform encoding: Cp1252
OS name: "windows 10", version: "10.0", arch: "amd64", family: "dos"
```

11. 또한 자바 버전을 확인하기 위해 명령 프롬프트에서 java -version 명령을 사용한다.

```
C:\Users\rushdi>java -version
java version "1.8.0_111"
Java(TM) SE Runtime Environment (build 1.8.0_111-b14)
Java HotSpot(TM) 64-Bit Server VM (build 25.111-b14, mixed mode)

C:\Users\rushdi>
```

12. 이클립스 IDE를 연다. 저자는 Mars 버전을 사용하고 있다. File 메뉴를 선택한 다음 New > Others...를 차례대로 선택한다.

13. 마법사 화면에서 Maven 옵션을 펼쳐서 Maven Project를 선택한다. Next를 클릭한다.

14. 아래 그림과 같은 윈도우가 나올 때까지 계속 Next를 클릭한다. 이 윈도우에서 Group Id와 Artifact Id를 아래 그림과 같이 입력한다. Finish를 클릭한다.

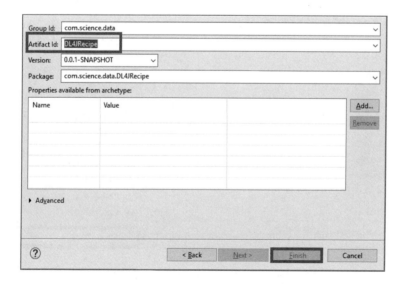

15. 그러면 다음과 같이 프로젝트가 생성될 것이다. 프로젝트명을 더블클릭해 프로젝트를 펼치면 pom.xml 파일이 보일 것이다.

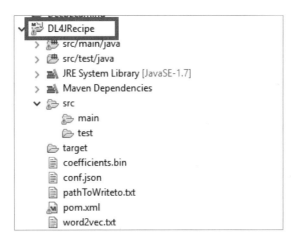

16. pom.xml 파일을 더블클릭해 연다. 그 안의 모든 내용을 삭제한 다음 아래 내용을 복사해 붙여넣기한다.

```
<project xmlns="http://maven.apache.org/POM/4.0.0"
  xmlns:xsi=http://www.w3.org/2001/XMLSchema-instance
  xsi:schemaLocation="http://maven.apache.org/POM/4.0.0
  http://maven.apache.org/xsd/maven-4.0.0.xsd">
  <modelVersion>4.0.0</modelVersion>

  <groupId>org.deeplearning4j</groupId>
  <artifactId>deeplearning4j-examples</artifactId>
  <version>0.4-rc0-SNAPSHOT</version>
  <name>DeepLearning4j Examples</name>
  <description>Examples of training different data sets</description>
  <properties>
    <nd4j.version>0.4-rc3.7</nd4j.version>
    <dl4j.version> 0.4-rc3.7</dl4j.version>
    <canova.version>0.0.0.13</canova.version>
    <jackson.version>2.5.1</jackson.version>
```

```xml
    </properties>

    <distributionManagement>
      <snapshotRepository>
        <id>sonatype-nexus-snapshots</id>
        <name>Sonatype Nexus snapshot repository</name>
        <url>https://oss.sonatype.org/content/repositories/snapshots</url>
      </snapshotRepository>
      <repository>
        <id>nexus-releases</id>
        <name>Nexus Release Repository</name>
        <url>http://oss.sonatype.org/service/local/staging/deploy/maven2/</url>
      </repository>
    </distributionManagement>

    <dependencyManagement>
      <dependencies>
        <dependency>
          <groupId>org.nd4j</groupId>
          <artifactId>nd4j-x86</artifactId>
          <version>${nd4j.version}</version>
        </dependency>
      </dependencies>
    </dependencyManagement>

    <dependencies>
      <dependency>
        <groupId>org.deeplearning4j</groupId>
        <artifactId>deeplearning4j-nlp</artifactId>
        <version>${dl4j.version}</version>
      </dependency>
      <dependency>
        <groupId>org.deeplearning4j</groupId>
        <artifactId>deeplearning4j-core</artifactId>
```

```xml
      <version>${dl4j.version}</version>
    </dependency>
    <dependency>
      <groupId>org.deeplearning4j</groupId>
      <artifactId>deeplearning4j-ui</artifactId>
      <version>${dl4j.version}</version>
    </dependency>
    <dependency>
      <groupId>org.nd4j</groupId>
      <artifactId>nd4j-x86</artifactId>
      <version>${nd4j.version}</version>
    </dependency>
    <dependency>
      <artifactId>canova-nd4j-image</artifactId>
      <groupId>org.nd4j</groupId>
      <version>${canova.version}</version>
    </dependency>
    <dependency>
      <artifactId>canova-nd4j-codec</artifactId>
      <groupId>org.nd4j</groupId>
      <version>${canova.version}</version>
    </dependency>
    <dependency>
      <groupId>com.fasterxml.jackson.dataformat</groupId>
      <artifactId>jackson-dataformat-yaml</artifactId>
      <version>${jackson.version}</version>
    </dependency>
  </dependencies>

  <build>
    <plugins>
      <plugin>
        <groupId>org.codehaus.mojo</groupId>
        <artifactId>exec-maven-plugin</artifactId>
        <version>1.4.0</version>
        <executions>
```

```xml
      <execution>
        <goals>
          <goal>exec</goal>
        </goals>
      </execution>
    </executions>
    <configuration>
      <executable>java</executable>
    </configuration>
  </plugin>
  <plugin>
    <groupId>org.apache.maven.plugins</groupId>
    <artifactId>maven-shade-plugin</artifactId>
    <version>1.6</version>
    <configuration>
      <createDependencyReducedPom>true</createDependencyReducedPom>
      <filters>
        <filter>
          <artifact>*:*</artifact>
          <excludes>
            <exclude>org/datanucleus/**</exclude>
            <exclude>META-INF/*.SF</exclude>
            <exclude>META-INF/*.DSA</exclude>
            <exclude>META-INF/*.RSA</exclude>
          </excludes>
        </filter>
      </filters>
    </configuration>
    <executions>
      <execution>
        <phase>package</phase>
        <goals>
          <goal>shade</goal>
        </goals>
        <configuration>
          <transformers>
```

```
                    <transformer implementation="org.apache.maven.plugins.
                    shade.resource.AppendingTransformer">
                      <resource>reference.conf</resource>
                    </transformer>
                    <transformer implementation="org.apache.maven.plugins.
                    shade.resource.ServicesResourceTransformer" />
                    <transformer implementation="org.apache.maven.plugins.
                    shade.resource.ManifestResourceTransformer">
                    </transformer>
                  </transformers>
                </configuration>
              </execution>
            </executions>
          </plugin>
          <plugin>
            <groupId>org.apache.maven.plugins</groupId>
            <artifactId>maven-compiler-plugin</artifactId>
            <configuration>
              <source>1.7</source>
              <target>1.7</target>
            </configuration>
          </plugin>
        </plugins>
      </build>
    </project>
```

17. 이 내용은 필요한 라이브러리(다음 그림 참조)를 자동으로 다운로드하게 해준다.
그러면 이제 코드를 작성할 준비가 된 것이다.

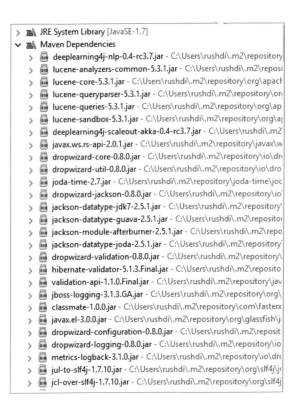

18. https://github.com/deeplearning4j/dl4j-examples/tree/master/dl4j-examples/src/main/resources 페이지에서 raw_sentences.txt 파일을 다운로드해 c:/ 드라이브에 저장한다.

```
Branch: master ▾   dl4j-examples / dl4j-examples / src / main / resources /

  agibsonccc committed on GitHub  Merge pull request #339 from gks141270/master  ...

  ..

  📁 DataExamples        Add files via upload
  📁 NewsData            Done changes as suggested by Adam, Gibson mentioned in pull request a...
  📁 PredictGender       Changes based on Adam's suggestions
  📁 animals             Moving animals examples into main example repo.
  📁 classification      Refactor project structure into modules for dl4j, dl4j-spark, datavec
  📁 paravec             paravec inference example
  📁 rnnRegression       Removed files that are generated when running example
  📄 dropwizard.yml      Refactor project structure into modules for dl4j, dl4j-spark, datavec
  📄 iris.txt            Refactor project structure into modules for dl4j, dl4j-spark, datavec
  📄 log4j.properties    Final Canova->DataVec changes: update pom files + add comments to poms
  📄 logback.xml         Final Canova->DataVec changes: update pom files + add comments to poms
  📄 oneline.txt         Refactor project structure into modules for dl4j, dl4j-spark, datavec
  📄 raw_sentences.txt   Refactor project structure into modules for dl4j, dl4j-spark, datavec
  📄 words.txt           Refactor project structure into modules for dl4j, dl4j-spark, datavec
```

▌ DL4J를 이용한 word2vec 신경망 구현

word2vec은 자연어 텍스트 처리를 위해 두 개의 층을 가진 신경망이라고 볼 수 있다. 일반적인 사용법을 보면 알고리즘에 대한 입력으로 텍스트 말뭉치를 넣어 그 말뭉치의 단어들에 대한 피쳐 벡터를 출력으로 받는다. 텍스트를 심층 신경망deep neural network이 읽고 이해할 수 있는 숫자 형태로 변환하는 것이기 때문에 word2vec은 엄밀하게 말하면 심층 신경망이라고 할 수 없다. 이 레시피에서는 원시 텍스트에 word2vec을 적용하기 위해 자바를 위한 딥러닝DL4J이라 불리는 유명한 자바 라이브러리를 사용하는 방법을 보여줄 것이다.

실행 방법

1. Word2VecRawTextExample이라는 이름으로 클래스를 생성한다.

   ```
   public class Word2VecRawTextExample {
   ```

2. 이 클래스에서 로그 메시지를 보기 위한 logger를 생성한다. 메이븐을 사용해 프로젝트를 빌드했기 때문에 logger 기능은 프로젝트에 이미 포함돼 있다.

   ```
   private static Logger log = LoggerFactory.getLogger(Word2VecRawTextExam
   ple.class);
   ```

3. main 메소드를 시작한다.

   ```
   public static void main(String[] args) throws Exception {
   ```

4. 가장 먼저 할 일은 다운로드한 raw_sentences.txt 파일의 경로를 설정하는 것이다.

   ```
   String filePath = "c:/raw_sentences.txt";
   ```

5. 이제 txt 파일에서 원시 텍스트를 가져와 iterator를 통해 전체 문장을 확인하고 전처리한다(예를 들어 모두 소문자로 변환하고, 각 줄의 앞뒤 공백을 제거한다).

   ```
   log.info("문장 로드 & 벡터화....");
   SentenceIterator iter = UimaSentenceIterator.createWithPath(filePath);
   ```

6. word2vec은 문장보다는 단어 또는 토큰을 사용한다. 따라서 다음 작업은 원시 텍스트를 토큰화하는 것이다.

```
TokenizerFactory t = new DefaultTokenizerFactory();
t.setTokenPreProcessor(new CommonPreprocessor());
```

7. 어휘 캐시^{Vocabulary cache 또는 Vocab cache}는 TF–IDF[1] 등과 같이 일반적인 자연어 처리를 위한 DL4j의 메커니즘이다. InMemoryLookupCache는 그에 대한 참조 구현이다.

```
InMemoryLookupCache cache = new InMemoryLookupCache();
WeightLookupTable table = new InMemoryLookupTable.Builder()
    .vectorLength(100)
    .useAdaGrad(false)
    .cache(cache)
    .lr(0.025f).build();
```

8. 이제 데이터 준비가 끝났으니 word2vec 신경망을 구성해보자.

```
log.info("모델 생성....");
Word2Vec vec = new Word2Vec.Builder()
    .minWordFrequency(5)
    .iterations(1)
    .layerSize(100)
    .lookupTable(table)
    .stopWords(new ArrayList<String>())
    .vocabCache(cache).seed(42)
    .windowSize(5).iterate(iter).tokenizerFactory(t).build();
```

---

1 TF–IDF(Term Frequency–Inverse Document Frequency)는 정보 검색과 텍스트 마이닝에서 이용하는 가중치로, 여러 문서로 이루어진 문서군이 있을 때 어떤 단어가 특정 문서 내에서 얼마나 중요한 것인지 나타내는 통계적 수치이다. 문서의 핵심어를 추출하거나, 검색 엔진에서 검색 결과의 순위를 결정하거나, 문서들 사이의 비슷한 정도를 구하는 등의 용도로 사용할 수 있다. 출처: 위키피디아 – 옮긴이

minWordFrequency는 말뭉치에 나타나는 단어의 최소 출현 빈도이다. 이 레시피에서는 5번 이상 나타나지 않으면 그 단어는 학습하지 않는다. 단어는 다양한 문맥에서 여러 번 사용돼야 유용한 피쳐로서 학습될 수 있다. 만약 매우 큰 말뭉치를 가지고 있다면 최소 출현 빈도를 높이는 것이 좋다. layerSize는 단어 벡터의 피쳐 수 또는 피쳐의 차원을 말한다. 이제 이 신경망 모델의 학습을 시작한다.

```
log.info("Word2Vec 모델 학습....");
vec.fit();
```

9. 신경망에서 생성된 단어 벡터를 출력 파일로 저장한다. 이 경우에는 출력을 c:/word2vec.txt 파일로 저장한다.

```
log.info("단어 벡터를 텍스트 파일로 저장....");
WordVectorSerializer.writeWordVectors(vec, "c:/word2vec.txt");
```

10. 여기서 피쳐 벡터의 품질을 평가할 수 있다. vec.wordsNearest("word1", numWordsNearest)는 신경망에 의해 의미상 유사한 단어로 군집화된 단어 목록을 제공한다. wordsNearest 메소드의 두 번째 매개변수는 얻고자 하는 근접 단어의 수이다. vec.similarity("word1","word2")는 입력한 두 단어의 코사인 유사도를 알려준다. 1에 가까울수록 두 단어는 유사성이 높다.

```
log.info("근접 단어:");
Collection<String> lst = vec.wordsNearest("man", 5);
System.out.println(lst);
double cosSim = vec.similarity("cruise", "voyage");
System.out.println(cosSim);
```

11. 앞 코드의 출력은 다음과 같을 것이다.

```
[family, part, house, program, business]
1.0000001192092896
```

12. main 메소드와 클래스를 닫는다.

```
}
}
```

작동 방식

1. 이클립스의 프로젝트명을 선택한 상태에서 마우스 오른쪽 버튼을 클릭하고, New
 〉 Package를 선택한다. 패키지명으로 다음과 같이 word2vec.chap8.science.
 data라고 입력한 다음 Finish 버튼을 클릭한다.

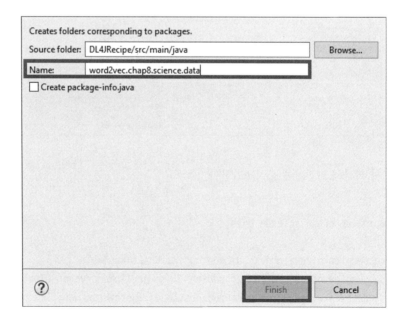

2. 생성된 패키지명을 선택하고 마우스 오른쪽 버튼을 클릭한 후 **New ❯ Class**를 선택한다. 클래스명에 Word2VecRawTextExample이라고 입력한다. **Finish** 버튼을 클릭한다.

다음 코드를 복사해 편집기에 붙여넣기한다.

```
package word2vec.chap8.science.data;

import org.deeplearning4j.models.embeddings.WeightLookupTable;
import org.deeplearning4j.models.embeddings.inmemory.InMemoryLookupTable;
import org.deeplearning4j.models.embeddings.loader.WordVectorSerializer;
import org.deeplearning4j.models.word2vec.Word2Vec;
import org.deeplearning4j.models.word2vec.wordstore.inmemory.
```

```
InMemoryLookupCache;
import org.deeplearning4j.text.sentenceiterator.SentenceIterator;
import org.deeplearning4j.text.sentenceiterator.UimaSentenceIterator;
import org.deeplearning4j.text.tokenization.tokenizer.preprocessor.
CommonPreprocessor;
import org.deeplearning4j.text.tokenization.tokenizerfactory.
DefaultTokenizerFactory;
import org.deeplearning4j.text.tokenization.tokenizerfactory.TokenizerFactory;
import org.slf4j.Logger;
import org.slf4j.LoggerFactory;
import java.util.ArrayList;
import java.util.Collection;

public class Word2VecRawTextExample {
  private static Logger log = LoggerFactory.getLogger(Word2VecRawTextExample.
  class);

  public static void main(String[] args) throws Exception {
    // 텍스트 파일 경로 설정
    String filePath = "c:/raw_sentences.txt";

    log.info("문장 로드 & 벡터화....");
    // 각 줄 앞뒤 공백을 제거
    SentenceIterator iter = UimaSentenceIterator.createWithPath(filePath);
    // 공백을 기준으로 각 줄의 단어 토큰화
    TokenizerFactory t = new DefaultTokenizerFactory();
    t.setTokenPreProcessor(new CommonPreprocessor());
    InMemoryLookupCache cache = new InMemoryLookupCache();
    WeightLookupTable table = new InMemoryLookupTable.Builder()
        .vectorLength(100)
        .useAdaGrad(false)
        .cache(cache)
        .lr(0.025f).build();

    log.info("모델 생성....");
    Word2Vec vec = new Word2Vec.Builder()
```

```
        .minWordFrequency(5).iterations(1)
        .layerSize(100).lookupTable(table)
        .stopWords(new ArrayList<String>())
        .vocabCache(cache).seed(42)
        .windowSize(5).iterate(iter).tokenizerFactory(t).build();

    log.info("Word2Vec 모델 학습....");
    vec.fit();

    log.info("단어 벡터를 텍스트 파일로 저장....");
    // 단어 저장
    WordVectorSerializer.writeWordVectors(vec, "word2vec.txt");

    log.info("근접 단어:");
    Collection<String> lst = vec.wordsNearest("man", 5);
    System.out.println(lst);
    double cosSim = vec.similarity("cruise", "voyage");
    System.out.println(cosSim);
  }
}
```

더 보기

- minWordFrequency: 단어의 최소 출현 빈도. 이 레시피에서는 5번보다 적게 나타나는 단어는 학습하지 않는다. 단어는 다양한 문맥에서 나타나야 유용한 피쳐로 학습될 수 있다. 만약 매우 큰 말뭉치를 가지고 있다면 최솟값을 늘려주는 것이 좋다.

- iterations: 이 숫자는 한 묶음의 데이터에 대해 신경망이 학습을 진행해 계수coefficients를 업데이트하는 과정을 몇 번 반복할 것인지를 나타낸다. 반복 횟수가 너무 적으면 학습이 충분히 이루어지지 않으며, 반대로 너무 많으면 신경망의 학습 시간이 너무 길어진다.

- layerSize: 단어 벡터의 피쳐 수 또는 피쳐의 차원을 가리킨다.
- 한 묶음의 데이터셋에 대해 신경망이 한 번 학습하는 것을 1회 반복이라고 한다.
- tokenizer: 데이터로부터 단어들을 추출한다.

DL4j를 이용한 DBN 신경망 구현

DBN^{deep belief network}은 이전 층과 이후 층이 서로 연결된 제한된 볼츠만 머신^{RBM, Restricted Boltzmann Machine}을 여러 층으로 쌓은 것이라고 정의할 수 있다. 이 레시피에서는 이 신경망을 생성하는 방법을 보여줄 것이다. 단순함을 위해 여기서는 신경망의 은닉층^{hidden layer}을 하나로 제한했다. 따라서 엄밀히 말하면 여기서 생성한 신경망은 심층 구조가 아니므로 독자 여러분이 은닉층을 더 추가해볼 것을 권한다.

실행 방법

1. DBNIrisExample이라는 이름으로 클래스를 생성한다.

```
public class DBNIrisExample {
```

2. 클래스의 로그 메시지를 위해 logger를 생성한다.

```
private static Logger log = LoggerFactory.getLogger(DBNIrisExample.
class);
```

3. main 메소드를 시작한다.

```
public static void main(String[] args) throws Exception {
```

4. 먼저 Nd4j 클래스의 두 매개변수를 설정한다. 출력할 슬라이스 수의 최댓값과 슬라이스당 최대 개체수이다. 모두 -1로 설정한다.

```
Nd4j.MAX_SLICES_TO_PRINT = -1;
Nd4j.MAX_ELEMENTS_PER_SLICE = -1;
```

5. 그리고 나서 다른 매개변수들을 설정한다.

```
final int numRows = 4;
final int numColumns = 1;
int outputNum = 3;
int numSamples = 150;
int batchSize = 150;
int iterations = 5;
int splitTrainNum = (int) (batchSize * .8);
int seed = 123;
int listenerFreq = 1;
```

- DL4j에서 입력 데이터는 2차원 데이터일 수 있다. 따라서 데이터의 행과 열 수를 지정해줄 필요가 있다. Iris 데이터셋은 1차원이므로 여기서 열 수는 1로 설정한다.

- 코드에서 numSamples는 전체 데이터 수이고, batchSize는 한 번의 배치마다 학습시킬 데이터의 수이다.

- splitTrainNum은 데이터에서 트레이닝셋과 테스트셋을 분할하기 위한 변수이다. 여기서는 전체 데이터의 80%를 트레이닝 데이터로, 나머지를 테스트 데이터로 사용한다.

- listenerFreq는 프로세스를 진행하면서 비용 함수^{loss function}의 값을 얼마나 자주 로그로 볼 것인지 결정한다. 여기서 이 값을 1로 설정하면 반복할 때마다 로그를 출력한다.

6. 배치 사이즈 및 샘플 수 정보를 가지고 Iris 데이터셋을 자동으로 로드하기 위해 다음 코드를 사용한다.

```
log.info("데이터 로드....");
DataSetIterator iter = new IrisDataSetIterator(batchSize, numSamples);
```

7. 데이터를 정규화시킨다^{normalize}.

```
DataSet next = iter.next();
next.normalizeZeroMeanZeroUnitVariance();
```

8. 그 다음에, 데이터를 트레이닝셋과 테스트셋으로 분할한다. 분할을 할 때 무작위 선택을 위한 시드^{seed} 값을 사용하며, 학습 효과를 높이기 위해 수치적 안정성^{numerical stability}을 적용하도록 설정한다.

```
log.info("데이터 분할....");
SplitTestAndTrain testAndTrain = next.splitTestAndTrain(splitTrainNum,
new Random(seed));
DataSet train = testAndTrain.getTrain();
DataSet test = testAndTrain.getTest();
Nd4j.ENFORCE_NUMERICAL_STABILITY = true;
```

9. 이제 모델을 생성하기 위해 다음 코드를 작성한다.

```
MultiLayerConfiguration conf = new NeuralNetConfiguration.Builder()
    .seed(seed)
    .iterations(iterations)
    .learningRate(1e-6f)
    .optimizationAlgo(OptimizationAlgorithm.CONJUGATE_GRADIENT)
    .l1(1e-1).regularization(true).l2(2e-4)
    .useDropConnect(true)
    .list(2)
```

10. 위 코드를 자세히 살펴보자.

- seed 메소드를 통해 튜닝을 위한 가중치^weight 초기화를 설정한다.
- 예측과 분류를 하기 위한 학습의 반복 횟수^iterations를 정한다.
- 학습 속도를 결정하는 학습률을 정의하고, 비용 함수의 경사도^gradients를 계산하기 위한 역전파^Back Propagation 알고리즘을 선택한다.
- 마지막에 list( ) 메소드에서 신경망의 층 수에 대한 매개변수로 2를 설정했다(입력층 제외).

11. 앞 단계의 코드에 다음 메소드를 계속 추가한다. 이 코드는 신경망의 첫 번째 층을 설정하는 코드이다.

```
.layer(0, new RBM.Builder(RBM.HiddenUnit.RECTIFIED, RBM.VisibleUnit.
GAUSSIAN)
    .nIn(numRows * numColumns)
    .nOut(3)
    .weightInit(WeightInit.XAVIER)
    .k(1)
    .activation("relu")
    .lossFunction(LossFunctions.LossFunction.RMSE_XENT)
    .updater(Updater.ADAGRAD)
    .dropOut(0.5)
    .build()
)
```

- 첫 번째 줄의 0은 층의 인덱스 번호이다.
- k()는 대조 발산^contrastive divergence[2]을 실행하는 횟수에 대한 변수이다.
- Iris 데이터는 부동소수^float 값이기 때문에 여기서는 모델이 연속된 수를 처리할 수 있도록 바이너리 RBM이 아닌 RBM.VisibleUnit.GAUSSIAN을

---

2 대조 발산은 학습에 사용하는 심층 신경망에서 가중치와 오차의 기울기(gradients)를 구하는 알고리즘이다. – 옮긴이

사용한다.

- Updater.ADAGRAD는 학습률을 최적화하기 위해 사용된다.

12. 그 다음에 앞 단계의 코드에 다음 메소드를 계속 추가한다. 이 코드는 신경망의 1번(두 번째) 층을 설정하기 위한 것이다.

```
.layer(1, new OutputLayer.Builder(LossFunctions.LossFunction.MCXENT)
    .nIn(3)
    .nOut(outputNum)
    .activation("softmax")
    .build()
).build();
```

13. 모델 생성을 끝내고 초기화한다.

```
MultiLayerNetwork model = new MultiLayerNetwork(conf);
model.init();
```

14. 모델 구성이 끝났으므로 학습을 시작한다.

```
model.setListeners(Arrays.asList((IterationListener) new ScoreIteration
Listener(listenerFreq)));
log.info("모델 학습....");
model.fit(train);
```

15. 다음 코드를 통해 가중치를 평가해볼 수 있다.

```
log.info("추정된 가중치....");
for(org.deeplearning4j.nn.api.Layer layer : model.getLayers()) {
    INDArray w = layer.getParam(DefaultParamInitializer.WEIGHT_KEY);
    log.info("Weights: " + w);
}
```

16. 마지막으로 모델을 평가한다.

```
log.info("모델 평가....");
Evaluation eval = new Evaluation(outputNum);
INDArray output = model.output(test.getFeatureMatrix());
for (int i = 0; i < output.rows(); i++) {
  String actual = test.getLabels().getRow(i).toString().trim();
  String predicted = output.getRow(i).toString().trim();
  log.info("actual " + actual + " vs predicted " + predicted);
}
eval.eval(test.getLabels(), output);
log.info(eval.stats());
```

17. 위 코드의 출력은 다음과 같을 것이다.

```
=========================Scores=============================
Accuracy: 0.8333
Precision: 1
Recall: 0.8333
F1 Score: 0.9090909090909091
```

18. 끝으로 main 메소드와 클래스를 닫는다.

```
  }
}
```

작동 방식

1. 이클립스의 프로젝트명을 선택한 상태에서 마우스 오른쪽 버튼을 클릭하고, New 〉 Package를 선택한다. 패키지명으로 다음과 같이 deepbelief.chap8. science.data라고 입력한 후 Finish 버튼을 클릭한다.

2. 생성된 패키지명을 선택하고 마우스 오른쪽 버튼을 클릭한 후 New › Class를 선택한다. 클래스명에 DBNIrisExample이라고 입력한다. Finish 버튼을 클릭한다.

편집기에서 다음 코드를 복사해 붙여넣기한다.

```
package deepbelief.chap8.science.data;

import org.deeplearning4j.datasets.iterator.DataSetIterator;
import org.deeplearning4j.datasets.iterator.impl.IrisDataSetIterator;
import org.deeplearning4j.eval.Evaluation;
import org.deeplearning4j.nn.api.OptimizationAlgorithm;
import org.deeplearning4j.nn.conf.MultiLayerConfiguration;
import org.deeplearning4j.nn.conf.NeuralNetConfiguration;
import org.deeplearning4j.nn.conf.Updater;
import org.deeplearning4j.nn.conf.layers.OutputLayer;
import org.deeplearning4j.nn.conf.layers.RBM;
import org.deeplearning4j.nn.multilayer.MultiLayerNetwork;
import org.deeplearning4j.nn.params.DefaultParamInitializer;
import org.deeplearning4j.nn.weights.WeightInit;
import org.deeplearning4j.optimize.api.IterationListener;
import org.deeplearning4j.optimize.listeners.ScoreIterationListener;
import org.nd4j.linalg.api.ndarray.INDArray;
import org.nd4j.linalg.dataset.DataSet;
import org.nd4j.linalg.dataset.SplitTestAndTrain;
import org.nd4j.linalg.factory.Nd4j;
import org.nd4j.linalg.lossfunctions.LossFunctions;
import org.slf4j.Logger;
import org.slf4j.LoggerFactory;
import java.util.Arrays;
import java.util.Random;

public class DBNIrisExample {
  private static Logger log = LoggerFactory.getLogger(DBNIrisExample.class);
  public static void main(String[] args) throws Exception {
    Nd4j.MAX_SLICES_TO_PRINT = -1;
```

```
Nd4j.MAX_ELEMENTS_PER_SLICE = -1;
final int numRows = 4;
final int numColumns = 1;
int outputNum = 3;
int numSamples = 150;
int batchSize = 150;
int iterations = 5;
int splitTrainNum = (int) (batchSize * .8);
int seed = 123;
int listenerFreq = 1;

log.info("데이터 로드....");
DataSetIterator iter = new IrisDataSetIterator(batchSize, numSamples);
DataSet next = iter.next();
next.normalizeZeroMeanZeroUnitVariance();

log.info("데이터 분할....");
SplitTestAndTrain testAndTrain = next.splitTestAndTrain(splitTrainNum, new
Random(seed));
DataSet train = testAndTrain.getTrain();
DataSet test = testAndTrain.getTest();
Nd4j.ENFORCE_NUMERICAL_STABILITY = true;

log.info("모델 생성....");
MultiLayerConfiguration conf = new NeuralNetConfiguration.Builder()
    .seed(seed)
    .iterations(iterations)
    .learningRate(1e-6f)
    .optimizationAlgo(OptimizationAlgorithm.CONJUGATE_GRADIENT)
    .l1(1e-1).regularization(true).l2(2e-4)
    .useDropConnect(true)
    .list(2)
    .layer(0, new RBM.Builder(RBM.HiddenUnit.RECTIFIED, RBM.VisibleUnit.
    GAUSSIAN)
        .nIn(numRows * numColumns)
        .nOut(3)
```

```
            .weightInit(WeightInit.XAVIER)
            .k(1)
            .activation("relu")
            .lossFunction(LossFunctions.LossFunction.RMSE_XENT)
            .updater(Updater.ADAGRAD)
            .dropOut(0.5)
            .build()
    )
    .layer(1, new OutputLayer.Builder(LossFunctions.LossFunction.MCXENT)
        .nIn(3)
        .nOut(outputNum)
        .activation("softmax")
        .build()
    )
    .build();
MultiLayerNetwork model = new MultiLayerNetwork(conf);
model.init();

model.setListeners(Arrays.asList((IterationListener) new ScoreIterationList
ener(listenerFreq)));

log.info("모델 학습....");
model.fit(train);

log.info("추정된 가중치....");
for(org.deeplearning4j.nn.api.Layer layer : model.getLayers()) {
  INDArray w = layer.getParam(DefaultParamInitializer.WEIGHT_KEY);
  log.info("Weights: " + w);
}

log.info("모델 평가....");
Evaluation eval = new Evaluation(outputNum);
INDArray output = model.output(test.getFeatureMatrix());
for (int i = 0; i < output.rows(); i++) {
  String actual = test.getLabels().getRow(i).toString().trim();
  String predicted = output.getRow(i).toString().trim();
```

```
        log.info("actual " + actual + " vs predicted " + predicted);
    }

    eval.eval(test.getLabels(), output);
    log.info(eval.stats());
  }
}
```

▌ DL4j를 이용한 오토인코더 구현

오토인코더는 두 개의 DBN이 서로 대칭으로 구성된 심층 신경망이다. 이 신경망은 일반
적으로 절반은 인코딩^{encoding}, 나머지 절반은 디코딩^{decoding}으로 나눠지는 4개 또는 5개의
얕은 층(RBM)을 갖는다. 이 레시피에서는 하나의 입력층과 네 개의 인코딩층, 네 개의 디
코딩층, 하나의 출력층으로 이루어지는 오토인코더를 구성할 것이다. 그리고 여기서는
매우 많이 사용되는 MNIST 데이터셋을 사용할 것이다.

 MNIST에 대해 알아보려면 http://yann.lecun.com/exdb/mnist/를 방문하면 된다. 또한
오토인코더에 대해 더 알고 싶다면 https://deeplearning4j.org/deepautoencoder를 방
문해보라.

실행 방법

1. DeepAutoEncoderExample라는 이름으로 클래스를 생성한다.

```
public class DeepAutoEncoderExample {
```

2. 코드에서 로그 메시지를 보기 위해 클래스에 logger를 생성한다.

```
private static Logger log = LoggerFactory.getLogger(DeepAutoEncoderExam
ple.class);
```

3. main 메소드를 시작한다.

```
public static void main(String[] args) throws Exception {
```

4. main 메소드의 시작 부분에 오토인코더 구성에 필요한 매개변수들을 설정한다.

```
final int numRows = 28;
final int numColumns = 28;
int seed = 123;
int numSamples = MnistDataFetcher.NUM_EXAMPLES;
int batchSize = 1000;
int iterations = 1;
int listenerFreq = iterations/5;
```

- MNIST 데이터베이스의 이미지 사이즈는 28×28픽셀이므로 행과 열을 모두 28로 설정한다.
- 무작위 선택을 위한 seed를 123으로 선택한다.
- numSamples는 예제 데이터셋의 전체 샘플 수이다.
- 1회 학습 시마다 1,000개의 데이터 샘플을 사용하기 때문에 batchSize는 1,000으로 설정한다.
- listenerFreq는 프로세스에서 비용함수의 값을 얼마나 자주 출력할 것인지 결정한다.

5. 다음으로 batchSize와 numSamples 정보를 통해 MNIST 데이터 포인트를 로드한다.

```
log.info("데이터 로드....");
DataSetIterator iter = new MnistDataSetIterator(batchSize,numSamples,tr
ue);
```

6. 이제 신경망을 구성한다. 첫 번째로 seed와 반복 횟수를 설정하고, 최적화 알고
   리즘을 선형 경사하강법^{gradient descent}으로 설정한다. 또한 1개의 입력층, 4개의
   인코딩층, 4개의 디코딩층, 1개의 출력층 등 모두 10개의 층임을 설정한다.

```
log.info("모델 생성....");
MultiLayerConfiguration conf = new NeuralNetConfiguration.Builder()
    .seed(seed)
    .iterations(iterations)
    .optimizationAlgo(OptimizationAlgorithm.LINE_GRADIENT_DESCENT)
    .list(10)
```

7. 앞 단계의 코드에 다음을 계속해서 추가한다. 이것은 역전파 알고리즘을 갖는
   10개의 층을 생성하는 코드이다.

```
.layer(0, new RBM.Builder().nIn(numRows * numColumns).nOut(1000).
lossFunction(LossFunctions.LossFunction.RMSE_XENT).build())
.layer(1, new RBM.Builder().nIn(1000).nOut(500).lossFunction
(LossFunctions.LossFunction.RMSE_XENT).build())
.layer(2, new RBM.Builder().nIn(500).nOut(250).lossFunction
(LossFunctions.LossFunction.RMSE_XENT).build())
.layer(3, new RBM.Builder().nIn(250).nOut(100).lossFunction
(LossFunctions.LossFunction.RMSE_XENT).build())
.layer(4, new RBM.Builder().nIn(100).nOut(30).lossFunction
(LossFunctions.LossFunction.RMSE_XENT).build()) // 인코딩층 끝
.layer(5, new RBM.Builder().nIn(30).nOut(100).lossFunction
(LossFunctions.LossFunction.RMSE_XENT).build()) // 디코딩층 시작
.layer(6, new RBM.Builder().nIn(100).nOut(250).lossFunction
(LossFunctions.LossFunction.RMSE_XENT).build())
```

```
.layer(7, new RBM.Builder().nIn(250).nOut(500).lossFunction
(LossFunctions.LossFunction.RMSE_XENT).build())
.layer(8, new RBM.Builder().nIn(500).nOut(1000).lossFunction
(LossFunctions.LossFunction.RMSE_XENT).build())
.layer(9, new OutputLayer.Builder(LossFunctions.LossFunction.RMSE_
XENT).nIn(1000).nOut(numRows*numColumns).build())
.pretrain(true).backprop(true) .build();
```

8. 이제 모델 구성이 끝났으므로 모델을 초기화한다.

```
MultiLayerNetwork model = new MultiLayerNetwork(conf);
model.init();
```

9. 학습을 진행한다.

```
model.setListeners(Arrays.asList((IterationListener) new ScoreIteration
Listener(listenerFreq)));
log.info("모델 학습....");
while(iter.hasNext()) {
  DataSet next = iter.next();
  model.fit(new DataSet(next.getFeatureMatrix(),next.
getFeatureMatrix()));
}
```

10. 끝으로 main 메소드와 클래스를 닫는다.

```
  }
}
```

작동 방식

1. 이클립스의 프로젝트명을 선택한 상태에서 마우스 오른쪽 버튼을 클릭하고,
    New ➤ Package를 선택한다. 패키지명으로 다음과 같이 deepbelief.chap8.
    science.data라고 입력한 후 Finish 버튼을 클릭한다.

2. 생성된 패키지명을 선택하고 마우스 오른쪽 버튼을 클릭한 후 New ➤ Class를 선
    택한다. 클래스명에 DeepAutoEncoderExample이라고 입력한다. Finish 버튼을
    클릭한다.

편집기에서 다음 코드를 복사해 붙여넣기한다.

```java
package deepbelief.chap8.science.data;

import org.deeplearning4j.datasets.fetchers.MnistDataFetcher;
import org.deeplearning4j.datasets.iterator.impl.MnistDataSetIterator;
import org.deeplearning4j.nn.api.OptimizationAlgorithm;
import org.deeplearning4j.nn.conf.MultiLayerConfiguration;
import org.deeplearning4j.nn.conf.NeuralNetConfiguration;
import org.deeplearning4j.nn.conf.layers.OutputLayer;
import org.deeplearning4j.nn.conf.layers.RBM;
import org.deeplearning4j.nn.multilayer.MultiLayerNetwork;
import org.deeplearning4j.optimize.api.IterationListener;
import org.deeplearning4j.optimize.listeners.ScoreIterationListener;
import org.nd4j.linalg.dataset.DataSet;
import org.nd4j.linalg.dataset.api.iterator.DataSetIterator;
import org.nd4j.linalg.lossfunctions.LossFunctions;
import org.slf4j.Logger;
import org.slf4j.LoggerFactory;
import java.util.Arrays;

public class DeepAutoEncoderExample {
  private static Logger log = LoggerFactory.getLogger(DeepAutoEncoderExample.
  class);
```

```java
public static void main(String[] args) throws Exception {
    final int numRows = 28;
    final int numColumns = 28;
    int seed = 123;
    int numSamples = MnistDataFetcher.NUM_EXAMPLES;
    int batchSize = 1000;
    int iterations = 1;
    int listenerFreq = iterations/5;

    log.info("데이터 로드....");
    DataSetIterator iter = new MnistDataSetIterator(batchSize,numSamples,true);

    log.info("모델 생성....");
    MultiLayerConfiguration conf = new NeuralNetConfiguration.Builder()
        .seed(seed)
        .iterations(iterations)
        .optimizationAlgo(OptimizationAlgorithm.LINE_GRADIENT_DESCENT)
        .list(10)
        .layer(0, new RBM.Builder().nIn(numRows * numColumns).nOut(1000).
        lossFunction(LossFunctions.LossFunction.RMSE_XENT).build())
        .layer(1, new RBM.Builder().nIn(1000).nOut(500).lossFunction
        (LossFunctions.LossFunction.RMSE_XENT).build())
        .layer(2, new RBM.Builder().nIn(500).nOut(250).lossFunction
        (LossFunctions.LossFunction.RMSE_XENT).build())
        .layer(3, new RBM.Builder().nIn(250).nOut(100).lossFunction
        (LossFunctions.LossFunction.RMSE_XENT).build())
        .layer(4, new RBM.Builder().nIn(100).nOut(30).lossFunction
        (LossFunctions.LossFunction.RMSE_XENT).build()) // 인코딩층 끝
        .layer(5, new RBM.Builder().nIn(30).nOut(100).lossFunction
        (LossFunctions.LossFunction.RMSE_XENT).build()) // 디코딩층 시작
        .layer(6, new RBM.Builder().nIn(100).nOut(250).lossFunction
        (LossFunctions.LossFunction.RMSE_XENT).build())
        .layer(7, new RBM.Builder().nIn(250).nOut(500).lossFunction
        (LossFunctions.LossFunction.RMSE_XENT).build())
        .layer(8, new RBM.Builder().nIn(500).nOut(1000).lossFunction
        (LossFunctions.LossFunction.RMSE_XENT).build())
```

```
        .layer(9, new OutputLayer.Builder (LossFunctions.LossFunction.RMSE_
        XENT).nIn(1000).nOut(numRows*numColumns).
build())
        .pretrain(true).backprop(true) .build();

    MultiLayerNetwork model = new MultiLayerNetwork(conf);
    model.init();

    model.setListeners(Arrays.asList((IterationListener) new ScoreIterationList
    ener(listenerFreq)));

    log.info("모델 학습....");
    while(iter.hasNext()) {
      DataSet next = iter.next();
      model.fit(new DataSet(next.getFeatureMatrix(),next.getFeatureMatrix()));
    }
  }
}
```

09

데이터 시각화

9장에서는 다음과 같은 레시피를 다룰 것이다.

- 2D 사인 그래프 그리기
- 히스토그램 그리기
- 막대 차트 그리기
- 상자 수염 플롯 그리기
- 산점도 그리기
- 도넛 플롯 그리기
- 영역 그래프 그리기

▌ 서론

데이터 시각화는 데이터를 바탕으로 점, 선, 막대 등을 이용한 정보의 시각적인 의사소통이기 때문에 데이터 과학 분야에서 점점 더 중요해지고 있다. 시각화는 데이터 과학자들 간의 의사소통뿐만 아니라 데이터의 분포나 특성에 대해 전혀 또는 거의 알지 못하는 사람들에게 정보를 제공하기 위해서도 사용된다. 많은 경우 데이터 시각화는 경영진, 이해관계자, 비즈니스 임원이 의사 결정을 하거나 트렌드를 이해하기 위해 사용된다.

9장에서는 사인^{sine} 그래프, 히스토그램^{histogram}, 막대 차트$^{bar\ chart}$, 상자 수염 플롯$^{box\ and\ whisker\ plot}$, 산점도$^{scatter\ plot}$, 도넛 또는 파이 플롯, 영역 그래프$^{area\ graph}$를 사용해 데이터를 시각화하는 7개의 레시피를 다룰 것이다. 이 책에서는 아주 짧은 소개 외에는 이 플롯들에 대한 배경 지식, 장점, 사용 분야 등에 관한 자세한 정보를 제공하지 않는다. 그보다는 자바 라이브러리를 사용해 시각화를 구현하는 기술적인 면에 중점을 둔다.

9장에서는 데이터를 그래프로 표현하기 위해 GRAphing Library의 약자인 GRAL이라고 부르는 자바 라이브러리를 사용할 것이다. 이 책에서 데이터 시각화 레시피를 위해 GRAL을 선택한 몇 가지 이유가 있다.

- 포괄적인 클래스 모음
- 스무딩^{smoothing}, 스케일 조정, 통계, 히스토그램 등과 같은 데이터 처리 기능 제공
- 데이터 과학자에게 유용한 플롯 제공. 다음과 같은 플롯들이 포함된다.
    - xy 플롯/산점도
    - 버블 차트
    - 라인 차트
    - 영역 차트
    - 막대 차트
    - 파이 차트
    - 도넛 차트

    - 상자 수염 플롯
    - 래스터raster 플롯
- 범례 표시 기능
- 다양한 형식의 데이터 소스 지원(CSV, 비트맵 이미지 데이터, 오디오 파일 데이터 등)
- 비트맵 또는 벡터 파일 형식(PNG, GIF, JPEG, EPS, PDF, SVG)으로 플롯 내보내기
- 적은 메모리 사용(약 300킬로바이트)

관심 있는 독자라면 다음 페이지를 통해 다양한 자바 데이터 시각화 라이브러리를 비교해볼 것을 권한다. https://github.com/eseifert/gral/wiki/comparison

2D 사인 그래프 그리기

이 레시피에서는 무료 자바 그래프 라이브러리인 GRAL로 2D 사인 그래프를 그려본다. 사인 그래프는 데이터의 변동을 모델링하기 위해 (예를 들어 가 보고 싶은 지역의 온도 데이터를 사용해 시간에 따른 예측 모델을 만드는 경우) 사용되는 삼각함수 그래프 중 하나이기 때문에 데이터 과학자에게 아주 유용할 수 있다.

준비

1. GRAL을 프로젝트에 사용하기 위해서는 먼저 GRAL jar 파일을 다운로드해서 프로젝트에 외부 자바 라이브러리로 추가해야 한다. http://trac.erichseifert.de/gral/wiki/Download 페이지로 이동한 다음 Legacy versions 부분에서 Version 0.10 아래에 있는 GRAL을 다운로드한다. 다운로드할 파일명은 gral-core-0.10.zip이다.

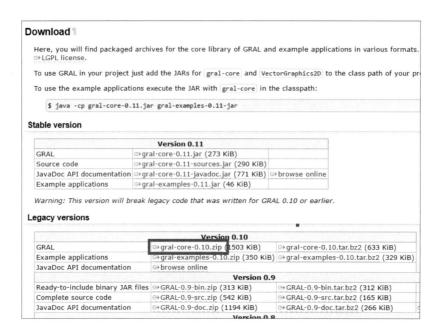

다운로드가 완료된 다음 압축을 해제하면 다음과 같은 폴더와 파일이 보일 것
이다. 이 중에서 필요한 것은 lib 폴더이다.

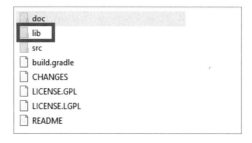

2. lib 폴더로 들어가면 두 개의 jar 파일(gral-core-0.10, VectorGraphics2D-0.9.1)이
   있을 것이다. 이 레시피에서는 gral-core-0.10.jar 파일만 사용한다.

3. 이클립스 프로젝트에서 이 jar 파일을 외부 라이브러리 파일로 추가한다.

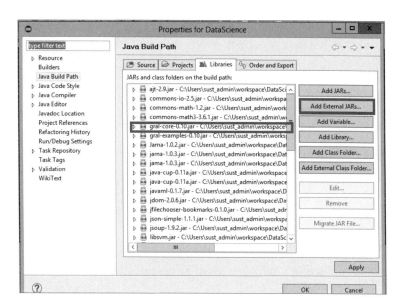

4. 이제 사인 그래프를 그리기 위한 준비가 끝났다.

실행 방법

1. 우선, JFrame상에 그래프를 출력할 것이기 때문에 JFrame을 상속받아 SineGraph
라는 이름으로 자바 클래스를 생성한다.

```
public class SineGraph extends JFrame {
```

2. 직렬화^{serialize}에 필요한 serialVersionUID를 클래스 변수로 선언한다.

```
private static final long serialVersionUID = 1L;
```

3. serialVersionUID는 Serializable 클래스에서 버전을 관리하기 위해 부여하는 값이다. serialVersionUID를 명시적으로 선언하지 않으면 JVM이 자동으로 값을 부여한다. 이와 관련된 자세한 설명은 이 책의 범위를 벗어나기 때문에 http://docs.oracle.com/javase/1.5.0/docs/api/java/io/Serializable.html 페이지를 참조하라.

4. 그 다음에 클래스를 위한 생성자constructor를 만든다. 생성자에서는 프레임을 닫을 때 프레임의 동작을 정의하고, 사인 그래프를 그리기 위한 프레임 크기를 정의하고, 또 루프를 통해 값을 생성해 데이터 테이블을 만든다. 이렇게 임의로 생성한 데이터를 통해 사인 그래프를 그린다. 실제 데이터는 완벽한 사인 그래프가 아닐 수도 있기 때문이다.

```
public SineGraph() throws FileNotFoundException, IOException {
```

5. 프레임을 닫을 때의 기본 동작을 설정한다.

```
setDefaultCloseOperation(EXIT_ON_CLOSE);
```

6. 프레임의 크기를 설정한다.

```
setSize(1600, 1400);
```

7. 루프를 사용해 x와 y값을 임의적으로 생성한 후 이를 데이터 테이블에 넣는다.

```
DataTable data = new DataTable(Double.class, Double.class);
for (double x = -5.0; x <= 5.0; x+=0.25) {
  double y = 5.0*Math.sin(x);
  data.add(x, y);
}
```

8. 사인 그래프를 그리기 위해 GRAL의 XYPlot 클래스를 사용할 것이다. 앞 단계에서 생성한 데이터를 매개변수로 사용해 XYPlot 객체를 생성한다.

```
XYPlot plot = new XYPlot(data);
```

9. InteractivePanel에 plot을 넣는다.

```
getContentPane().add(new InteractivePanel(plot));
```

10. 플롯을 렌더링하기 위해 2D LineRenderer를 생성한다. 이 LineRenderer와 data를 XYPlot 객체에 추가한다.

```
LineRenderer lines = new DefaultLineRenderer2D();
plot.setLineRenderer(data, lines);
```

11. GRAL에서는 Color 클래스를 사용해 플롯에 색상을 줄 수 있다.

```
Color color = new Color(0.0f, 0.0f, 0.0f);
```

12. Color 클래스의 생성자에는 순서대로 빨간색, 초록색, 파란색에 대한 값을 인수로 넣어줘야 한다. 앞 코드의 경우 모든 값을 0으로 설정했기 때문에 흑백 그래프를 그린다.

13. 점과 선에 대한 색상을 설정한다.

```
plot.getPointRenderer(data).setColor(color);
plot.getLineRenderer(data).setColor(color);
```

14. 생성자를 닫는다.

```
}
```

15. 프로그램을 실행하기 위해 main( ) 메소드를 작성한다.

```java
public static void main(String[] args) {
  SineGraph frame = null;
  try {
    frame = new SineGraph( );
  } catch (IOException e) {
  }
  frame.setVisible(true);
}
```

이 레시피를 위한 전체 코드는 다음과 같다.

```java
import java.awt.Color;
import java.io.FileNotFoundException;
import java.io.IOException;
import javax.swing.JFrame;
import de.erichseifert.gral.data.DataTable;
import de.erichseifert.gral.plots.XYPlot;
import de.erichseifert.gral.plots.lines.DefaultLineRenderer2D;
import de.erichseifert.gral.plots.lines.LineRenderer;
import de.erichseifert.gral.ui.InteractivePanel;

public class SineGraph extends JFrame {
  private static final long serialVersionUID = 1L;

  public SineGraph( ) throws FileNotFoundException, IOException {
    setDefaultCloseOperation(EXIT_ON_CLOSE);
    setSize(1600, 1400);
    DataTable data = new DataTable(Double.class, Double.class);
    for (double x = -5.0; x <= 5.0; x+=0.25) {
      double y = 5.0*Math.sin(x); data.add(x, y);
    }
    XYPlot plot = new XYPlot(data);
    getContentPane( ).add(new InteractivePanel(plot));
```

```
    LineRenderer lines = new DefaultLineRenderer2D();
    plot.setLineRenderer(data, lines);
    Color color = new Color(0.0f, 0.3f, 1.0f);
    plot.getPointRenderer(data).setColor(color);
    plot.getLineRenderer(data).setColor(color);
  }

  public static void main(String[] args) {
    SineGraph frame = null;
    try {
      frame = new SineGraph();
    } catch (IOException e) {
    }
    frame.setVisible(true);
  }
}
```

프로그램의 출력으로 아래와 같이 멋진 사인 그래프가 보일 것이다.

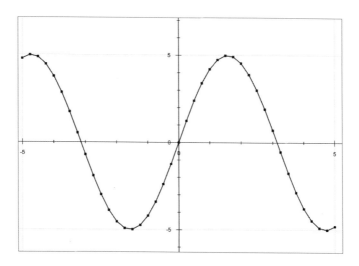

▌ 히스토그램 그리기

히스토그램은 연속적인 값을 갖는 데이터셋의 도수 분포를 알 수 있는 가장 일반적인 방법이다. 히스토그램에서 데이터 과학자는 보통 x축에 정량적인 변수를 표시하고, y축에 해당 변수의 빈도를 보여준다. 히스토그램을 매우 유용하게 만들어 주는 몇 가지 주요 특징은 다음과 같다.

- 숫자 데이터만으로 그릴 수 있다.
- 대용량 데이터셋도 쉽게 그릴 수 있다.
- x축은 일반적으로 정량적 변수의 묶음[bins] 또는 간격으로 사용된다.

이 레시피에서는 GRAL을 이용해 히스토그램을 그리는 방법을 보여줄 것이다.

준비

1. GRAL을 사용해 히스토그램을 그리기 위해서는 jar 파일 형태로 라이브러리와 함께 제공되는 예제 애플리케이션[Example applications]이 필요하다. 이 예제 애플리케이션은 http://trac.erichseifert.de/gral/wiki/Download에서 다운로드할 수 있다. gral-examples-0.10.zip 파일을 로컬 디스크로 다운로드한다. 파일의 압축을 해제한다.

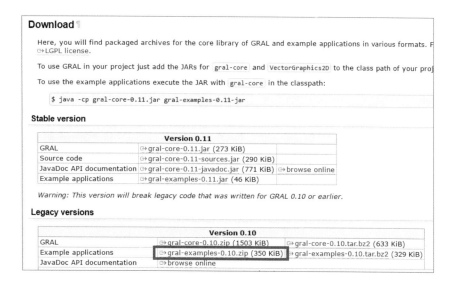

2. 다운로드한 zip 파일을 압축 해제하면 다음과 같은 디렉터리 구조를 볼 수 있으며, 이 중에 필요한 것은 lib 폴더이다.

3. lib 폴더 안에 세 개의 jar 파일(gral−core−0.10, gral−examples−0.10, VectorGraphics 2D−0.9.1)이 있을 것이다. 그 중 첫 번째 것은 9장의 첫 번째 레시피에서 사용한 것이다. 이 레시피에서는 그와 함께 두 번째 jar 파일도 사용한다.

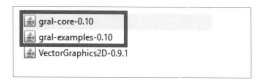

4. 이클립스 프로젝트에 두 개의 jar 파일을 외부 라이브러리로 추가한다.

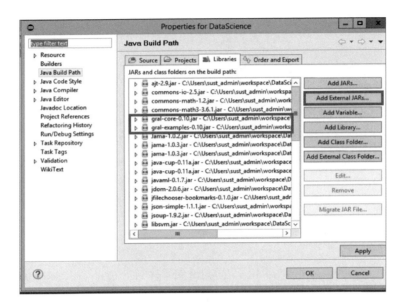

5. 이제 GRAL 예제 패키지에 포함된 프로그램을 사용해 히스토그램을 그릴 준비가 끝났다. 다음에서 살펴볼 레시피는 다운로드한 예제 패키지의 gral-examples-0.10\gral-examples-0.10\src\main\java\de\erichseifert\gral\examples\barplot에서 찾을 수 있다.

실행 방법

1. ExamplePanel 클래스를 상속받아 HistogramPlot 클래스를 생성한다. serialVersionUID를 설정한다.

```
public class HistogramPlot extends ExamplePanel {
  private static final long serialVersionUID = 4458280577519421950L;
```

2. 이 예제에서는 1,000개의 샘플 데이터 포인트에 대한 히스토그램을 그릴 것이다.

```
private static final int SAMPLE_COUNT = 1000;
```

3. 클래스의 생성자를 만든다.

```
public HistogramPlot() {
```

4. 무작위로 1,000개의 샘플 데이터 포인트를 만든다. 데이터 포인트는 자바 Random 클래스의 random.nextGaussian() 메소드를 사용해 가우스 분포에 따라 생성한다.

```
Random random = new Random();
DataTable data = new DataTable(Double.class);
for (int i = 0; i < SAMPLE_COUNT; i++) {
  data.add(random.nextGaussian());
}
```

5. 데이터로부터 히스토그램을 생성하고, 히스토그램을 위한 2차원 데이터소스를 생성한다.

```
Histogram1D histogram = new Histogram1D(data, Orientation.VERTICAL, new
Number[] {-4.0, -3.2, -2.4, -1.6, -0.8, 0.0, 0.8, 1.6, 2.4, 3.2, 4.0});
DataSource histogram2d = new EnumeratedData(histogram, (-4.0 +
-3.2)/2.0, 0.8);
```

6. 배열에 있는 값은 히스토그램의 x축 간격이다.

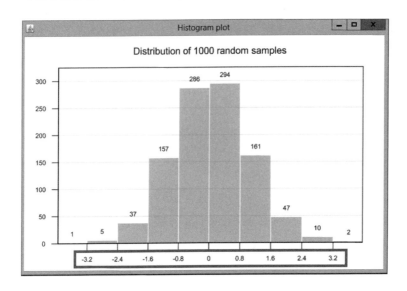

7. 보이는 것처럼 히스토그램은 막대 모양이기 때문에 BarPlot에 히스토그램 정보를 제공해 객체를 생성한다.

```
BarPlot plot = new BarPlot(histogram2d);
```

8. 이제부터 플롯 영역에 대한 설정을 해보자.

9. 프레임 내부에서 히스토그램 좌표를 설정한다.

```
plot.setInsets(new Insets2D.Double(20.0, 65.0, 50.0, 40.0));
```

10. 히스토그램 제목을 설정한다.

```
plot.getTitle().setText(String.format("Distribution of %d random
samples", data.getRowCount()));
```

11. 히스토그램 막대의 너비를 설정한다.

```
plot.setBarWidth(0.78);
```

12. x축 형식을 설정한다. 마이크로소프트 엑셀에 친숙하다면 주어진 축에 대한 눈금 및 간격 설정 옵션이 있음을 잘 알 것이다. 사용자는 작은 단위 눈금까지 보기를 원하는지 선택할 수 있다. 다행스럽게도 GRAL은 그래프를 더욱 매력적으로 만들어주는 이런 기능을 제공하고 있다.

13. x축 눈금의 정렬 기준을 설정한다. getAxisRenderer( ) 메소드의 인수가 x축인 것에 주의하라.

```
plot.getAxisRenderer(BarPlot.AXIS_X).setTickAlignment(0.0);
```

14. 눈금의 간격을 설정한다.

```
plot.getAxisRenderer(BarPlot.AXIS_X).setTickSpacing(0.8);
```

15. 마지막으로 작은 눈금은 보이지 않도록 설정한다.

```
plot.getAxisRenderer(BarPlot.AXIS_X).setMinorTicksVisible(false);
```

16. y축 형식을 설정한다. 이 경우에는 막대가 늘어날 수 있는 최대 높이의 범위를 정의해야 한다.

```
plot.getAxis(BarPlot.AXIS_Y).setRange(0.0, MathUtils.ceil(histogram.
getStatistics().get(Statistics.MAX)*1.1, 25.0));
```

17. 또한 x축과 마찬가지로 눈금 정렬, 간격, 작은 눈금 표시 여부에 대해 설정한다.

```
plot.getAxisRenderer(BarPlot.AXIS_Y).setTickAlignment(0.0); plot.
getAxisRenderer(BarPlot.AXIS_Y).setMinorTicksVisible(false); plot.
getAxisRenderer(BarPlot.AXIS_Y).setIntersection(-4.4);
```

18. 다음에는 막대에 대한 설정을 한다. 막대에 색상을 주고, 막대의 위쪽에 빈도를
표시하도록 히스토그램을 구성한다.

```
plot.getPointRenderer(histogram2d).setColor(GraphicsUtils.
deriveWithAlpha(COLOR1, 128));
plot.getPointRenderer(histogram2d).setValueVisible(true);
```

19. 마지막으로 플롯의 확대 등 인터렉티브 요소에 대한 설정을 위해 swing 컴포넌
트에 플롯을 추가한다.

```
InteractivePanel panel = new InteractivePanel(plot);
panel.setPannable(false);
panel.setZoomable(false);
add(panel);
```

20. 생성자를 닫는다.

```
}
```

21. 추가적으로 ExamplePanel 클래스에 있는 메소드를 구현해야 한다. 간단하게 다
음과 같이 getTitle() 메소드와 getDescription() 메소드를 오버라이드한다.

```
@Override
public String getTitle() {
  return "Histogram plot";
}
@Override
```

```java
public String getDescription() {
    return String.format("Histogram of %d samples", SAMPLE_COUNT);
}
```

22. 클래스의 main 메소드를 다음과 같이 작성한다.

```java
public static void main(String[] args) {
    new HistogramPlot().showInFrame();
}
```

23. 끝으로, 클래스를 닫는다.

```java
}
```

24. 이 레시피를 위한 전체 코드는 다음과 같다.

```java
import java.util.Random;
import de.erichseifert.gral.data.DataSource;
import de.erichseifert.gral.data.DataTable;
import de.erichseifert.gral.data.EnumeratedData;
import de.erichseifert.gral.data.statistics.Histogram1D;
import de.erichseifert.gral.data.statistics.Statistics;
import de.erichseifert.gral.examples.ExamplePanel;
import de.erichseifert.gral.plots.BarPlot;
import de.erichseifert.gral.ui.InteractivePanel;
import de.erichseifert.gral.util.GraphicsUtils;
import de.erichseifert.gral.util.Insets2D;
import de.erichseifert.gral.util.MathUtils;
import de.erichseifert.gral.util.Orientation;

public class HistogramPlot extends ExamplePanel {
    /** 직렬화를 위한 버전 아이디 */
    private static final long serialVersionUID = 4458280577519421950L;
```

```java
private static final int SAMPLE_COUNT = 1000;

//@SuppressWarnings("unchecked")
public HistogramPlot() {
  // 예제 데이터 생성
  Random random = new Random();
  DataTable data = new DataTable(Double.class);
  for (int i = 0; i < SAMPLE_COUNT; i++) {
    data.add(random.nextGaussian());
  }

  // 데이터로부터 히스토그램 생성
  Histogram1D histogram = new Histogram1D(data, Orientation.VERTICAL,
  new Number[] {-4.0, -3.2, -2.4, -1.6, -0.8, 0.0, 0.8, 1.6, 2.4, 3.2,
  4.0});
  // 히스토그램을 위한 2차원 데이터소스 생성
  DataSource histogram2d = new EnumeratedData(histogram, (-4.0 +
  -3.2)/2.0, 0.8);

  // BarPlot 객체 생성
  BarPlot plot = new BarPlot(histogram2d);

  // 플롯 설정
  plot.setInsets(new Insets2D.Double(20.0, 65.0, 50.0, 40.0));
  plot.getTitle().setText(String.format("Distribution of %d random
  samples", data.getRowCount()));
  plot.setBarWidth(0.78);

  // x축
  plot.getAxisRenderer(BarPlot.AXIS_X).setTickAlignment(0.0);
  plot.getAxisRenderer(BarPlot.AXIS_X).setTickSpacing(0.8);
  plot.getAxisRenderer(BarPlot.AXIS_X).setMinorTicksVisible(false);
  // y축
  plot.getAxis(BarPlot.AXIS_Y).setRange(0.0, MathUtils.
  ceil(histogram.getStatistics().get(Statistics.MAX)*1.1, 25.0));
  plot.getAxisRenderer(BarPlot.AXIS_Y).setTickAlignment(0.0);
```

```
    plot.getAxisRenderer(BarPlot.AXIS_Y).setMinorTicksVisible(false);
    plot.getAxisRenderer(BarPlot.AXIS_Y).setIntersection(-4.4);
    // 막대
    plot.getPointRenderer(histogram2d).setColor(GraphicsUtils.
    deriveWithAlpha(COLOR1, 128));
    plot.getPointRenderer(histogram2d).setValueVisible(true);

    // swing 컴포넌트에 플롯 추가
    InteractivePanel panel = new InteractivePanel(plot);
    panel.setPannable(false);
    panel.setZoomable(false);
    add(panel);
}

  @Override
  public String getTitle() {
    return "Histogram plot";
  }
  @Override
  public String getDescription() {
    return String.format("Histogram of %d samples", SAMPLE_COUNT);
  }

  public static void main(String[] args) {
    new HistogramPlot().showInFrame();
  }
}
```

▌ 막대 차트 그리기

막대 차트는 데이터 과학자들이 가장 일반적으로 사용하는 그래프이다. GRAL로 막대 차
트를 그리는 것은 매우 간단하다. 이 레시피에서는 GRAL을 이용해 다음과 같은 막대 차
트를 그려볼 것이다.

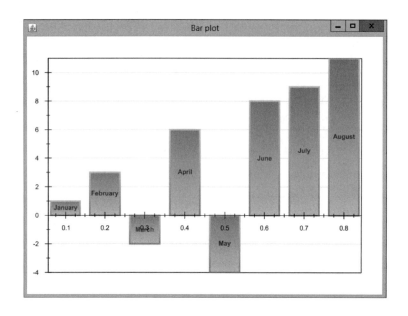

준비

1. GRAL을 사용해 막대 차트를 그리기 위해서는 jar 파일 형태로 라이브러리와 함께 제공되는 예제 애플리케이션이 필요하다. 이 예제 애플리케이션은 http://trac.erichseifert.de/gral/wiki/Download에서 다운로드할 수 있다. gral-examples-0.10.zip 파일을 로컬 디스크로 다운로드한다. 파일의 압축을 해제한다.

2. 다운로드한 zip 파일을 압축 해제하면 '히스토그램 그리기' 레시피의 '준비' 부분 그림과 같은 디렉터리 구조를 볼 수 있으며, 이 중에 필요한 것은 lib 폴더이다.

3. lib 폴더 안에 세 개의 jar 파일(gral-core-0.10, gral-examples-0.10, VectorGraphics 2D-0.9.1)이 있을 것이다. 이 레시피에서는 처음 두 개의 jar 파일만 사용한다.

4. 프로젝트에 두 개의 jar 파일을 외부 라이브러리로 추가한다.

이제 GRAL 예제 패키지에 포함된 프로그램을 사용해 막대 차트를 그릴 준비가 끝났다. 아래에서 살펴볼 레시피는 다운로드한 예제 패키지의 gral-examples-0.10\gral-examples-0.10\src\main\java\de\erichseifert\gral\examples\barplot에서 찾을 수 있다.

실행 방법

1. SimpleBarPlot 클래스를 생성한다. 이전 레시피와 마찬가지로 이 클래스는 GRAL 라이브러리의 ExamplePanel 클래스를 상속받는다.

```
public class SimpleBarPlot extends ExamplePanel {
```

2. serialVersionUID를 설정한다.

```
private static final long serialVersionUID = -2793954497895054530L;
```

3. 생성자를 시작한다.

```
public SimpleBarPlot() {
```

4. 생성자에서는 먼저 예제 데이터를 만든다. 이 레시피의 시작 부분에 나온 막대 차트에서 각 막대는 세 개의 값을 갖는다. x축 값, y축 값, 막대의 이름. 예를 들어 첫 번째 막대의 x축 값은 0.1, y축 값은 1, 그리고 막대 이름은 January이다. 다음과 같은 방법으로 모든 데이터 포인트를 생성한다.

```
DataTable data = new DataTable(Double.class, Integer.class, String.
class);
data.add(0.1, 1, "January");
data.add(0.2, 3, "February");
data.add(0.3, -2, "March");
```

```
data.add(0.4, 6, "April");
data.add(0.5, -4, "May");
data.add(0.6, 8, "June");
data.add(0.7, 9, "July");
data.add(0.8, 11, "August");
```

5. DataTable 클래스의 생성자는 다음 세 개의 값을 취한다. x축(double), y축(interger), 막대 이름(String).

6. 코드의 나머지 부분은 막대 차트의 모양을 구성하기 위한 것이다.

7. 새로운 막대 차트 객체를 생성한다.

```
BarPlot plot = newBarPlot(data);
```

8. 막대 차트의 크기와 막대의 너비를 설정한다.

```
plot.setInsets(new Insets2D.Double(40.0, 40.0, 40.0, 40.0));
plot.setBarWidth(0.075);
```

9. 이제 막대의 모양을 구성한다. 우선 데이터를 이용해 BarRenderer를 생성한다.

```
BarRenderer pointRenderer = (BarRenderer)plot.getPointRenderer(data);
```

10. 다음으로 막대의 색상을 설정한다.

```
pointRenderer.setColor(
  new LinearGradientPaint(0f, 0f, 0f, 1f,
    new float[] { 0.0f, 1.0f },
    new Color[] { COLOR1, GraphicsUtils.deriveBrighter(COLOR1) }
  )
);
```

11. 막대 차트의 여러 가지 특성을 설정한다.

막대 차트에 값을 표시하기 위해 다음 코드를 사용한다.

```
pointRenderer.setValueVisible(true);
```

데이터에서 세 번째 값(월)을 칼럼 값으로 설정한다.

```
pointRenderer.setValueColumn(2);
```

값을 표시하는 위치를 가운데로 설정한다.

```
pointRenderer.setValueLocation(Location.CENTER);
```

표시되는 값의 색상을 설정한다.

```
pointRenderer.setValueColor(GraphicsUtils.deriveDarker(COLOR1));
```

값을 표시하는 폰트에 볼드체 속성을 적용한다.

```
pointRenderer.setValueFont(Font.decode(null).deriveFont(Font.BOLD));
```

12. 막대 차트를 swing 컴포넌트에 추가한다.

```
add(newInteractivePanel(plot));
```

13. 생성자를 닫는다.

```
}
```

14. GRAL 라이브러리의 ExamplePanel 클래스에 있는 두 개의 메소드를 추가적으로 구현해줘야 한다.

```java
@Override
public String getTitle() {
  return "Bar plot";
}
@Override
public String getDescription() {
  return "Bar plot with example data and color gradients";
}
```

15. 코드를 실행하기 위한 main 메소드를 다음과 같이 작성한다.

```java
public static void main(String[] args) {
  new SimpleBarPlot().showInFrame();
}
```

16. 클래스를 닫는다.

```java
}
```

이 레시피를 위한 전체 코드는 다음과 같다.

```java
import java.awt.Color;
import java.awt.Font;
import java.awt.LinearGradientPaint;
import de.erichseifert.gral.data.DataTable;
import de.erichseifert.gral.examples.ExamplePanel;
import de.erichseifert.gral.plots.BarPlot;
import de.erichseifert.gral.plots.BarPlot.BarRenderer;
import de.erichseifert.gral.ui.InteractivePanel;
import de.erichseifert.gral.util.GraphicsUtils;
```

```java
import de.erichseifert.gral.util.Insets2D;
import de.erichseifert.gral.util.Location;

public class SimpleBarPlot extends ExamplePanel {
  /** 직렬화를 위한 버전 아이디 */
  private static final long serialVersionUID = -2793954497895054530L;

  @SuppressWarnings("unchecked")
  public SimpleBarPlot() {
    // 예제 데이터 생성
    DataTable data = new DataTable(Double.class, Integer.class, String.class);
    data.add(0.1, 1, "January");
    data.add(0.2, 3, "February");
    data.add(0.3, -2, "March");
    data.add(0.4, 6, "April");
    data.add(0.5, -4, "May");
    data.add(0.6, 8, "June");
    data.add(0.7, 9, "July");
    data.add(0.8, 11, "August");

    // 막대 차트 객체 생성
    BarPlot plot = new BarPlot(data);

    // 플롯 설정
    plot.setInsets(new Insets2D.Double(40.0, 40.0, 40.0, 40.0));
    plot.setBarWidth(0.075);
    // 막대 설정
    BarRenderer pointRenderer = (BarRenderer)plot.getPointRenderer(data);
    pointRenderer.setColor(
      new LinearGradientPaint(0f, 0f, 0f, 1f,
        new float[] { 0.0f, 1.0f },
        new Color[] { COLOR1, GraphicsUtils.deriveBrighter(COLOR1) }
      )
    );
    /*pointRenderer.setBorderStroke(new BasicStroke(3f));
    pointRenderer.setBorderColor(
      new LinearGradientPaint(0f, 0f, 0f, 1f,
```

```
          new float[] { 0.0f, 1.0f },
          new Color[] { GraphicsUtils.deriveBrighter(COLOR1), COLOR1 }
        )
      );*/
    pointRenderer.setValueVisible(true);
    pointRenderer.setValueColumn(2);
    pointRenderer.setValueLocation(Location.CENTER);
    pointRenderer.setValueColor(GraphicsUtils.deriveDarker(COLOR1));
    pointRenderer.setValueFont(Font.decode(null).deriveFont(Font.BOLD));
    // swing component
    add(new InteractivePanel(plot));
  }

  @Override
  public String getTitle() {
    return "Bar plot";
  }
  @Override
  public String getDescription() {
    return "Bar plot with example data and color gradients";
  }

  public static void main(String[] args) {
    new SimpleBarPlot().showInFrame();
  }
}
```

▌ 상자 수염 플롯 그리기

상자 플롯은 데이터 과학자에게 효과적인 또 하나의 시각화 도구이다. 이 플롯은 데이터
의 분포에 대한 중요한 기술 통계 정보를 제공한다. 일반적으로 상자 플롯은 데이터 분포
에 대한 다음 정보를 포함한다.

- 최솟값
- 제1사분위 수
- 중앙값
- 제3사분위 수
- 최댓값

사분위 범위[IQR, Inter Quartile Range]와 같은 값은 세 번째 사분위 수와 첫 번째 사분위 수의 차를 계산함으로써 도출할 수 있다.

이 레시피에서는 GRAL을 이용해 데이터 분포에 대한 상자 플롯을 그려볼 것이다.

준비

1. GRAL을 사용해 상자 플롯을 그리기 위해서는 jar 파일 형태로 라이브러리와 함께 제공되는 예제 애플리케이션이 필요하다. 이 예제 애플리케이션은 http://trac.erichseifert.de/gral/wiki/Download에서 다운로드할 수 있다. gral-examples-0.10.zip 파일을 로컬 디스크로 다운로드한다. 파일의 압축을 해제한다.

2. 다운로드한 zip 파일을 압축 해제하면 '히스토그램 그리기' 레시피의 '준비' 부분 그림과 같은 디렉터리 구조를 볼 수 있다. 이 중에 필요한 것은 lib 폴더이다.

3. lib 폴더 안에 세 개의 jar 파일(gral-core-0.10, gral-examples-0.10, VectorGraphics 2D-0.9.1)이 있을 것이다. 이 레시피에서는 처음 두 개의 jar 파일만 사용한다.

4. 프로젝트에 두 개의 jar 파일을 외부 라이브러리로 추가한다.

이제 GRAL 예제 패키지에 포함된 프로그램을 사용해 상자 플롯을 그릴 준비가 끝났다. 아래에서 살펴볼 레시피는 다운로드한 예제 패키지의 `gral-examples-0.10\gral-examples-0.10\src\main\java\de\erichseifert\gral\examples\boxplot`에서 찾을 수 있다. 이 레시피의 코드가 성공적으로 실행되면 다음과 같은 상자 플롯을 볼 수 있다.

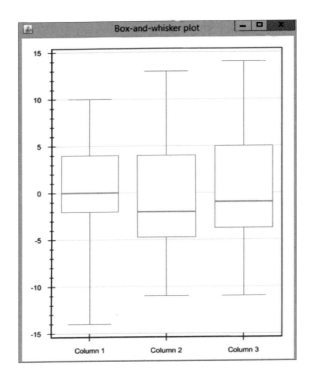

실행 방법

1. 가장 먼저 GRAL 라이브러리의 ExamplePanel 클래스를 상속받아 SimpleBox Plot 클래스를 생성한다.

```
public class SimpleBoxPlot extends ExamplePanel {
  private static final long serialVersionUID = 5228891435595348789L;
```

2. 상자 플롯을 그리기 위해 무작위로 50개의 샘플 데이터를 생성한다. 다음과 같이 클래스 변수를 선언한다.

```
private static final int SAMPLE_COUNT = 50;
private static final Random random = new Random();
```

3. 클래스를 위한 생성자를 만든다.

```java
public SimpleBoxPlot() {
```

4. 상자 플롯의 크기를 설정한다.

```java
setPreferredSize(new Dimension(400, 600));
```

5. 각 행이 세 개의 칼럼을 갖고 각 칼럼의 값은 모두 정수^{integer}인 데이터 테이블을 생성한다.

```java
DataTable data = new DataTable(Integer.class, Integer.class, Integer.class);
```

6. 세 개의 정수 값(데이터 테이블의 칼럼 값)을 갖는 50개의 샘플 데이터를 생성한다. 샘플 데이터는 가우스 분포에 의해 생성된 값을 갖는다(꼭 가우스 분포에서 값을 얻을 필요는 없다).

```java
for (int i = 0; i < SAMPLE_COUNT; i++) {
  int x = (int) Math.round(5.0*random.nextGaussian());
  int y = (int) Math.round(5.0*random.nextGaussian());
  int z = (int) Math.round(5.0*random.nextGaussian());
  data.add(x, y, z);
}
```

7. 데이터를 사용해 새로운 BoxPlot 객체를 생성한다.

```java
DataSource boxData = BoxPlot.createBoxData(data);
BoxPlot plot = new BoxPlot(boxData);
```

8. 상자 플롯을 그리려고 하는 창의 여백 크기를 지정한다.

```
plot.setInsets(new Insets2D.Double(20.0, 50.0, 40.0, 20.0));
```

9. x축 값을 설정한다.

```
plot.getAxisRenderer(BoxPlot.AXIS_X).setCustomTicks(
  DataUtils.map(
    new Double[] {1.0, 2.0, 3.0},
    new String[] {"Column 1", "Column 2", "Column 3"}
  )
);
```

10. 아래의 나머지 코드는 상자 플롯의 모양을 설정하는 것이다. 먼저 데이터를 사용해 pointRenderer를 생성한다.

```
BoxWhiskerRenderer pointRenderer = (BoxWhiskerRenderer) plot.
getPointRenderer(boxData);
```

11. 다음으로 상자 플롯의 가장자리 색상과 수염(제3사분위 수에서 1.5*IQR 범위의 최댓값까지, 제1사분위 수에서 1.5*IQR 범위의 최솟값까지)의 색상, 가운데 선(중앙값)의 색상을 설정한다.

```
pointRenderer.setBoxBorderColor(COLOR1);
pointRenderer.setWhiskerColor(COLOR1);
pointRenderer.setCenterBarColor(COLOR1);
```

12. 상자 플롯이 세로 방향으로 그려지도록 설정한다.

```
plot.getNavigator().setDirection(XYNavigationDirection.VERTICAL);
```

13. 렌더링을 위해 상자 플롯을 swing 컴포넌트에 추가한다.

```
InteractivePanel panel = new InteractivePanel(plot);
add(panel);
```

14. 상자를 닫는다.

```
}
```

15. ExamplePanel 클래스에 있는 두 개의 메소드를 오버라이드해 구현해야 한다.

```
@Override
public String getTitle() {
  return "Box-and-whisker plot";
}
@Override
public String getDescription() {
  return String.format("Three box-and-whisker plots created from %d
random samples", SAMPLE_COUNT);
}
```

16. 그 다음에 main 메소드를 추가하고 클래스를 닫는다.

```
public static void main(String[] args) {
  new SimpleBoxPlot().showInFrame();
}
}
```

17. 전체 소스 코드는 다음과 같다.

```
import java.awt.Dimension;
import java.util.Random;
import de.erichseifert.gral.data.DataSource;
```

```java
import de.erichseifert.gral.data.DataTable;
import de.erichseifert.gral.examples.ExamplePanel;
import de.erichseifert.gral.plots.BoxPlot;
import de.erichseifert.gral.plots.BoxPlot.BoxWhiskerRenderer;
import de.erichseifert.gral.plots.XYPlot.XYNavigationDirection;
import de.erichseifert.gral.ui.InteractivePanel;
import de.erichseifert.gral.util.DataUtils;
import de.erichseifert.gral.util.Insets2D;

public class SimpleBoxPlot extends ExamplePanel {
  /** 직렬화를 위한 버전 아이디 */
  private static final long serialVersionUID = 5228891435595348789L;
  private static final int SAMPLE_COUNT = 50;
  private static final Random random = new Random();

  @SuppressWarnings("unchecked")
  public SimpleBoxPlot() {
    setPreferredSize(new Dimension(400, 600));

    // 예제 데이터 생성
    DataTable data = new DataTable(Integer.class, Integer.class,
    Integer.class);
    for (int i = 0; i < SAMPLE_COUNT; i++) {
      int x = (int) Math.round(5.0*random.nextGaussian());
      int y = (int) Math.round(5.0*random.nextGaussian());
      int z = (int) Math.round(5.0*random.nextGaussian());
      data.add(x, y, z);
    }

    // 상자 플롯 객체 생성
    DataSource boxData = BoxPlot.createBoxData(data);
    BoxPlot plot = new BoxPlot(boxData);

    // 플롯 설정
    plot.setInsets(new Insets2D.Double(20.0, 50.0, 40.0, 20.0));
    // x축 설정
```

```
plot.getAxisRenderer(BoxPlot.AXIS_X).setCustomTicks(
  DataUtils.map(
    new Double[] {1.0, 2.0, 3.0},
    new String[] {"Column 1", "Column 2", "Column 3"}
  )
);

// 박스 관련 설정
/*Stroke stroke = new BasicStroke(2f);
ScaledContinuousColorMapper colors = new
LinearGradient(GraphicsUtils.deriveBrighter(COLOR1), Color.WHITE);
colors.setRange(1.0, 3.0);*/
BoxWhiskerRenderer pointRenderer = (BoxWhiskerRenderer) plot.
getPointRenderer(boxData);
/*pointRenderer.setWhiskerStroke(stroke);
pointRenderer.setBoxBorderStroke(stroke);
pointRenderer.setBoxBackground(colors);*/
pointRenderer.setBoxBorderColor(COLOR1);
pointRenderer.setWhiskerColor(COLOR1);
pointRenderer.setCenterBarColor(COLOR1);

plot.getNavigator().setDirection(XYNavigationDirection.VERTICAL);

// swing 컴포넌트
InteractivePanel panel = new InteractivePanel(plot);
add(panel);
}

@Override
public String getTitle() {
  return "Box-and-whisker plot";
}
@Override
public String getDescription() {
  return String.format("Three box-and-whisker plots created from %d
  random samples", SAMPLE_COUNT);
```

```
  }

  public static void main(String[] args) {
    new SimpleBoxPlot().showInFrame();
  }
}
```

▌산점도 그리기

이 레시피에서는 100,000개의 무작위 데이터 포인트에 대한 산점도를 그리기 위해 GRAL을 사용하는 방법을 보여줄 것이다. 산점도는 x축과 y축 모두를 사용해 데이터 포인트를 표시하기 때문에 변수 사이의 상관 관계를 보기 위한 좋은 방법이다.

준비

1. GRAL을 사용해 산점도를 그리기 위해서는 jar 파일 형태로 라이브러리와 함께 제공되는 예제 애플리케이션이 필요하다. 이 예제 애플리케이션은 http://trac.erichseifert.de/gral/wiki/Download에서 다운로드할 수 있다. gral-examples-0.10.zip 파일을 로컬 디스크로 다운로드한다. 파일의 압축을 해제한다.

2. 다운로드한 zip 파일을 압축 해제하면 '히스토그램 그리기' 레시피의 '준비' 부분 그림과 같은 디렉터리 구조를 볼 수 있다. 이 중에 필요한 것은 lib 폴더이다.

3. lib 폴더 안에 세 개의 jar 파일(gral-core-0.10, gral-examples-0.10, VectorGraphics 2D-0.9.1)이 있을 것이다. 이 레시피에서는 처음 두 개의 jar 파일만 사용한다.

4. 프로젝트에 두 개의 jar 파일을 외부 라이브러리로 추가한다.

이제 GRAL 예제 패키지에 포함된 프로그램을 사용해 산점도를 그릴 준비가 끝났다. 아래에서 살펴볼 레시피는 다운로드한 예제 패키지의 gral-examples-0.10\gral-examples-0.10\src\main\java\de\erichseifert\gral\examples\xyplot에서 찾을 수 있다. 이 레시피의 코드가 성공적으로 실행되면 다음과 같이 100,000개 데이터 포인트에 대한 산점도를 볼 수 있다.

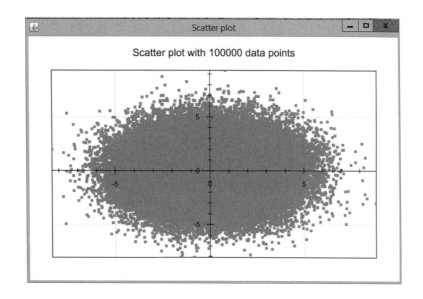

실행 방법

1. 우선 GRAL 라이브러리의 ExamplePanel 클래스를 상속받아 ScatterPlot 클래스를 생성한다. 클래스에 serialVersionUID를 추가한다.

```java
public class ScatterPlot extends ExamplePanel {
  private static final long serialVersionUID = -412699430625953887L;
```

2. 이 레시피에서는 100,000개의 무작위 데이터 포인트를 사용할 것이다. 데이터 포인트를 위한 클래스 변수를 다음과 같이 선언한다.

```
private static final int SAMPLE_COUNT = 100000;
private static final Random random = new Random();
```

3. 생성자에 대한 코드 작성을 시작한다.

```
publicScatterPlot() {
```

4. 무작위로 x와 y값을 갖는 데이터 테이블을 생성한다. x와 y값은 모두 double 타입이고 가우스 분포를 통해 추출된다.

```
DataTable data = new DataTable(Double.class, Double.class);
for (int i = 0; i <= SAMPLE_COUNT; i++) {
  data.add(random.nextGaussian()*2.0, random.nextGaussian()*2.0);
}
```

5. 산점도는 XYPlot이라고도 한다. 따라서 다음과 같이 객체를 생성한다.

```
XYPlot plot = new XYPlot(data);
```

6. 플롯의 크기를 설정하고 설명을 추가한다.

```
plot.setInsets(new Insets2D.Double(20.0, 40.0, 40.0, 40.0));
plot.getTitle().setText(getDescription());
```

7. 데이터 포인트에 색상을 설정한다.

```
plot.getPointRenderer(data).setColor(COLOR1);
```

8. 끝으로 플롯을 자바 swing 컴포넌트에 추가한 다음 생성자를 닫는다.

```
add(new InteractivePanel(plot), BorderLayout.CENTER);
}
```

9. 또한 ExamplePanel 클래스에 있는 두 개의 메소드를 추가적으로 구현해야 한다.

```
@Override
public String getTitle() {
    return "Scatter plot";
}
@Override
public String getDescription() {
    return String.format("Scatter plot with %d data points", SAMPLE_
COUNT);
}
```

10. 마지막으로 코드를 실행하기 위한 main 메소드를 추가하고 클래스를 닫는다.

```
public static void main(String[] args) {
    new ScatterPlot().showInFrame();
}
}
```

이 레시피의 전체 코드는 다음과 같다.

```
import java.awt.BorderLayout;
import java.util.Random;
import de.erichseifert.gral.data.DataTable;
import de.erichseifert.gral.examples.ExamplePanel;
import de.erichseifert.gral.plots.XYPlot;
```

```java
import de.erichseifert.gral.ui.InteractivePanel;
import de.erichseifert.gral.util.Insets2D;

public class ScatterPlot extends ExamplePanel {
  /** 직렬화를 위한 버전 아이디 */
  private static final long serialVersionUID = -412699430625953887L;
  private static final int SAMPLE_COUNT = 100000;
  /** 무작위 데이터 생성을 위한 인스턴스 */
  private static final Random random = new Random();

  @SuppressWarnings("unchecked")
  public ScatterPlot() {
    // 100,000 개 데이터 포인트 생성
    DataTable data = new DataTable(Double.class, Double.class);
    for (int i = 0; i <= SAMPLE_COUNT; i++) {
      data.add(random.nextGaussian()*2.0, random.nextGaussian()*2.0);
    }

    // 새 xyplot 객체 생성
    XYPlot plot = new XYPlot(data);
    // 플롯 설정
    plot.setInsets(new Insets2D.Double(20.0, 40.0, 40.0, 40.0));
    plot.getTitle().setText(getDescription());
    // 데이터 포인트 설정
    plot.getPointRenderer(data).setColor(COLOR1);
    // swing 컴포넌트
    add(new InteractivePanel(plot), BorderLayout.CENTER);
  }

  @Override
  public String getTitle() {
    return "Scatter plot";
  }
  @Override
  public String getDescription() {
    return String.format("Scatter plot with %d data points", SAMPLE_COUNT);
```

```
  }

  public static void main(String[] args) {
    new ScatterPlot().showInFrame();
  }
}
```

■ 도넛 플롯 그리기

도넛 플롯은 파이 차트의 한 종류로, 데이터에서 비율을 표현할 때 많이 사용하는 데이터 시각화 도구이다. 이 레시피에서는 GRAL 라이브러리를 사용해 10개의 무작위 변수에 대한 도넛 플롯을 그려볼 것이다.

준비

1. GRAL을 사용해 도넛 플롯을 그리기 위해서는 jar 파일 형태로 라이브러리와 함께 제공되는 예제 애플리케이션이 필요하다. 이 예제 애플리케이션은 http://trac.erichseifert.de/gral/wiki/Download에서 다운로드할 수 있다. gral-examples-0.10.zip 파일을 로컬 디스크로 다운로드한다. 파일의 압축을 해제한다.

2. 다운로드한 zip 파일을 압축 해제하면 '히스토그램 그리기' 레시피의 '준비' 부분 그림과 같은 디렉터리 구조를 볼 수 있다. 이 중에 필요한 것은 lib 폴더이다.

3. lib 폴더 안에 세 개의 jar 파일(gral-core-0.10, gral-examples-0.10, VectorGraphics 2D-0.9.1)이 있을 것이다. 이 레시피에서는 처음 두 개의 jar 파일만 사용한다.

4. 프로젝트에 두 개의 jar 파일을 외부 라이브러리로 추가한다.

이제 GRAL 예제 패키지에 포함된 프로그램을 사용해 도넛 플롯을 그릴 준비가 끝났다. 아래에서 살펴볼 레시피는 다운로드한 예제 패키지의 gral-examples-0.10\gral-examples-0.10\src\main\java\de\erichseifert\gral\examples\pieplot에서 찾을 수 있다. 이 레시피의 코드를 성공적으로 실행하면 10개의 무작위 데이터에 대해 다음과 같은 도넛 플롯을 볼 수 있다.

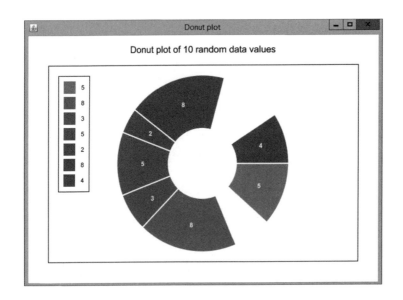

실행 방법

1. GRAL 라이브러리의 ExamplePanel 클래스를 상속받아 SimplePiePlot 클래스를 생성한다.

```
public class SimplePiePlot extends ExamplePanel {
```

2. 다음으로 10개의 무작위 데이터 포인트를 만들기 위한 두 개의 클래스 변수를 선언한다.

```
privatestaticfinalintSAMPLE_COUNT = 10;
privatestatic Random random = new Random();
```

3. 생성자를 만들고 코드 작성을 시작한다.

```
public SimplePiePlot() {
```

4. 데이터 테이블을 생성하고 10개의 무작위 수를 데이터 테이블에 넣는다. 이 예
제에서는 무작위 시드값으로 8을 설정해 Random 클래스를 통해 나온 정수에
2를 더한 값을 얻는다. 그 다음에 이 값을 데이터 테이블에 넣기 전에 무작위로
새로운 double값을 얻어 0.15보다 작거나 같은지 확인한다. 이 조건이 맞으면
처음에 생성한 정수를 음수 값으로 데이터 테이블에 추가하고, 그렇지 않으면
양수 값으로 추가한다.

```
DataTable data = new DataTable(Integer.class);
for (int i = 0; i < SAMPLE_COUNT; i++) {
  int val = random.nextInt(8) + 2;
  data.add((random.nextDouble() <= 0.15) ? -val : val);
}
```

5. 데이터를 사용해 PiePlot 객체를 생성한다.

```
PiePlot plot = new PiePlot(data);
```

6. 도넛 플롯의 제목을 설정한다.

```
plot.getTitle().setText(getDescription());
```

7. 도넛의 상대적인 크기를 설정한다.

```
plot.setRadius(0.9);
```

8. 플롯에 범례를 표시하길 원한다면 setLegendVisible을 true로 설정하고, 그렇지 않으면 false로 설정한다.

```
plot.setLegendVisible(true);
```

9. 플롯의 크기를 설정한다.

```
plot.setInsets(new Insets2D.Double(20.0, 40.0, 40.0, 40.0));
```

10. 도넛 플롯에 대한 pointRenderer를 생성한다.

```
PieSliceRenderer pointRenderer = (PieSliceRenderer) plot.
getPointRenderer(data);
```

11. 도넛 내부 영역에 대한 상대적인 크기를 설정한다.

```
pointRenderer.setInnerRadius(0.4);
```

12. 도넛의 각 조각 사이에 적절한 간격을 설정한다.

```
pointRenderer.setGap(0.2);
```

13. 각 조각의 색상을 변경한다.

```
LinearGradient colors = new LinearGradient(COLOR1, COLOR2);
pointRenderer.setColor(colors);
```

14. 레이블의 형식을 지정하고 표시 여부를 설정한다. 이 예제에서는 레이블을 흰색, 굵은 글씨로 값을 표시한다.

```
pointRenderer.setValueVisible(true);
pointRenderer.setValueColor(Color.WHITE);
pointRenderer.setValueFont(Font.decode(null).deriveFont(Font.BOLD));
```

15. 플롯을 swing 컴포넌트에 추가한다.

```
add(new InteractivePanel(plot), BorderLayout.CENTER);
```

16. 생성자를 닫는다.

```
}
```

17. 상속받은 ExamplePanel 클래스에 있는 두 개의 메소드를 추가적으로 구현해야 한다.

```
@Override
public String getTitle() {
  return "Donut plot";
}
@Override
public String getDescription() {
  return String.format("Donut plot of %d random data values", SAMPLE_
COUNT);
}
```

18. 코드를 실행시키기 위해 main 메소드를 추가한다.

```
publicstaticvoid main(String[] args) {
  new SimplePiePlot().showInFrame();
}
```

19. 클래스를 닫는다.

```
}
```

20. 이 레시피를 위한 전체 코드는 다음과 같다.

```
import java.awt.BorderLayout;
import java.awt.Color;
import java.awt.Font;
import java.util.Random;
import de.erichseifert.gral.data.DataTable;
import de.erichseifert.gral.examples.ExamplePanel;
import de.erichseifert.gral.plots.PiePlot;
import de.erichseifert.gral.plots.PiePlot.PieSliceRenderer;
import de.erichseifert.gral.plots.colors.LinearGradient;
import de.erichseifert.gral.ui.InteractivePanel;
import de.erichseifert.gral.util.Insets2D;

public class SimplePiePlot extends ExamplePanel {
  /** 직렬화를 위한 버전 아이디 */
  private static final long serialVersionUID = -3039317265508932299L;

  private static final int SAMPLE_COUNT = 10;
  /** 무작위 데이터를 생성하기 위한 인스턴스 */
  private static Random random = new Random();

  @SuppressWarnings("unchecked")
  public SimplePiePlot() {
    // 데이터 생성
    DataTable data = new DataTable(Integer.class);
    for (int i = 0; i < SAMPLE_COUNT; i++) {
      int val = random.nextInt(8) + 2;
      data.add((random.nextDouble() <= 0.15) ? -val : val);
    }
```

```java
// 파이 플롯 생성
PiePlot plot = new PiePlot(data);

// 플롯 설정
plot.getTitle().setText(getDescription());
// 파이의 상대적인 크기 설정
plot.setRadius(0.9);
// 범례 표시
plot.setLegendVisible(true);
// 플롯 크기 설정
plot.setInsets(new Insets2D.Double(20.0, 40.0, 40.0, 40.0));

PieSliceRenderer pointRenderer = (PieSliceRenderer) plot.
getPointRenderer(data);
// 내부 영역의 상대적인 크기 설정
pointRenderer.setInnerRadius(0.4);
// 각 조각들 사이의 간격 설정
pointRenderer.setGap(0.2);
// 색상 변경
LinearGradient colors = new LinearGradient(COLOR1, COLOR2);
pointRenderer.setColor(colors);
// 레이블 표시
pointRenderer.setValueVisible(true);
pointRenderer.setValueColor(Color.WHITE);
pointRenderer.setValueFont(Font.decode(null).deriveFont(Font.
BOLD));

    // swing 컴포넌트에 플롯 추가
    add(new InteractivePanel(plot), BorderLayout.CENTER);
}

@Override
public String getTitle() {
  return "Donut plot";
}
@Override
```

```
public String getDescription() {
  return String.format("Donut plot of %d random data values", SAMPLE_
  COUNT);
}

public static void main(String[] args) {
  new SimplePiePlot().showInFrame();
}
}
```

▌ 영역 그래프 그리기

영역 그래프는 주어진 간격에 따라 정량적인 값이 어떻게 변하는지 보여줄 수 있는 유용한 도구이다. 데이터 과학자에게는 추세를 이해하는 데 효과적인 방법이기도 하다. 영역 그래프는 선 그래프에 기반하지만 축에서 선 아래까지의 영역이 특정 색상이나 질감으로 채워져 있다. 이 레시피에서는 GRAL 라이브러리를 이용해 영역 그래프를 그려 볼 것이다.

준비

1. GRAL을 사용해 영역 그래프를 그리기 위해서는 jar 파일 형태로 라이브러리와 함께 제공되는 예제 애플리케이션이 필요하다. 이 예제 애플리케이션은 http://trac.erichseifert.de/gral/wiki/Download에서 다운로드할 수 있다. gral-examples-0.10.zip 파일을 로컬 디스크로 다운로드한다. 파일의 압축을 해제한다.

2. 다운로드한 zip 파일을 압축 해제하면 '히스토그램 그리기' 레시피의 '준비' 부분 그림과 같은 디렉터리 구조를 볼 수 있다. 이 중에 필요한 것은 lib 폴더이다.

3. lib 폴더 안에 세 개의 jar 파일(gral-core-0.10, gral-examples-0.10, VectorGraphics 2D-0.9.1)이 있을 것이다. 이 레시피에서는 처음 두 개의 jar 파일만 사용한다.

4. 프로젝트에 두 개의 jar 파일을 외부 라이브러리로 추가한다.

이제 GRAL 예제 패키지에 포함된 프로그램을 사용해 영역 그래프를 그릴 준비가 끝났다. 이 레시피의 코드가 성공적으로 실행되면 다음과 같은 영역 그래프가 보일 것이다.

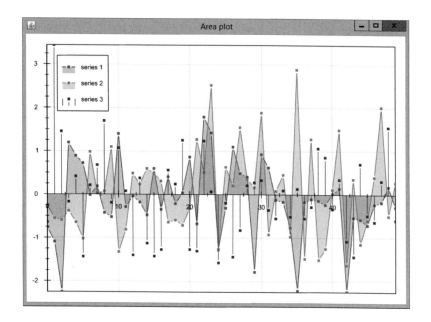

실행 방법

1. 가장 먼저 GRAL의 ExamplePanel을 상속받아 AreaPlot 클래스를 생성한다. serialVersionUID를 설정한다.

```
public class AreaPlot extends ExamplePanel {
    private static final long serialVersionUID = 3287044991898775949L;
```

2. 영역 그래프를 그리기 위해 무작위 값을 사용할 것이다. 따라서 무작위 추출을 위한 클래스 변수를 선언한다.

```
private static final Random random = new Random();
```

3. 다음에 클래스를 위한 생성자를 시작한다.

```
public AreaPlot() {
```

4. 하나의 x값과 세 개의 y값을 갖는 데이터 포인트를 담을 데이터 테이블을 생성한다. 이 예제에서 데이터 포인트의 모든 값은 double 타입이다.

```
DataTable data = new DataTable(Double.class, Double.class, Double.class, Double.class);
```

5. x 값을 생성하기 위해 0.0부터 1씩 증가하면서 50번 실행되는 루프를 생성한다.

```
for (double x = 0.0; x < 50; x ++) {
```

6. 세 개의 y값 변수를 생성한다. y값은 가우스 분포에 따라 무작위로 생성된다.

```
y1 = random.nextGaussian();
y2 = random.nextGaussian();
y3 = random.nextGaussian();
```

7. 생성된 x, y1, y2, y3를 데이터 테이블에 추가하고 루프를 닫는다.

```
data.add(x, y1, y2, y3);
}
```

좀 더 멋진 그래프를 위해 앞의 5에서 7단계에 해당하는 코드를 다음과 같은 코드로 바꿀 수도 있다.

```
for (double x=0.0; x<.5*Math.PI; x+=Math.PI/15.0) {
  double y1 = Double.NaN, y2 = Double.NaN, y3 = Double.NaN;
  if (x>=0.00*Math.PI && x<2.25*Math.PI) {
    y1 = 4.0*Math.sin(x + 0.5*Math.PI) + 0.1*random.nextGaussian();
  }
  if (x>=0.25*Math.PI && x<2.50*Math.PI) {
    y2 = 4.0*Math.cos(x + 0.5*Math.PI) + 0.1*random.nextGaussian();
  }
  if (x>=0.00*Math.PI && x<2.50*Math.PI) {
    y3 = 2.0*Math.sin(2.0*x/2.5) + 0.1*random.nextGaussian();
  }
  data.add(x, y1, y2, y3);
}
```

8. 다음으로 GRAL의 DataSeries 클래스를 이용해 세 개의 데이터 시리즈를 추가한다. 이 클래스는 다음과 같은 형식의 생성자를 가지고 있다.

```
public DataSeries(DataSource data, int... cols)
```

9. http://www.erichseifert.de/dev/gral/0.9/apidocs/de/erichseifert/gral/data/DataSeries.html 페이지에 있는 GRAL의 자바 API 문서에 따르면 첫 번째 칼럼이 칼럼 0, 두 번째 칼럼이 칼럼 1… 이렇게 되므로 특정 칼럼의 값은 데이터 소스의 칼럼 번호로 설정할 수 있다.

```
DataSeries data1 = new DataSeries("series 1", data, 0, 1);
DataSeries data2 = new DataSeries("series 2", data, 0, 2);
DataSeries data3 = new DataSeries("series 3", data, 0, 3);
```

10. 세 개의 데이터 시리즈를 갖는 XYPlot을 생성한다. 그래프에 범례를 보여주도록 설정한다. 또 그래프의 크기를 설정한다.

```
XYPlot plot = new XYPlot(data1, data2, data3);
plot.setLegendVisible(true);
plot.setInsets(new Insets2D.Double(20.0, 40.0, 20.0, 20.0));
```

11. 영역 그래프에서 추가적으로 해야 하는 작업은 색상으로 영역을 채우는 것이다. formatFilledArea와 formatLineArea라는 정적 메소드를 호출해 이 작업을 할 수 있다. 처음 두 시리즈와 세 번째 시리즈 사이의 차이가 어떻게 나타나는지 그 래프에서 확인할 수 있다.

```
formatFilledArea(plot, data1, COLOR2);
formatFilledArea(plot, data2, COLOR1);
formatLineArea(plot, data3, GraphicsUtils.deriveDarker(COLOR1));
```

12. 플롯을 swing 컴포넌트에 추가하고, 생성자를 닫는다.

```
add(new InteractivePanel(plot));
}
```

13. 특정 색상으로 영역을 채워주는 정적 메소드를 생성한다. 이 메소드는 생성된 XYPlot과 데이터 시리즈, 그리고 색상을 매개변수로 취한다.

```
private static void formatFilledArea(XYPlot plot, DataSource data,
Color color) {
```

14. PointRenderer를 생성한다. 여기서는 2D 이미지를 렌더링하는 것이기 때문에 적절한 클래스를 사용해야 한다. PointRenderer에 대한 색상을 설정한 다음, 데 이터 시리즈와 함께 PointRenderer를 설정한다.

```
PointRenderer point = new DefaultPointRenderer2D();
point.setColor(color);
plot.setPointRenderer(data, point);
```

15. 위와 마찬가지로 GRAL의 적절한 클래스를 사용해 2D LineRenderer를 생성한 다음, 색상을 지정해주고, 선 사이의 간격을 3.0포인트로 설정한다. 다음으로 간격의 끝을 둥글게 처리해준다. 마지막으로 데이터 시리즈와 함께 LineRenderer를 설정한다.

```
LineRenderer line = new DefaultLineRenderer2D();
line.setColor(color);
line.setGap(3.0);
line.setGapRounded(true);
plot.setLineRenderer(data, line);
```

16. PointRenderer와 LineRenderer 다음에 영역을 렌더링하기 위한 AreaRenderer가 필요하다. 2D AreaRenderer를 생성하고 색상을 지정해준다. 그리고 데이터 시리즈를 넣어준 다음 메소드를 닫는다.

```
AreaRenderer area = new DefaultAreaRenderer2D();
area.setColor(GraphicsUtils.deriveWithAlpha(color, 64));
plot.setAreaRenderer(data, area);
}
```

17. 위 과정과 비슷하게 정적 메소드인 formatLineArea를 생성한다. 이 메소드는 생성된 XYPlot, 데이터 시리즈, 색상을 매개변수로 취한다.

```
private static void formatLineArea(XYPlot plot, DataSource data, Color
color) {
```

18. 2D PointRenderer를 생성하고, 색상을 설정하고, 데이터 시리즈를 넣어준다.

```
PointRenderer point = new DefaultPointRenderer2D();
point.setColor(color);
plot.setPointRenderer(data, point);
```

19. 이 메소드에서는 LineRenderer를 사용하지 않는다. 그래서 세 번째 데이터 시리즈는 다른 두 데이터 시리즈와 다르게 보일 것이다.

```
plot.setLineRenderer(data, null);
```

20. 앞에서 했던 것과 동일하게 2D AreaRenderer를 생성하고, 영역 간의 간격을 설정하고, 색상을 설정하고, 데이터 시리즈를 넣어준다.

```
AreaRenderer area = new LineAreaRenderer2D();
area.setGap(3.0);
area.setColor(color);
plot.setAreaRenderer(data, area);
}
```

21. 다음과 같이 ExamplePanel 클래스의 두 메소드를 오버라이드해야 한다.

```
@Override
public String getTitle() {
  return "Area plot";
}
@Override
public String getDescription() {
  return "Area plot of three series with different styling";
}
```

22. 이 코드를 실행시키기 위해 다음과 같은 main 메소드를 추가한다. 그리고는 클래스를 닫는다.

```
public static void main(String[] args) {
  new AreaPlot().showInFrame();
}
}
```

이 레시피를 위한 전체 코드는 다음과 같다.

```
import java.awt.Color;
import java.util.Random;
import de.erichseifert.gral.data.DataSeries;
import de.erichseifert.gral.data.DataSource;
import de.erichseifert.gral.data.DataTable;
import de.erichseifert.gral.examples.ExamplePanel;
import de.erichseifert.gral.plots.XYPlot;
import de.erichseifert.gral.plots.areas.AreaRenderer;
import de.erichseifert.gral.plots.areas.DefaultAreaRenderer2D;
import de.erichseifert.gral.plots.areas.LineAreaRenderer2D;
import de.erichseifert.gral.plots.lines.DefaultLineRenderer2D;
import de.erichseifert.gral.plots.lines.LineRenderer;
import de.erichseifert.gral.plots.points.DefaultPointRenderer2D;
import de.erichseifert.gral.plots.points.PointRenderer;
import de.erichseifert.gral.ui.InteractivePanel;
import de.erichseifert.gral.util.GraphicsUtils;
import de.erichseifert.gral.util.Insets2D;

public class AreaPlot extends ExamplePanel {
  /** 직렬화를 위한 버전 아이디 */
  private static final long serialVersionUID = 3287044991898775949L;
  /** 무작위 데이터 생성을 위한 인스턴스 */
  private static final Random random = new Random();

  public AreaPlot() {
```

```
// 데이터 생성
DataTable data = new DataTable(Double.class, Double.class, Double.class,
Double.class);
for (double x = 0.0; x < 50; x ++) {
    double y1 = Double.NaN, y2 = Double.NaN, y3 = Double.NaN;
    y1 = random.nextGaussian();
    y2 = random.nextGaussian();
    y3 = random.nextGaussian();
    data.add(x, y1, y2, y3);
}

// 데이터 시리즈 생성
DataSeries data1 = new DataSeries("series 1", data, 0, 1);
DataSeries data2 = new DataSeries("series 2", data, 0, 2);
DataSeries data3 = new DataSeries("series 3", data, 0, 3);

// xyplot 생성
XYPlot plot = new XYPlot(data1, data2, data3);
plot.setLegendVisible(true);
plot.setInsets(new Insets2D.Double(20.0, 40.0, 20.0, 20.0));

// 데이터 시리즈 설정
formatFilledArea(plot, data1, COLOR2);
formatFilledArea(plot, data2, COLOR1);
formatLineArea(plot, data3, GraphicsUtils.deriveDarker(COLOR1));

// swing 컴포넌트에 플롯 추가
add(new InteractivePanel(plot));
}

private static void formatFilledArea(XYPlot plot, DataSource data, Color
color){
    PointRenderer point = new DefaultPointRenderer2D();
    point.setColor(color);
    plot.setPointRenderer(data, point);
    LineRenderer line = new DefaultLineRenderer2D();
    line.setColor(color);
```

```
    line.setGap(3.0);
    line.setGapRounded(true);
    plot.setLineRenderer(data, line);
    AreaRenderer area = new DefaultAreaRenderer2D();
    area.setColor(GraphicsUtils.deriveWithAlpha(color, 64));
    plot.setAreaRenderer(data, area);
  }

  private static void formatLineArea(XYPlot plot, DataSource data, Color color) {
    PointRenderer point = new DefaultPointRenderer2D();
    point.setColor(color);
    plot.setPointRenderer(data, point);
    plot.setLineRenderer(data, null);
    AreaRenderer area = new LineAreaRenderer2D();
    area.setGap(3.0);
    area.setColor(color);
    plot.setAreaRenderer(data, area);
  }

  @Override
  public String getTitle() {
    return "Area plot";
  }
  @Override
  public String getDescription() {
    return "Area plot of three series with different styling";
  }

  public static void main(String[] args) {
    new AreaPlot().showInFrame();
  }
}
```

| 찾아보기 |

에이콘출판의 기틀을 마련하신 故 정완재 선생님 (1935-2004)

자바 데이터 사이언스 쿡북

Weka, MLlib, DL4j로 즐기는 머신 러닝 & 딥러닝

발 행 | 2018년 2월 14일

지은이 | 루시디 샴스
옮긴이 | 김 우 현

펴낸이 | 권 성 준
편집장 | 황 영 주
편 집 | 조 유 나
디자인 | 박 주 란

에이콘출판주식회사
서울특별시 양천구 국회대로 287 (목동)
전화 02-2653-7600, 팩스 02-2653-0433
www.acornpub.co.kr / editor@acornpub.co.kr

한국어판 ⓒ 에이콘출판주식회사, 2018, Printed in Korea.
ISBN 979-11-6175-117-7
ISBN 978-89-6077-210-6 (세트)
http://www.acornpub.co.kr/book/java-data-science-cookbook

이 도서의 국립중앙도서관 출판시도서목록(CIP)은 서지정보유통지원시스템 홈페이지(http://seoji.nl.go.kr)와
국가자료공동목록시스템(http://www.nl.go.kr/kolisnet)에서 이용하실 수 있습니다.(CIP제어번호: CIP2018003973)

책값은 뒤표지에 있습니다.